CB081975

PEPE MUJICA

Título original: Pepe Coloquios
Copyright © Editorial Fin de Siglo, 2009
Copyright © Editora Lafonte Ltda., 2025

Edição brasileira
Direção editorial: **Sandro Aloisio**
Tradução: **Ciro Mioranza**
Preparação: **Ana Tereza Clemente**
Revisão: **Alexandre Camaru**
Edição de Arte: **Fernando Morra**
Produção gráfica: **Giliard Andrade**

Crédito das imagens: **Rodrigo López**

Dados Internacionais de Catalogação na Publicação (CIP)
(eDOC BRASIL, Belo Horizonte/MG)

G216p García, Alfredo.
Pepe Mujica: o retrato do homem que ousou viver sua utopia / Alfredo García; tradução Ciro Mioranza. – São Paulo, SP: Lafonte, 2025.

Título original: Pepe Coloquios
ISBN 978-65-5870-637-3

1. Mujica Cordano, José Alberto, 1934-2025 – Entrevistas. 2. Uruguai – Presidentes – Biografia. I. Mioranza, Ciro. II. Título.
CDD 923.1

Elaborado por Maurício Amormino Júnior – CRB6/2422

São Paulo – 2ª edição – 2025

Editora Lafonte Ltda.
CNPJ 04.998.393/0001-25
Av. Professora Ida Kolb, 551 – 2º andar
Casa Verde, São Paulo/SP – CEP 02509-900
Tel.: 55 11 3855-2100
www.editoralafonte.com.br

Alfredo García

PEPE MUJICA

O RETRATO DO HOMEM QUE OUSOU VIVER SUA UTOPIA

Lafonte

AGRADECIMENTOS

A Victoria Cribari, por colocar as conversas
preto no branco com Pepe Mujica.

A Luis Morales, por me ajudar a combater minhas tentativas homicidas com a ortografia e a sintaxe.

A Rodrigo López, por me ensinar a ver o mundo através de uma câmera e me presentear com a beleza de suas imagens fotográficas.

A Edmundo Canalda que, apesar de suas veleidades de tentar ser um rígido empresário, é um companheiro de alma.

A Nora, meu fio condutor,
por sua total entrega.

A Emma, que terá 21 anos em
2030, por ser símbolo de futuro.

INTRODUÇÃO... OU QUASE

São oito e meia, e estou atrasado. Nesta segunda-feira de meados de junho está um tanto frio e estou bem agasalhado. Passo o portão e o vejo caminhar lentamente, lá do fundo, com seu macacão de lã cinza, puído e velho. Olha o relógio, não diz nada e vai direto para dentro do galpão. Eu o sigo. Ele começa a procurar uma tábua entre os trastes e acaba pegando um saco cor-de-rosa, que coloca sobre o balde amarelo emborcado, e me ordena: "Sente-se".

Ele se acomoda sobre outro balde, preto, e tem início uma nova conversa com o futuro presidente da República.

Durante quatro meses, todas as segundas-feiras de manhã, bem cedo, me enfiava pelos caminhos em direção ao Cerro até chegar à chácara mais visitada do Uruguai. Supunha-se que esse era o dia da semana em que ele não tinha nenhuma atividade política, e o homem aproveitava para descansar.

Por isso, concordamos que era a melhor ocasião para nos reunir e conversar. A proposta era analisar o futuro do país e suas utopias. Tentar um trabalho sistemático e metódico por temas resultou em uma missão verdadeiramente impossível. Como enquadrar essa mente? Como organizar esse turbilhão de ideias e pensamentos? Desisti. Mas a riqueza de todas essas horas de conversa não podia ficar desconhecida. Foi então que decidi publicar, quase sem retoques, as conversas que tivemos. Desse modo, nasce este livro que, mais que ser lido, merecia ser ouvido. Assim aconteceram os colóquios com Pepe Mujica.

COLÓQUIO UM

"O Uruguai tem uma contradição demográfica feroz, que é uma bomba-relógio."

A PRÉVIA

Os três cães saem para me receber em latidos frenéticos; me esquivo deles e, parado diante da porta, bato palmas. Lucía me atende e me pergunta se tenho encontro marcado. Antes que lhe responda, ele sai e se dirige para a lateral da casa. Quebrando o gelo, falo do tempo e da geada que caiu nos campos. O homem pega o gancho e, uma vez mais, deixa aflorar sua paixão pela questão agrária e por essa comunhão profana que sente pelas coisas da terra. Ligo o gravador.

—✱—

"...De uma flor chamada narciso saem dois genes que foram inseridos no arroz, e é uma maravilha (Golden rice). Não brinque, nós não podemos ter uma mentalidade reacionária."

—✱—

EXISTE ESSA QUESTÃO DOS ANTITRANSGÊNICOS

Claro, há opiniões antitransgênicas porque as multinacionais, de uma forma ou de outra..., mas é um recurso portentoso para a humanidade.

Porque, por exemplo, a quantidade de hectares disponível no mundo é sempre a mesma; mas a demanda está crescendo, e um terço da população mundial começou a comer, como a China e a Índia.

Se o volume de produção não subir, vai haver um aumento [da demanda] que pode afetar a todos os pobres do mundo.

Então, o que lhe dá um pouco de fôlego? O aparecimento da transgênese. E alguns sujeitos calculam que se pode duplicar a produção de grãos em 30 anos, não pelo aumento da área, mas pelo rendimento. E diminuindo pelo menos 33% dos insumos, porque podem ser mais bem aproveitados.

Você conhece as repercussões políticas; agora, qual é o problema? Você está mexendo em uma mola complicada da natureza e pode entrar numa fria. Faz dez anos que estão experimentando esse arroz.

QUEM DESENVOLVEU ISSO?

Não sei quem foi.

PORQUE LICENÇAS SÃO PAGAS.

Sim, mas é uma pesquisa do Estado; faz dez anos que está sendo testado, porque há um princípio de precaução. É tão complexa a natureza que você pode se enganar involuntariamente

E aí está o problema. Quando uma multinacional – porque essas pesquisas são caríssimas, investem muito dinheiro e querem ter retorno em seguida – rompe o princípio de precaução, é o momento que se deve ter uma coisa, entende?

Na política, não se pode ser totalmente técnico. E como dizia Einstein: "Todo mundo é ignorante em alguma coisa".

Agora, deve-se ter alguma ideia desses fenômenos que são determinantes.

Essa é a questão.

A arte de um pouco de generalidade.

O que acontece? O avanço científico e técnico obriga a um aprofundamento cada vez maior e tende a concentrar a cabeça. Porque o homem de ciência se predispõe a ser um homem que aprofunda esses pontos. E aí é um fenômeno.

Agora, pelo lado de fora... escapa-lhe tudo!

Quem tem de desempenhar esse papel de generalizador? A política.

É ONDE RESIDE SEU DISCURSO DE POLÍTICA E CIÊNCIA.

E há uma confusão de que é anticientífico. E não o é. Não é anticientífico; ao contrário, é compensador. Porque também a política sem informação científica é uma bobagem. É mero palavreado. Mas vou dizer uma coisa: quanto tempo leva uma carreira? Cinco, seis anos... Um sujeito que há quinze anos é deputado ou senador precisa ter globalidade. Não brinque! Precisa trabalhar a si mesmo.

ESSE É O DILEMA, SE ELE SE DEDICA A ALGO.

Se ele trabalha a si mesmo, claro. Seguindo os velhos conselhos, Wilson recomendava aos novos deputados que se envolvessem na discussão do orçamento. E tinha toda razão! Porque era a maneira de entender o país. Agora, é enfadonho; porque é entediante, existem dificuldades, mas... bem... Sabe o que acontece? Há muito desemprego; me dou conta de que há uma enorme desocupação.

Além disso, deve-se falar e andar com muita gente por aí. Porque as pessoas são o que dizíamos. Há tipos que sabem um absurdo sobre algumas coisas, e você acaba economizando uma porção de tempo escutando-os, economiza um montão de coisas, mas é preciso ter tempo e dedicação para isso.

Algumas pessoas não entendem, mas o que tenho colhido hoje são coisas que faz dez... quinze anos que estou semeando.

Saía de madrugada, às quintas-feiras, caminhando desde a chácara e, no ônibus da Onda, ia para algum lugar. Um dia cheguei a Melo, às sete da manhã – no inverno – para assistir ao concerto de Serrano Abella, que Montevidéu não faz nem ideia de quem seja. Mas Serrano Abella é ouvido em Rivera, Tacuarembó, em cada lugar que não se imagina. Isso é trabalho.

ESSE SUJEITO É UM LÍDER POPULAR.

Por favor! É do Partido Blanco, mas Blanco progressista, não fascista. É um sujeito aberto, claro, tem mística de Blanco, não pode renunciar a ela. Mas eu me perguntava por que não o trazem para uma rádio de Montevidéu? E aí me dei conta: há mais anúncios do que as rádios *Carve* e *El Espectador* juntas. Deus me livre! Tem audiência a rodo!

A CONVERSA

"Não posso, a esta altura da vida, dividir a ideia do socialismo com a ideia de liberdade."

—✸—

VOCÊ VEM DE UMA ORIGEM BLANCA.

Sim.

COMO DEFINE OS BLANCOS?

Hoje, não sei.

Primeiro, Blanco significa uma visão federal marcadamente anti-imperialista. É ter suportado a guerra contra a Inglaterra e a França. É uma definição nos conflitos da Grande Guerra. Acho que o personagem mais completo do ponto de vista ideológico é Berro, um sujeito que anda esquecido.

É um pouco uma continuidade – com algum viés mais proprietarista – do artiguismo. Isso quer dizer que, na realidade, Artigas não é um caudilho nacional; é o fundador do federalismo no Rio da Prata, com uma visão de grande autonomia e todo o restante.

Os Blancos – não o Partido Nacional, que é outra coisa – têm um pouco de sua origem nessa contradição, mas deixam pelo caminho a veia mais popular do artiguismo, que é a política com os indígenas, a questão agrária, por mais que Berro seja o primeiro a se preocupar com o peão rural na história do Uruguai e quem decreta a libertação dos negros.

Agora, o Partido Nacional é outra coisa. É o acordo entre doutores Colorados e Blancos, juntos, que fundam o Partido Nacional, inflamados contra os caudilhos dos dois setores (contra Timoteo Aparicio, que era um gaúcho analfabeto, mas que tinha essa veia popular), e deixam os caudilhos sem chão. Com o tempo, os doutores Colorados voltam ao redil do Partido Colorado, e fica enraizada a tradição de que Blancos e Partido Nacional são a mesma coisa. Entende? Do ponto de vista histórico, não é assim. Depois, em sua trajetória, o Partido Nacional sempre irá expressar essa contradição em seu interior. Vai ter um setor mais "doutoral", tipo Lussich, e vai ter uma veia mais popular. E lhe diria que vai apresentar sempre um viés de esquerda, ao qual pertencia Quijano, ao qual pertenceu Carnelli, e mais adiante Erro.

SIM, PORQUE ELE ERA BLANCO INDEPENDENTE.

Claro. Porque, na realidade, os partidos tradicionais sempre foram frentes.

A POLÍTICA URUGUAIA SEMPRE FOI DE FRENTES.

A política uruguaia sempre foi frentista. Nós cunhamos a palavra, mas eles já o haviam feito, porque senão esses partidos não iriam sobreviver. Isso nos serviu como país, como substrato cultural. Hoje, pode-se dizer que os uruguaios são frentistas dessa maneira.

Nos partidos tradicionais, o próprio Batlle, em pleno apogeu, tinha um setor Colorado reacionário que o bombardeou e, por fim, lhe deu o golpe fatal. Nunca foi possível desfazer isso. Porque, se fosse desfeito, perdia-se o outro partido.

É O QUE ESTÁ ACONTECENDO CONOSCO.

E conosco... claro! É uma espécie de ambivalência. Mas, no fundo, é sábio. Porque mantém um espectro muito amplo na sociedade.

NÃO SÓ NO ASPECTO IDEOLÓGICO, MAS ATÉ DE CLASSE.

Até de classe, é policlassista, bastante policlassista. E é o que dá essa peculiaridade que o Uruguai tem. Porque os partidos no Uruguai não são como os europeus, mais definidos. Podem nos criticar como incoerentes. Sim, critiquem, mas não há partidos no mundo que tenham durado como duraram os daqui.

É VERDADE.

Essas coisas chocam os de esquerda. Esse choque fala de nosso primitivismo ideológico, porque temos que nos inserir na história do país, já que, na realidade, somos genes do país.

O QUE ACONTECE É QUE ESSA REALIDADE NÃO SE ENCAIXA COM A DOUTRINA.

Claro, não se encaixa com a doutrina. Lembro-me de quando saí da cadeia. Um dia, fui a um comitê da Frente, em Paso de la Arena, e lá estava Cabrera, que era vereador. Estava falando do movimento operário, e o movimento operário mal começava em 1917. Entendeu? Não seja inoportuno, não se pode falar do movimento operário e esquecer todas as peripécias dos anarquistas, não se pode cometer essa grosseria intelectual.

O SENHOR. TEM A RAIZ BLANCA.

Na interpretação histórica do país, sou blanco.

Blanco, e devemos separar o Partido Nacional, que é outra coisa.

Ontem nos lembrávamos com Lacalle de um congresso de jovens em que estivemos juntos, e que terminou em alvoroço.

QUANDO FOI ISSO?

Ele estava com Árraga, lista 8, e eu com a 41. Nesse congresso, nós, os da 41, os manobramos e redigimos uma declaração contra a política internacional do governo; o governo era nosso, era blanco, tinha acabado de tomar posse. Foi em 1960, 1961, por aí. Quando se deram conta, armou-se uma confusão da puta que o pariu, uma bagunça, e alguém teve a brilhante ideia de cortar a luz. Ontem, nos lembrávamos disso com Lacalle.

ESTE PAÍS É ESPECIAL A PARTIR DESSE PONTO DE VISTA.

Com certeza, é especial!

O SENHOR PODE TER GRANDES CONTRADIÇÕES, MAS POR TER SE REUNIDO COM LARRAÑAGA, MESES ATRÁS, MARCOU UM ESTILO DE ENTRELAÇAMENTO QUE TRANSCENDE AS FRONTEIRAS PARTIDÁRIAS.

Certamente, é uma vantagem que o país tem.

QUE, EM ÚLTIMA ANÁLISE, APOIA UM PROJETO DE PAÍS.

Claro, acho que sim. Do ponto de vista político – político considerado globalmente –, com todas as nossas dificuldades, a realidade do Uruguai se separa de uma parte da América Latina pelo grau de maturidade que tem. Vivemos a crise de 2002. Em outros lugares, Deus me livre. Aqui, o problema teve uma saída política.

MUITO RESPONSÁVEL PARA TODO O MUNDO.

Para todo o mundo, sim. Bem, acho que se deve administrar isso, porque, se alguém se deixa levar pelo partidarismo, e esse assume um caráter não de paixão, que é sadia, mas de fanatismo, pode abrir feridas que depois serão irreparáveis. Mas a política em um sistema representativo é uma negociação permanente. Deve-se partir dessa realidade, negociação com as forças sociais, negociação entre e dentro dos partidos, negociação com as diferentes corporações que o país tem de fato, que são diferentes formas de ver a realidade.

Por isso, deve-se caminhar pelo resultado, e não acreditar que a gente traça o caminho, vou por aqui e tchau.

HÁ CONTRADIÇÕES.

Existem contradições, e deve-se aprender a viver com as contradições. Porque, senão, o que resta? Uma atitude "polpotiana" para levar adiante. E para onde vai? Você sabe que na própria ingenuidade popular existem traços "polpotianos" de voluntarismo?

Nas rodas de mate, às vezes me perguntam: "Por que não dão terra a essa gente que está na periferia?". E quem disse que vão para lá? Já perguntou a eles se querem ir?

Você acha que pode fazer o que quiser com as pessoas, que são como caixa de sapato e as põe aqui.

A TODOS NOS SOBREVÉM POL POT. AO SENHOR SOBREVIERAM OS MENINOS DROGADOS.

Sim, certamente.

A GENTE ACHA QUE É O CAMINHO MAIS FÁCIL PARA RESOLVER OS PROBLEMAS.

O que acontece é que, às vezes, você tem que esquematizar para propor as coisas. Claro, a esquematização dá lugar – neste país – a uma coisa que temo enormemente, que é a demanda ideal. Para fazer qualquer coisa, pedem meios que são próprios do mundo rico. É aquela reivindicação dos professores: "Não, nenhum computador, é preciso consertar o telhado, as janelas". Então, não se pode fazer nada. Porque nessa política, você tem que escolher o que é prioritário, e vai deixar coisas ao longo do caminho. É como o canário disse ao ver o computador dos meninos de fora: "Ah, que lhes deem aula em cima de um pelego!". Não importa o local. O problema é que é central. Então, como vou brigar com os companheiros do *Portal Amarillo* e todos os outros? Mas essa solução, em larga escala, é impossível para nós. Nunca vamos ter os meios, não vamos concluir nada. Esse é o problema. Entende?

É O IDEAL, MAS NÃO TEMOS A POSSIBILIDADE DE FAZÊ-LO.

Não temos possibilidade de fazê-lo. Não temos! Porque nem mesmo no mundo rico a podem ter. Além disso, há determinadas firulas jurídicas que estão bem-feitas no contexto de uma prevenção liberal, no bom sentido do termo, de respeito aos direitos elementares das pessoas, mas que, com uma condição como essa, vai se voltar contra você. Porque não posso, não devo, ter poderes para agarrar um menino e fazer o que quiser; mas um menino que está metido em drogas é como um infectocontagioso, não posso deixá-lo de lado.

AÍ HÁ UMA CONTRADIÇÃO.

Aí tenho outra contradição; tenho que modificá-lo, porque se não intervenho, e a tempo, o sujeito faz merda e depois é irrecuperável. Essa é a questão; agora, juridicamente não posso. Juridicamente, se o pai não quiser levá-lo, não posso, e você está liquidado. São coisas que se deve modificar.

PORQUE, DE ALGUMA FORMA, SE ESTÁ PERDENDO UMA GERAÇÃO.

Está se perdendo uma geração, e, em toda essa discussão de insegurança, o tema de base que temos a seguir, e que multiplica todos os problemas, é a droga. Porque há delitos que não são racionais. O delito tem uma margem de razoabilidade, mas há cada coisa... um sujeito que lhes entrega o dinheiro e leva um tiro, questões desse tipo. Não! Chega!

É O QUE SE DIZ: "OS LADRÕES DE ANTIGAMENTE TINHAM CÓDIGOS".

Claro! Tinham códigos.

NÃO QUE O DELITO FOSSE MELHOR, MAS ERAM TRATADOS DE OUTRA MANEIRA, NÃO SE MATAVA POR QUALQUER COISA, A VIDA TINHA OUTRO VALOR.

Sim. E o sujeito sempre pensava na cadeia. Este não pensa um caralho de nada, não vê futuro. Então, a situação é péssima.

É UMA QUESTÃO GRAVE. COMO RESOLVÊ-LA?

Claro, é uma questão. E a batalha começa por ser jurídica, você tem que mudar as coisas e depois tem que inventar mecanismos para elas. Há alguns monges por aí, no Tibete, para onde vão os europeus para se livrar do vício. Uma vez, vi um documentário sobre o que faziam. Deve-se gastar dinheiro para ir ao Tibete para fazer isso! Fazem os sujeitos tomar uma beberagem, que lhes revolve as tripas, e depois os matam trabalhando entre as pedras, quebrando pedras. Chega! Não se vai ao Tibete para fazer isso.

Não brinque! Fico por aqui mesmo, que há pedreiras em toda parte. Você tem que gastar energia, tem que esgotar o sujeito para evitar essa síndrome que lhe sobrevém com a abstinência.

SIM, PARA QUE POSSA CONTROLÁ-LA.

Claro, que possa controlá-la de alguma maneira. Agora, se não lhe der uma mão, o sujeito não sai mais dessa. Sozinho, não sai mais. Mas são questões a discutir longamente.

VAMOS FALAR DO URUGUAI NO CONTEXTO INTERNACIONAL. COMO VISUALIZA O URUGUAI DO FUTURO NO MUNDO?

Bem, sem cair em determinismos – nenhum determinismo –, o mais elementar é que os países não se movem. Portanto, estão soldados na história da região onde estão. Onde está o Uruguai? Está localizado mais ou menos no coração da última reserva agrícola importante que sobra para a humanidade, que quase coincide com o que é o Mercosul politicamente, com alguma variável, um pouquinho mais, mas está aí. Uma coisa diante da qual se deve dar conta do que significa sob o ponto de vista estratégico. Por quê? São por volta de mil e quinhentos milhões de hectares agrícolas produtores de alimentos no mundo, e eles não vão aumentar. Estamos no topo, um pouco mais, um pouco menos. A disponibilidade de água doce tem suas restrições. Quer dizer que a pressão sobre os recursos alimentícios, em um mundo que cresce cada vez mais, será, em longos períodos, cada vez mais forte.

Como vejo o Uruguai? Pequeno país, três milhões de habitantes – muito pouco –, o mais envelhecido da América Latina, com uma contradição demográfica feroz, que é uma bomba-relógio, e o setor ativo está diminuindo cada vez mais em relação ao aumento do passivo.

Se alguém fizer uma progressão disso, o futuro do Uruguai é trágico.

SIM, UM PAÍS APOSENTADO.

Agora, quem vai pagar as aposentadorias? Para responder a essa pergunta – na solidão de minha cabeça – a única coisa que pude encontrar é um aumento significativo da produtividade futura da força ativa. É isso que me leva a essa recomendação, que trato de resumir: que nossos filhos e netos sejam melhores que nós. Para que possam fazer frente a isso, deve-se tirar deles mais de 50% para mantê-los, ou então condenar os velhos à fome.

O que estou dizendo não tem nada de tom político agradável, e não é para mim. Mas estou olhando para frente, [e pensando] para onde nos leva? Bem, isso significa um grande investimento, e tem a ver também com a localização na região.

A partir dessas características gerais – última reserva agrícola –, qual é a ferramenta de nossa inserção na região? Podemos ser inimigos da região? Não. Não, porque se nos transformarmos em inimigos – e esse é o perigo do mercado financeiro visto como um modelo –, a única coisa que vamos ganhar é a resposta da região, e basta olhar as dimensões para saber que não temos um bom prognóstico.

Não se pode pensar que alguém possa viver fodendo o outro. Não, não! Deve-se ter uma estratégia de cooperação, mas de cooperação não nos favores que este ou aquele governo pode me dar ou fazer, mas de cooperação por sermos funcionais na evolução dos outros.

O que significa isso? Se aquilo vai representar um cenário agrícola tão importante como é, o Uruguai – que tem essa contradição com sua população – deveria caminhar para ser complementar com essa economia. O Uruguai deveria ser o autor da nova genética, do conhecimento, dos trabalhos de transgênese, ou seja, tomar isso como mercado. E ser funcional é tratar de atingir uma quota da inteligência que esse desenvolvimento necessita, porque essa é a veia do trabalho qualificado de nossos filhos. Quer dizer, ver isso como um gigantesco mercado de consumo de inovação tecnológica, que é infinito. Nunca vamos poder abrangê-lo totalmente.

Vou lançar aqui algumas coisas: ajudar a eliminar a mosca-varejeira com a qual somente o Uruguai perde 50 milhões por ano; o sêmen sexado, que define se a vaca é macho ou fêmea; as vacinas, uma vaca vai precisar de três ou quatro vacinas, e há 250 milhões de vacas na região. Entende? É infinito o que há para fazer. Agora, isso supõe progredir nas ciências biológicas, que são complementares, e você tem que ter uma base científica, tem que dar bola à formação em física, em química e, claro, isso começa com a matemática. É todo um esforço da sociedade.

É a isso que chamo de "o país agrointeligente". A partir do país primitivo agroexportador e como financiador – porque faz entrar divisas vendendo matéria-prima –, tomando-o como banco de teste, porque na primeira etapa vai ser funcional para si mesmo, lança-se no mercado da região como vendedor de conhecimento. O cerne da questão é vender conhecimento.

Chamo isso de "o país agrointeligente", mas não é uma descoberta do Pepe; é o que fizeram a Nova Zelândia e a Finlândia. A Finlândia, quando veio para cá fazer celulose. A Finlândia, com as toras, construiu a Nokia.

E ERA UM PAÍS MEDIANO NA EUROPA.

Claro que era mediano, iam trabalhar como operários na Suécia, com certeza. Eu tive um aqui, que veio como visitante – com uma turma de suecos que vieram a passeio –, ele trabalhava em uma estufa. Tapani, um sujeito formidável, tomava até água dos vasos de flores.

É uma pontaria nesse sentido. Depois de muito pensar... o que está na moda? O Uruguai precisa de investimentos. É óbvio que necessita de investimentos! Quem vai discutir isso? Mas, amigo, vamos definir mais ou menos quais são os rumos, para onde vamos, porque nós não somos a China. A China, sim, pode se propor a qualquer coisa, pelas dimensões que tem; nós temos que seguir um rumo especializado. Agora, vamos discutir essa especialidade à luz de onde estamos, e não digo que tenha que ser isso, nem que deva ser a única coisa, mas a vejo como uma questão central.

Tão central que, quando digo às pessoas: "Não brinque mais com a advocacia, com a escrivaninha", me pegam em contemplação. Mas o que quero lhes dizer é: "Vamos dar bola para a química, a física, as ciências", porque tenho essa visão mais global.

Agora, um rumo desses leva trinta anos; o da Nova Zelândia não começou ontem. Não, não, é inútil. Estou ciente disso. Mas também estou ciente da contradição que o Uruguai tem demograficamente. Ou resolvemos isso, e há um setor ativo que vai gerar uma montanha de valor, ou deixamos como está. E o que temo, realmente, é que propiciemos a fuga de pessoas. Quem vai embora? Os jovens, e essa é a condenação dos velhos que ficam.

Essa linha é profundamente solidária, mas no plano estratégico de observar o que está acontecendo, as consequências vão ser vistas mais adiante. Agora, o Uruguai não se propõe a isso, não existe esse problema. Vamos reformar a Seguridade Social. Sim, sim. Se quiserem, a remendamos um pouquinho. E, de repente, aumentamos isso e aquilo. Mas o problema de base não é corrigido.

Além disso, temos outros problemas que deveríamos transformá-los em possibilidades, se déssemos importância a essa contradição demográfica. Entre outras coisas, as mulheres dos bairros pobres e marginalizados, que têm quatro, cinco filhos, são heroínas. E não se deve ter calafrios ao aumentar o Auxílio Família.

Vamos, arriba! "Ah, mas você vai financiá-las para que tenham filhos?" Sim, sim. E nós vamos construir escolas em período integral e, como elas não podem cuidar dos filhos, vamos nos encarregar, como Estado, de cuidar dos filhos delas, mas como não temos a reprodução clonada, ou qualquer coisa desse gênero, não vamos abandonar essas mães.

NÃO CONDENAR ISSO, MAS ESTIMULÁ-LO.

Sim, e tratar de suturar os problemas que elas não podem resolver.

ESTIMULAR PARA QUE POSSAM TER FILHOS EM BOAS CONDIÇÕES.

Em boas condições, formar esses meninos e ir adiante. Porque o problema que nós temos é demográfico.

AGORA, SÃO POBRES, É COMPLICADO, PORQUE ESTAMOS GERANDO MAIS POBRES.

São pobres. Eu sei, sei que é foda.

SE AS CLASSES MAIS RICAS TIVESSEM MAIS FILHOS, ÓTIMO, MAS PROPOR ISSO CRIA PROBLEMAS PARA MUITA GENTE.

Eu proporia que todas as classes tenham, mas não vão me dar bola;

parto da realidade. Os que funcionam são eles, vamos dar bola a eles. Agora, isso é compreensível se você olhar para o que vai acontecer mais adiante. E esse é o problema da política; a política está reagindo com fotos: o que está aí hoje; há resistência em olhar para frente, em tentar adivinhar como vai ser o futuro.

NÃO SE USA A CABEÇA PARA A ESTRATÉGIA.

Não, não. É tudo meramente tático: se tal coisa fica bem aqui. A que isso leva? Leva a infantilizar as próprias pessoas. Veja que essas coisas não são tão difíceis de entender, se as explicarmos com sentido, muitíssimas pessoas vão poder entendê-las.

Agora, se não as propusermos, as pessoas não vão descobri-las por raciocínio próprio.

Há coisas que são evidentes: por que escola em período integral? Por isso. Sim. Mas temos que ver a transformação dos costumes: a mãe, já não é mãe em período integral. Saiu para trabalhar. E as crianças ficam horas à toa, não podemos deixá-las à toa.

No meu tempo de criança teria sido um luxo a escola em período integral, porque a velha estava ali prontinha. Aí, dava um bofetada em você ou limpava seu nariz que estava escorrendo. A vizinha estava lá. Mas isso não existe mais, não existe o controle do bairro, e deve-se organizar esse controle.

A escola em período integral é quase uma obrigação. É quase uma obrigação um lugar onde as crianças sejam mantidas. Por quê? Porque, goste ou não, a vida mudou e não vai andar para trás.

HÁ COISAS QUE JÁ NÃO RETROCEDEM.

Não, não existe para trás, porque a mulher conquistou também uma margem de independência econômica, que não tinha, e ela não vai mais ceder.

É O ELEMENTO-CHAVE.

É o elemento-chave.

A INDEPENDÊNCIA ECONÔMICA CONTINUA SENDO DETERMINANTE.

Mas claro, meu irmão. Na mosca! Voltamos ao mesmo de antes, é verdade.

PARA O URUGUAI, O MERCOSUL ESTÁ CLARO, NÃO TEMOS MAIS ESCOLHA, MAS A CADA MOMENTO NOS MATAM COM ATOS QUE NOS PREJUDICAM, NÃO NOS CAUSAM MAIS ESPÉCIE.

Isso é parte da batalha... é parte da batalha. Aqui podem caber ideias – honradamente – que parecem contraditórias. Foi proposto por aí o que alguns chamam de "regionalismo aberto". Sim, caminhar com a região, mas puxar uma perna para fora, e é o que estamos fazendo.

NOS FATOS, SIM.

Porque estamos condenados a isso, nos fatos. O que acontece é que também o mundo dá a impressão de estar se organizando em bloco... e cada vez mais em bloco. Os blocos não estão muito alinhados com o multilateralismo: "Você é parte disso e vai morrer aqui". Porque as mais recentes decisões tomadas pela Europa são horríveis. Nos Estados Unidos, que se compre o que é americano. De que bilateralidade é falada? Porque, veja, se o mundo fosse liberal como o sonham alguns liberais, provavelmente estaríamos de acordo, eu não teria problema em ser grande especialista. Então, diria aos jovens: "Criem bezerros nos jardins", consegue me entender? Porque aí sei que matamos.

Mas me passam a perna, me impõem tarifas na Europa. Agora, perceba, daqui a pouco vêm eles com a leucose. Porque eles estão varrendo a leucose, nossas vacas têm leucose. Ah, não! Toda a vida houve leucose, 90% das vacas do estado de New York têm leucose, mas eles inventam isso. Um obstáculo a mais.

O problema é o seguinte: existe outra possibilidade que não seja a luta pela integração inteligente na região? Realmente, receio que não, porque a outra alternativa para mim é a África. Entende? – na medida em que este mundo vai se orquestrando em bloco.

Dito em grandes linhas, isso não me tira o afã de ter a prudência de abrir algumas janelas e mantê-las.

Por exemplo, não faria um tratado de livre comércio com a China. Não o faria sequer com o Japão; são muito grandes. Eu o faria com a Coreia, e o faria com países de porte médio. Porque se me amarro com um monstro, fico cercado em tudo. Mas essas coisas, enfim, são discutíveis. Concordo que se deve ter algumas janelas, porque isso é muito ambivalente e, com toda a probabilidade, em vez de melhorar, retrocedo, especialmente agora.

Acho que existe uma fraqueza no ponto de partida. Pode ser que, para mim, haja uma falha das esquerdas.

ISTO É...

Houve em toda essa gênese uma falha das esquerdas, porque os fenômenos de integração não são populares. Eles sacodem as pessoas que leem jornais, mas as massas da América Latina não leem. A gênese não aconteceu, por conseguinte não tem calor, não é uma "ideia forte". E é fundametal do ponto de vista estratégico. As massas estão com as fronteiras nacionais, estão educadas pelo passado, e estão bloqueadas diante do desafio do futuro. Isso é uma falha da própria esquerda, porque não conduz essa responsabilidade para o futuro.

Em algum momento, disse isso na Argentina, porque estamos com um nacionalismo brutal. Qual é o nacionalismo que temos de praticar? A dívida que temos para com os libertadores: os libertadores eram mais modernos que nós. Não brinque! Deveríamos levantar Jorge Abelardo Ramos. Fracassamos ao fundar a grande pátria e fundamos um monte de países.

Agora, a integração do Mercosul foi proposta em pleno auge do epicentro neoliberal. Foi concebida como uma questão fenícia: eu vendo tanto, e você me vende tanto. E todo o resto ficou de lado. As universidades estão discutindo a integração? Procuramos fazer planos conjuntos com a região? Pacto universitário. Olhe só! Precisamos de engenheiros, médicos... eles vão para os Estados Unidos, para a Espanha, e trabalham por lá. E aqui? Não podem trabalhar. Somos loucos! Temos uma série de contradições. Agora, sem cair no elitismo – porque não é minha maneira de pensar –, se você não começa por percorrer o longo caminho de integrar somaticamente a inteligência, com a merda que vai integrar todo o resto! Com a merda que vai integrar! Você poderá fazer negócios, mas nunca viu os comerciantes se ocuparem dos altos problemas estratégicos. O que vou pedir aos donos de botequim? Que pensem sobre a estratégia do futuro? Não seja besta!

DEVE COMEÇAR PELA INTELIGÊNCIA.

Isso, no fundo, é falha das esquerdas, dos progressistas, da visão progressista. A quem vou pedir isso? Aos fascistas, que pensem nessa questão? Não digo isso com sentido de crítica, digo no sentido das coisas que propusemos e que temos de levar adiante.

E NINGUÉM ESTÁ PROPONDO ISSO.

Não.

NEM SEQUER EM NÍVEL UNIVERSITÁRIO.

Não vou abandonar nunca a bandeira de Otorgués, mas, a esta altura, tenho que colocar como conteúdo outra bandeira. Devo levantar a de Otorgués, mas me comunicar com todos os espaços nacionais, políticos. Tenho que começar a recriar a visão de outra coisa. Isso deve se entrelaçar com as questões de integração.

AGORA, O SENHOR VÊ, POR EXEMPLO, PROJETOS COMO A ALBA, A UNASUL, COMO POSSIBILIDADES DE INTEGRAÇÃO?

Acho que no momento não são nada mais que respostas ao imperialismo, ao *apartheid* e ao isolamento que a coisa, de fato, impõe.

Mas não vejo como podem construir, até porque têm um tom quase fanaticamente socializante por um caminho no qual não vejo muita perspectiva.

Eu sou socialista e acredito no socialismo como uma necessidade de sobrevivência da humanidade, de culturas, mas não o vejo através da imposição de um Estado que se põe a construir o socialismo.

ESSES MODELOS NÃO TÊM FUNCIONADO.

Não, não, a verdade é que não o vejo assim. Não posso, a esta altura da vida, separar a ideia do socialismo da ideia de liberdade. A ideia do Estado construindo tem inevitavelmente, ainda que não o queira, algo de autoritarismo determinante, ainda que não o queira, ainda que seja tão aberto como o de Chávez, que tem uma imprensa oposicionista e todo o resto.

SIM, REALIZAM-SE ELEIÇÕES O TEMPO TODO.

Sim. Nesse sentido, prefiro ver o processo socialista como uma construção paralela, competitiva e emulativa, gradual, de organização do trabalho e da sociedade, ou outros caminhos. Mas tampouco vou brigar com o que outros acreditam, porque tudo isso é experimental, devemos ter a humildade de ver. Fui deixando pelo caminho algumas coisas, para mim tem alguns pressupostos.

Esses pressupostos implicam que não se pode construir uma sociedade melhor se previamente não se constrói uma sociedade rica, culta e com conhecimento.

Construir uma sociedade rica, culta e com conhecimento não vai levá-lo necessariamente ao socialismo, essa é outra história. Daí o papel da política que reivindico. Mas, sem isso, me parece que é voluntarismo. Por quê? Porque olho para os trabalhadores que conheço e digo: "Como esses loucos vão assumir o poder?" Estão acostumados a vender a força de trabalho e não podem ser responsáveis. São ruins? Não, não são ruins, mas têm que desenvolver outras capacidades para que sejam "autovalentes".

PARA QUE POSSAM TOMAR DECISÕES.

Claro, porque, caso contrário, você depende de um burocrata governante. Isso não tem nada a ver com socialismo, continuamos fazendo sociedades dirigistas. A estrutura dos quadros vai ser: o partido vai mandar em mim. Não, não. Isso não.

OBRIGADO, CAPTEI.

Vamos tentar outra coisa.

É ALGO MUITO MAIS AMPLO.

É muito mais amplo, claro, e não está na curva da esquina.

E NÃO ESTÁ CLARO TAMPOUCO...

Certamente que não está claro! Não tenho isso claro. O que sei é que temos um vazio de estratégia neste momento. Mas não precisamos mentir, porque temos isso, não devemos agarrar o que a história já demonstrou que não [serve]. Agora, vão lhe dizer: "Mas... você mudou!" Ah, não! E o que querem, que você não mude? Que continue tomando uma pílula depois do que aconteceu?

É CLARO. AGORA, A EXPERIÊNCIA, COMO A DA ENVIDRIO, PODE SERVIR COMO...

Exato. Eu a vejo como um motor. Estou discutindo isso com as pessoas da Central, com os bolcheviques.

Porque vieram para cá os companheiros da pesca para falar comigo: "Temos que fazer um SOYP". Meu pai! Fale-me como financiar um par de barcos, montar uma frota e colocá-los para pescar e, e se o negócio caminha, vamos colocar uma pequena fábrica para processar o peixe. Mas vamos aprender com nós mesmos. Vamos fazer um instituto que trate de ajudar a formar companheiros trabalhadores na gestão de empresas e todo o resto, e que não se bandeiem para o capitalismo.

ESSA É OUTRA QUESTÃO.

Aí é que devem estar os partidos políticos que são socialistas. Aí! Mas não me venham com o Estado. Primeiro, porque o Estado está em disputa, amanhã ganha um Lacalle e ficamos a ver navios. Em segundo lugar, tudo fica burocratizado. Viu?

Vejo esses loucos da Envidrio: de repente, são quatro da manhã e chamam Daniel, porque parece que as garrafas não saíram muito verdes, ou têm problemas com isso ou aquilo. Não há capataz, entende? Mas eles têm que assumir a responsabilidade. É isso que os projeta, é isso que está levantando sua categoria, é uma coisa muito mais abrangente.

SÃO RESPONSÁVEIS TAMBÉM.

Começam a ser responsáveis. O sujeito cumpriu as oito horas, foi para casa e tchau. O problema é seu, para isso você é patrão.

Então, nisso há uma subordinação, mas também há uma coisa de "assuma a responsabilidade".

Minha ideia de projeção socialista não pode estar separada da responsabilidade. Porque, caso contrário, não haverá nada. Agora, tudo isso requer riqueza intelectual, como honestamente a vejo.

Qual é o nosso tempo histórico? Primeiro, chamar atenção sobre esses problemas. É uma luta em várias frentes, porque a discussão por aqui não é nem para campanha eleitoral nem para hoje.

ISSO TEM DE OCORRER EM TODOS OS ÂMBITOS E EM LONGO PRAZO.

Em longo prazo! E semear isso... Mas você não pode se desvincular do problema concreto que as pessoas têm. Porque, sem massas, louco, você some!

SIM, DEVE HAVER UMA DISCUSSÃO PARALELA, MAS, HOJE EM DIA, ISSO NÃO OCORRE.

Não, não. Tende a ocorrer.

MESMO A GESTÃO DO ATUAL GOVERNO FAZ COM QUE MUITAS PESSOAS FIQUEM TÃO OCUPADAS COM ISSO QUE NEM SEQUER DISCUTEM SOBRE OUTRAS COISAS.

Além disso, os oficialismos têm o problema de que você pode estar no limite e assumem uma atitude de que tudo está bem, tudo deve ser defendido, e que não existe nada errado... Isso é irreal, isso é contra a evidência. É contra a lógica evidente.

Agora, se você, dentro do esquema, propõe enfiar o dedo no ventilador, começa a ser um perjuro. Entende? Quase um traidor. Isso é uma doença, isso está em desacordo com a liberdade. Não pode ser.

Isso é o que leva você à desarticulação do partido. O partido é chato, você vai ao comitê e eles o apanham e perguntam sobre isso... e, às vezes, os companheiros lhe perguntam verdadeiros absurdos porque não dispõem de informação. Mas são os companheiros.

Agora, como é incômodo, você acaba desarticulando.

PORQUE INCOMODA.

São processos degradantes, que ninguém os propõe por maldade. Não é malefício, não. É como uma inércia que o leva a isso.

É VERDADE, PORQUE É COMO O SENHOR DIZ...

A democracia tem suas regras. Para o sujeito que está com pressa, que tem de gerir, a democracia incomoda. Sou o primeiro a admiti-lo.

Agora, o outro caminho, para onde o leva? Não. Deixe que arrebente! Deixe e ceda! Deve-se ter maturidade para ver isso como uma necessidade da vida, porque, apesar de encher o saco, tem também o protesto justo; ou lhe apontam os erros, ou lhe apontam as cicatrizaes.

O outro lado é uma atitude de se encouraçar. E quando você se encouraça e se blinda, blinda também todos os erros, para dentro.

Bengoa, Bengoa errou! E você vai morrer por isso? Isso acontece na vida, viu? Que coisa! Então, o quê? Vai morrer por isso? Não, não.

ESSA É A CONTRADIÇÃO, SEMPRE, ENTRE A DEFESA DA ORGANIZAÇÃO E A CORAGEM DE RECONHECER OS ERROS.

Aí deixamos transparecer o problema do poder que temos dentro de nós mesmos; esse poder ilusório. Especialmente os sujeitos que têm muito poder, muita influência.

Mais uma vez, a coisa vira contra nós; se nos criticam, se não estão de acordo, estamos na iminência de entrar na briga. Não? Não somos tão progressistas como parecemos.

É VERDADE. NINGUÉM GOSTA QUE LHE DIGAM: "VOCÊ ERROU".

Ninguém. Ninguém suporta a má notícia. Que coisa terrível!

NÃO SEI SE É UMA QUESTÃO DA NATUREZA HUMANA. O HOMEM QUE PERTENCE A UMA HIERARQUIA, E TEM CERTO GRAU DE PODER, NÃO GOSTA DE SER QUESTIONADO EM NADA.

Observe o magro Agazzi. Os produtores rurais me deixam louco, me chamam porque ele está irritado e não recebe ninguém. Eu lhe digo: "Cara, me dê uma mão, porque me chamam a qualquer hora". E o magro diz: "Não sou político". Mas o que você faz num posto político?

É difícil, é difícil.

É DIFÍCIL E CERTO O FATO DE QUE AS PESSOAS ASSUMAM QUE AS ENROLA.

Claro que as enrola. Como não vai enrolá-las!

COLÓQUIO DOIS

"Se eu tivesse
15 anos
a menos,
iria para
a Argentina
e começaria
a fazer
política."

A CONVERSA

Na semana anterior, tinha visto que estavam aplainando o terreno à esquerda na entrada da chácara. Ao chegar, encontro-o em cima do trator movendo a terra nesse local. Está construindo um tanque australiano para garantir água em épocas de seca. Ao ver-me, dirige-se ao galpão para guardar o trator.

As cadeiras de vime sem almofadas nos esperam na varanda ao lado; pega uma garrafa térmica das mãos de Lucía, senta-se, toma um mate e me diz: "Quer um mate?".

—✱—

QUERO RETOMAR O TEMA DA INSERÇÃO; COMO O SENHOR VÊ O DESENVOLVIMENTO EM NÍVEL MUNDIAL? PORQUE A CHINA ESTÁ CADA VEZ MAIS FORTE; AGORA DIZEM QUE ESTÁ COM PROBLEMAS POR CAUSA DOS BÔNUS AMERICANOS QUE TEM. A CHINA É O MAIOR DETENTOR DE BÔNUS...

Não, é o segundo. O Japão é o primeiro. O Japão e a China são os que têm mais, é uma coisa incrível.

MAS O PROCESSO CHINÊS É INCONTROLÁVEL.

Acho que agora vão começar a comprar nos Estados Unidos. Não vendiam a eles. E com o que vão pagá-los? Porque todos eles estão como que abraçados com rancor, mutuamente. A situação está brava.

Sim, o mundo está mudando de eixo, do ponto de vista da economia, do ponto de vista político-militar, há uma potência indiscutível. Mas menos discutível é o surgimento de duas potências, porque a Índia está aí, faz menos barulho, mas anda por aí. As duas juntas são um terço da humanidade.

Se alguém observar o que é a frente asiática, os milhões que há de um lado e do outro... Produzem fenômenos econômicos como esse, que não se pode nem concebê-los.

Agora, no contexto desta crise, os catadores de papelão, os coletores, são aqueles que estão sentindo a crise, porque o papelão foi depreciado.

Você diz: "Isso é fantasia." A quem a crise afetou primeiro no Uruguai? Aos catadores de papelão. Quem são aqueles que estão sentindo mais a crise? Os coletores. É uma coisa que não se pode acreditar.

No caso da China, há outras dimensões que começam a ocorrer, fenômenos que, no futuro, terão consequências. Vamos ver se consigo me explicar: meio milhão de engenheiros civis é formado por ano, já não são fenômenos de quantidade, acabam sendo fenômenos qualitativos. Em meio milhão de sujeitos há cinquenta gênios.

SIM, TUDO PODE ACONTECER.

Multiplica-se a taxa de genialidade possível diante dessas dimensões que o mundo está adquirindo. Essa multiplicação, que chamo "taxa de genialidade", vai se projetar no todo depois.

E NÃO SE SABE ONDE O PROCESSO PODE PARAR...

Claro. Agora estão na época de copiar algumas coisas, mas não tudo. Há coisas que já cortaram, viu? E são cada vez mais. Depois vem a outra [época]: vão ter em mãos o cabo da inovação, como os japoneses. Mas na escala da China, que é dez vezes o Japão.

É UM MONSTRO.

A China é um monstro. E isso vai mudar inevitavelmente o contexto mundial. Parece-me que é uma coisa inevitável. Por quê? Porque vem das mãos de um país que, por enquanto, expressa uma cultura com algumas características básicas, que colaboram no funcionamento como se fosse uma colmeia.

Não se pode compreender a China se não se ler Confúcio.

A obra de um filósofo, em longo prazo, pode ser de características incomensuráveis. Neste caso, era um tipo civilizador. Confúcio pregava que os governos não eram tão ruins. Que havia governos ruins, mas que, em geral, os governos perseguiam metas para que as pessoas vivessem melhor.

Portanto, o caminho mais racional era o de acompanhar o governo. Observe bem, deve ser o único lugar da Terra onde isso acontece. Porque a ditadura do proletariado, diante do império de uma filosofia milenar, é um grão de areia. É um grão de areia! Porque eles atuam a partir de convencimentos motivacionais, quase genéticos, do corpo social.

O MARXISMO NA HISTÓRIA DA CHINA... É O SEGUNDO.

Mas claro, leia isso nas memórias de Kissinger. Na entrevista que tem com Mao Tsé-Tung, Kissinger diz que queria conhecê-lo porque, apesar das diferenças ideológicas e tudo, considerava Mao um dos tipos mais significativos da história da humanidade, pela influência que seu pensamento havia tido [no mundo].

E o velho Mao, já ancião, lhe responde que a China é uma nação milenar e que suas reformas chegaram apenas nas escolas de Pequim. Como se dissesse: vá passear! Mas a China é isso.

Quando estive lá, na década de 1960, as pessoas faziam ginástica nos pontos de ônibus, porque o presidente Mao havia dito que o corpo dos chineses se havia encolhido pela necessidade e pela fome e deviam ajudá-lo a ficar mais saudável. Essa foi a China dos anos 1960. Agora, mandam as crianças para a escola e, ao entrarem no jardim de infância, já sabem fazer contas de matemática, antes de aprenderem a ler. Antes de ler! Duas coisas: matemática a todo vapor e ginástica.

As explicações são simples. Matemática para o raciocínio matemático, para que se interessem pelas ciências e todo o resto, e ginástica para cuidar da saúde física desde o início, que é o mais barato em longo prazo. Vá lutar com isso. Vá brigar com essa base social. Aqui, acontece exatamente o oposto, basta que um governo diga A, não senhor, é B.

Sobre os planos que a China está propondo agora, devemos ver o discurso do presidente, no último Congresso do Partido Comunista, quando fez o resumo. Os chineses já se davam conta de que o mundo não podia continuar a apoiar as exportações chinesas, não tinham a chave da crise, mas tomavam medidas preventivas para o desenvolvimento interno.

O QUE VAMOS FAZER, ENTÃO, COM A CHINA E A ÍNDIA?

Não se pode traçar uma estratégia, se não se tiver uma visão das consequências do que está acontecendo. Porém, deve-se colocar nesse circuito o que há ao redor, uma quantidade fenomenal de países, que para nós são gigantescos, embora para o mundo sejam pequenos.

Para mim, se me der a opção de escolher um país para ter boas relações, digo Coreia: comedor de carne, consumidor de tudo o que produzimos, e um *per capita* impressionante. Se pudesse vender carne para a Coreia, dou-lhe os Estados Unidos envolto em papel celofane. De presente.

Então, se me falam de janelas desse tipo, existem várias, e deve-se trabalhar nesse sentido. Mas tenho pavor dos muito grandes.

Os muito grandes têm duas coisas: são determinantes pela influência que têm, mas vão querer provocar inimizade com os vizinhos. Como grande já temos o Brasil. Temos que ser inteligentes, não podemos ficar contra o Brasil. Em vez disso, devemos jogar ali, na sombra.

SOMOS UM BAIRRO DE SÃO PAULO.

Claro que somos um bairro de São Paulo, se me apoio na Coreia, não temos nenhum problema, se me inclino para a China, vai cair o mundo. Logo vão dizer: "É uma perda de soberania". Não, amigo! Isso não é perda de soberania, posicione-se com o que você é. Posicione-se com a realidade que você tem, se não vão propor a você coisas impossíveis.

Aí está a percepção que tenho.

De qualquer forma, nós estamos vendendo máquinas para a China: as vacas da raça holandesa.

As pessoas riem, mas isso é o trabalho genético acumulado do Uruguai, que estamos exportando como valor qualificado. O que acontece é que as pessoas não percebem essas coisas, e podemos fazer muito ainda.

Que não venham me azucrinar por vender uma vaca em pé. Vender uma vaca dessas em pé produz muito mais valor agregado que uma faturada em um rancho.

Só para prepará-la para o embarque de navio deve ser quatro a cinco vezes o valor agregado industrial, que significa matá-la em um frigorífico. Porque você tem que lhe dar ração, habituá-la, tudo isso.

Há pessoas incríveis, há técnicos uruguaios que têm feito transplantes na Mongólia, na China, com as ovelhas. No Uruguai, são preparados embriões merino para transplantar na China. É trabalho qualificado de trabalhadores uruguaios.

Essas são pequenas coisas desse sonho, que eu resumo com a palavra "agrointeligente".

Ser uma espécie de cabanha; é a jogada que a Holanda fez por lá.

É VERDADE.

Construíram, em um pedacinho de terra, um bruto país. Um grande país. A Dinamarca fez outro tanto, inventou um porco. Observe o que é esse trabalho, porque vale a pena.

É um filho das decisões políticas. Quando ocorre a unificação alemã, a primeira coisa que a Alemanha faz é protecionismo. Até aí, o mercado natural de porcos para a Dinamarca era a Alemanha; e então ficaram sem mercado, da noite para o dia. A alternativa era o mercado inglês, mas os ingleses consumiam outro tipo de porco. Estudaram o mercado inglês e começaram a trabalhar geneticamente em um porco e inventaram o Landrace. O que tem o Landrace? É mais longo, a manta de banha é mais larga; em termos médios, será quatro dedos mais grossa que a dos outros porcos. Se multiplicar esses quatro dedos, a fatia de toucinho alcança um número tal que dá a volta à Terra várias vezes.

Então, guardaram esse porco como segredo de Estado, não podia ser vendido para fora. Roosevelt, na década de 1930, fez uma diligência diplomática junto ao reino da Dinamarca para poder levar três ou quatro machos e algumas fêmeas e teve sucesso. Não sei quanto foi pago de governo a governo. Do governo de Roosevelt para o governo da Dinamarca, e então começou a se espalhar pelo mundo.

Os chineses de hoje têm uma raça de porco, têm várias aliás, mas têm uma (Taihu, que significa mais ou menos "dos quatro lagos"), que são porcos pequenos, enrugados, cuja peculiaridade é dar 23 ou 24 leitões por ninhada. A média de outros porcos é de dez ou doze, quando tudo anda bem.

São uma coisa infernal. São mansinhos. É segredo de Estado. Mas não se consegue porcos como esses, porque os chineses não os dão

OS CARAS SE ADAPTAM À REALIDADE DELES, PRECISAM DE CARNE.

A China é o primeiro produtor mundial de carne de porco, e o que mais comem em matéria de carne é carne de porco. Bem, de acordo com suas condições de vida.

Agora, imagine a importância que têm essas questões.

PARECEM COISAS MENORES, MAS...

Não são coisas menores e não lhes dar importância seria uma loucura.

Temos exemplos em nossa história. Veja, quando Zorrilla de San Martín era embaixador do Uruguai na Espanha e havia recém-escrito seu *Tabaré*, lutava para que o mundo intelectual o conhecesse. O embaixador ianque, que estava na Península Ibérica nessa época, nesse mesmo momento, estava preocupado em conseguir a origem de alguns porcos vermelhos que havia em Portugal, e alguns na Espanha, que finalmente obteve. São progenitores de uma raça de porco chamada Duroc-Jersey, um porco muito difundido nos Estados Unidos, muito rústico. Veja só que papéis diferentes tiveram os embaixadores.

NOSSOS EMBAIXADORES DEVEM CONTINUAR TRATANDO DE DIFUNDIR O *TABARÉ*.
Devem seguir, mais ou menos, na mesma linha, e os outros roubando todos os conhecimentos que podem.

COMO VÊ O FENÔMENO DOS ESTADOS UNIDOS? ACHA QUE, NO FUTURO, A HEGEMONIA AMERICANA VAI PERDER INFLUÊNCIA?
Creio que vai haver um período confuso, razoavelmente longo, de hegemonia compartilhada cada vez mais. Parece-me que o que vai ceder é essa visão de mundo unipolar, isso é o que será definido. Vamos ter vários polos.

A QUESTÃO DA CHINA É QUE VAI EXERCER HEGEMONIA MAIS PELO LADO COMERCIAL QUE MILITAR.
Por enquanto, não se conhece nenhuma potência econômica que, em longo prazo, não tenha sido potência militar. Porque, em última análise, se Clausewitz não tinha razão, estava perto de tê-la.

A guerra é a continuação da política, e, se quiser a paz, prepare-se para a guerra.

No entanto, parece-me que isso vai ser parte do mundo que virá. Mais para frente não vejo nada, está distante para mim, não sei se vai ser problema seu, mas meu não será.

A EUROPA, OBVIAMENTE, QUER SE MANTER COMO OUTRO POLO.
Sem dúvida. Além disso, tende a crescer.

E A ÁFRICA?
Balcanizada. É lamentável, é a desgraça com pernas.

EM ÚLTIMA ANÁLISE, É O FILHO POBRE DO MUNDO, VISTO QUE OS ASIÁTICOS – QUE JÁ FORAM – ESTÃO MUDANDO.

Totalmente. E com uma velocidade impensável.

A IMAGEM QUE TEMOS DA ÍNDIA, HÁ DEZ, QUINZE ANOS, ERA O PAÍS DOS PÁRIAS, DAS VACAS... OLHE AGORA E. É O PRIMEIRO PRODUTOR DE FILMES, DE *SOFTWARE*, UMA COISA IMPRESSIONANTE.

Observe que o tabu de não comer as vacas é uma genialidade cultural e funcional. Abra os olhos! Os atrasados somos nós ao acreditar que eles eram atrasados. Sabe por quê? Não têm o tabu de comer a vaca morta.

NÃO MATÁ-LA.

Não matá-la, porque, se nas grandes fomes tivessem comido as vacas, ficavam sem o esguicho de proteína que é o leite, sem proteína animal, em um país condenado a ter uma dieta vegetariana. Legumes e arroz, com sorte, mas o esguicho do leite é estratégico.

Eles comem as vacas que vão morrendo, não há problema nisso, e deixam morrer as que estão muito fodidas, envelhecidas, que já não dão leite, para depois comê-las.

É uma sabedoria brutal. É o país que tem mais vacas na história do mundo. Duzentos e cinquenta milhões de vacas, que lhes dão quatro, cinco litros [de leite]; uma coisa infernal. E, depois, o esterco é combustível!

SÃO OUTROS PARÂMETROS.

Que nós não conhecemos. Sei essas coisas por minha predileção por antropologia. Os tabus desempenham uma função. Quando há tabus que se arrastam por milênios, têm alguma razão de ser, e deve-se descobri-la.

POR ALGUM MOTIVO SURGIRAM.

São funcionais.

EM NÍVEL MUNDIAL, PODE-SE DIZER QUE AS COISAS SÃO COMPLICADAS. COM A ÁFRICA, NÃO SE SABE O QUE VAI ACONTECER, E A AMÉRICA LATINA?

A América Latina tem um desafio: integrar-se de alguma forma. A velha maneira de integração, que era a de Alexandre, melhor dizendo, a que sonhou Filipe, não parece muito viável nos tempos contemporâneos. Não é recomendável. Então, não há outra negociação política.

Mas aqui intervém o instrumento da consciência, que são os partidos. Acho que essas coisas precisam ser muito discutidas e não se deve esperar por resultados práticos e imediatos. Mas para chegar a transformá-los em *leitmotiv*, em ideias fortes de caráter partidário, deve-se penetrar fundo para que sejam sentidos na própria carne. Caso contrário, nunca vai haver uma integração segura.

O SENHOR VIU QUE A COINCIDÊNCIA IDEOLÓGICA TAMPOUCO GARANTIU...
Não, não garante nada.

O SONHO DA GRANDE NAÇÃO, DESDE OS ANOS 1960 ESTÁ SENDO PROPOSTO PELA ESQUERDA. HOUVE TENTATIVAS QUANDO ALLENDE ESTEVE À FRENTE, OS PERUANOS, TORRIJOS... MAS TUDO FOI PARA O INFERNO, E AGORA VEM ESSA ETAPA.
E antes houve a de Perón. Perón, Vargas e Ibañez, [que fizeram] o Pacto ABC. Claro que houve tentativas. E o que disse Perón: "O próximo século nos encontrará unidos ou vencidos". Dá calafrios. Como bom milico que era em sua formação, tinha um conceito geopolítico da história humana. Sem cair nesses extremos, há algo, há algo.

A QUESTÃO É COMO CONCILIAR, PORQUE HÁ COISAS QUE SÃO DIFERENTES, E O NACIONALISMO ESTÁ PROFUNDAMENTE ARRAIGADO EM CADA UM DOS PAÍSES.
É terrível.

E A ESQUERDA MUITAS VEZES FOMENTOU O NACIONALISMO.
Mas se eu tivesse 15 anos a menos, iria para a Argentina. E me meteria a fazer política na Argentina.

VOCÊ ENTENDE A REALIDADE ARGENTINA? EU NÃO A ENTENDO.
Claro, porque se deve lutar justamente para torná-la inteligível. É um país que se despedaça com um peido. O que fizeram os do governo e os do campo. Burro o governo, burro o campo, burros todos. Tinham uma colheita de 25 bilhões de dólares! De soja. E começam a brigar e a dizer: "Vendam, depois brigamos, mas primeiro

vamos atrás do dinheiro". Perderam mais de sete, oito bilhões de dólares, perderam tudo, [deixaram o dinheiro] evaporar.

PARA MIM, SÃO IRRACIONAIS.
Totalmente irracionais.

VOCÊ LHES DISSE QUE TINHAM DE SE AMAR MAIS.
E sou Deus, a partir de então sou Deus na Argentina. Porque os sujeitos estão cientes de que se matam por um peido. Não vamos acreditar que a Argentina é um povo de idiotas, há uma intelectualidade poderosa, pensadores importantes! Há um importante grau de desenvolvimento relativo no contexto da América Latina, não é um país de quarta categoria, não é uma república das bananas. Agora, há reações histéricas, loucas, paranoicas. O problema na Argentina é político.

NÃO HÁ ORGANIZAÇÕES POLÍTICAS.
Não há. E o peronismo... o mais curioso é que este governo é o melhor que a Argentina já teve, como governo de esquerda. Agora, são peronistas, patoteiros. Deus me livre.

É DIFÍCIL.
É foda.

TÊM A PRÁTICA POLÍTICA DA PATOTA...
Histórica.

OS PARTIDOS POLÍTICOS, OS SINDICATOS, SÃO MUITO VIOLENTOS.
Violentos.

AQUI, EM VIOLÊNCIA POLÍTICA, EM COMPARAÇÃO COM A ARGENTINA, SOMOS BEBÊS DE COLO.
Sim, sim.

A MÁFIA SINDICAL.
Sim, agora, infelizmente para nós, a Argentina é um país determinante. O Uruguai também tem algumas contradições. Não se pode

dizer que o turismo é uma coisa importante e estratégica e não levar em conta a Argentina. Se o turismo é importante, vamos nos colocar de acordo. Então, a política com a Argentina é importantíssima, porque não venha me azucrinar com o Uruguai turístico. Andei pelo Caribe, e está cheio de países que têm melhores praias que nós e todo o resto. São esses portenhos que têm mania de vir aqui para nossas praias e gostar delas, porque é um paisinho parecido com o deles, mas mais suave, mais decente. Sentem-se mais seguros e pronto. Parece-me ótimo. Agora, temos que ter uma política de luvas brancas com a Argentina. Temos que ajudar esse fenômeno.

SÃO A BASE DO URUGUAI TURÍSTICO.
É isso.

TAMBÉM VÊM DO BRASIL.
Vêm por esnobismo, mas eles têm cada praia, cada coisa, por favor! Basta descuidarmos e somos nós que vamos para lá. Se não vamos, é por causa dos custos.

ALÉM DISSO, HÁ UMA RIVALIDADE COM A ARGENTINA, É O COMPLEXO DE IRMÃO MENOR.
E é ao contrário, eles gostam de nós pra caramba.

NÃO É RECÍPROCO.
Não, porque nós, quando falamos da Argentina, temos a impressão de Buenos Aires. Mas a Argentina é mais que Buenos Aires, nas províncias as pessoas são diferentes. Outra coisa, quando precisamos dividir, o primeiro lugar está lá; e dentro da Argentina, especialmente em Buenos Aires. O uruguaio é como erva daninha em Buenos Aires.

O FENÔMENO SOCIAL-DEMOCRÁTICO EM NÍVEL MUNDIAL TEM VIGÊNCIA NO FUTURO OU DESAPARECE?
Acho que é o que sobra; o fenômeno social-democrático, o grosso da esquerda do mundo anda mais ou menos por aí.

No final das contas, aqui se apresenta essa covardia intelectual que assumimos. Todos os que fomos jovens há trinta, quarenta anos, vivemos essa discussão: reformismo, revolução, todo o resto. Acontece que as revoluções em geral foram para o caralho, não sobra nem cinzas.

Com a reforma não construíram nenhum país excepcional. Mas, em geral, onde fizeram reformas se come melhor e se dorme melhor. Para os que abraçamos o credo revolucionário, não é muito agradável dizer isso, mas é como a discussão que temos com Lula.

Lula diz: sim, sim, mas há cinquenta milhões de pessoas que vivem muito melhor. Isso é uma revolução? Sim, nos fatos, sim. Para aquele que não comia, com certeza é uma revolução.

Tudo está no conceito que temos de revolução.

Agora, do que não posso abdicar em meu credo interior é da visão socialista, e estou longe de engolir a pílula de que o capitalismo pode ser mais terno. Não, o capitalismo é como é e tchau, me parece. Está baseado numa concepção de homem dirigido e de homem manobrado, simplesmente. Até agora tem tido mais sucesso econômico, tudo bem, é assim. Mas acho que o homem tem potencialidade para construir uma coisa um pouco melhor, e é possível. Isso é o que chamo de socialismo com um forte tom de autogestão e participação.

A melhor definição que encontrei está nos Kung San, um povo que vive nas bordas do deserto de Kalahari. Perguntam aos caras se não têm chefe e eles respondem: "Nós somos chefes de nós mesmos". É o sonho, é a utopia.

MAS É PRECISO TER AS BASES PARA QUE AS PESSOAS CHEGUEM A ISSO.
Claro. Descobri outras coisas, e isso é o mais longo na vida da organização humana. Quase 90% da existência do homem sobre a Terra viveu com essa forma organizativa, toda a longa pré-história, a verdadeira história, porque o resto poderíamos chamá-lo de pós-história. Todas as etapas que vêm do neolítico até aqui, são 10 mil, 15 mil anos, uma bobagem do ponto de vista histórico. Para não falar dos 300 últimos anos do capitalismo, um parêntesis.

Então, é provável que se consiga relacionar muitas de nossas angústias. Creio que no campo das bactérias tem sido demonstrado que existe memória genética. Não é evidente que se possa comprovar bioquimicamente a existência da memória genética, mas do ponto de vista da história da sociologia e do comportamento, é evidente que há uma série de reações que são francamente atávicas em nós. Essa coisa de ser do Nacional, do Peñarol ou do Cerro, pelo que sei, é porque precisamos de uma tribo de puro sentimento, de uma identificação, já que não há sentido racional. Uma flâmula de futebol e qualquer forma de fanatismo, e o grau de estupidez que se pode fazer com isso.

A ESSA ALTURA É UM SENTIMENTO DE PERTENCIMENTO, ESTÁ NO GENE DO SER HUMANO.

Parece que temos algo desse tipo. Portanto, o que lhe proponho é uma hipótese, não tenho fundamentação científica. Mas hoje suspeito que andamos na contramão, e essa é uma das muitas causas de nossa angústia, andamos na contramão do que somos.

Esta pergunta comecei a fazê-la na prisão; pertencemos ao socialismo científico: como tão científico? O que é o homem? E foi aí que começou meu apego à antropologia.

No campo socialista, depois dos trabalhos de Engels e de alguns outros, que é muito pouco, o capitalismo fez mais para estudar as relações e explorar o mercado. Então, o que somos, o que é o disco rígido, o que é propriamente a natureza humana, e o que são fatores adquiridos por influência da civilização da história, é muito difícil separar. Porque a capacidade de aprendizagem e de influência nos antropoides, nos quatro macacos sem cauda, aos quais pertencemos, é muito grande. Foram encontrados chimpanzés de um lado e de outro com coisas muito diferentes, e isso significa que são aprendizagens históricas. De qualquer modo, permanece a pergunta: o que é autêntico no homem e o que é adquirido? Então, por muitas semelhanças, somos inquestionavelmente gregários, precisamos construir sociedades. Se somos gregários, somos políticos, temos uma natureza política, porque estamos obrigados pela relação gregária. O comportamento dos felinos não é [igual] ao nosso.

Pois bem, é tão longa essa etapa da pré-história – que se não é autêntico está prestes a sê-lo –, que tenho como hipótese a ideia de que o mundo da mercadoria amputou uma necessidade funcional gregária, acabou por amputar civilizatoriamente. Porque nessa longa etapa primitiva, a gregariedade é o que dá segurança para podermos viver. E o gregário obriga a compartilhar, a dividir, a enfrentar as dificuldades em comum, pelo menos num grupo familiar.

O outro vai marcar cada vez mais a face individualista. Eu diria: vejo que há uma contradição entre o que fomos pré-historicamente e o que somos; e enquadraria as lutas pelo socialismo, como o fato de retomar um bem perdido que temos dentro de nós. Mas que precisa ser retomado pelo lado da racionalidade, deve-se introduzir luz nessas coisas, porque nem o próprio capitalista pode viver feliz, vive assustado diante da possibilidade de ser roubado. É a alienação. Ou você explora e se defende, e quebra a crista de alguma maneira do outro... ou quebram a sua.

Bem, é verdade que há nos animais, em nossos parentes próximos, traços de individualismo e até de egoísmo; mas é comovente, também, ver que há traços de cooperação, são notórios. Então, acho que há muito a se trabalhar no campo das ciências, mas a política que vier precisa ter uma base muito mais científica do ponto de vista antropológico, quanto a preocupação do que é o homem.

Demos demasiada importância ao que veio depois, as classes sociais, mas não demos importância ao homem. Certas categorias que existem, e que as transformamos em abstrações, as transformamos na medula de nossa análise, mas não levamos em conta o ator. As classes sociais são produto da evolução histórica em relação às formas de viver no campo da especialização do trabalho e tudo o que vem depois, mas não resolve o problema da criatura. Não dá resposta, não ilumina.

Não me resta tempo para isso.

O SENHOR PODE LANÇAR A IDEIA PARA QUE OUTRO A AGARRE.

Não me resta tempo, mas há crise no campo do pensamento. O campo do pensamento não é andar lendo livros velhos. Já os lemos. Não brinque comigo! É a panóplia de novas hipóteses de trabalho, de novas fundações. Devemos ter a audácia que tiveram os velhos. E não repeti-los, repeti-los e repeti-los.

Esta é uma frente de trabalho, estamos sem teoria. Toda teoria é provisória, mas o homem, para dar passos, precisa de hipóteses teóricas. Assim como a física avança com base na matemática, faz hipóteses no quadro-negro e depois tem que ir ao campo experimental para resolver os problemas práticos e ver se estava certo ou errado, há necessidade de teoria para orientar o pensamento.

E NÃO SE ESTÁ TRABALHANDO NISSO.
Não.

NÃO SE VÊ EM NENHUM ÂMBITO.
Esta conversa que tenho com você é meio "démodé", porque onde termina a questão teórica? Nos trabalhos de Julio Louis, que pega o catecismo de Marx e começa a recitá-lo... frouxo! não me encha, admiro-o pra caramba, você é um louco genial, mas não me foda! Sempre com a mesma cantilena monótona, você parece o velhinho do último orgão, toca sempre a mesma melodia.

DEIXE DE LADO O ORGÃO... É VERDADE, NÃO HÁ CABEÇAS PENSANTES.
Não, não temos. E parece-me que...

ACABARAM-SE OS CENTROS DE EXCELÊNCIA.
Na medida em que também estamos envolvidos na questão de governar e tudo mais. E aí vem o problema dos partidos outra vez. O problema da Frente não é somente que desmobilizamos as bases, desmobilizamos o esforço intelectual! Não há nada mais incômodo que os intelectuais. Mas veja que os burocratas não são intelectuais, esses técnicos que vão ocupar postos não são intelectuais. Não, não. Respeito os intelectuais. São os caras que revisam, propõem aventuras do pensamento. Separe técnico de intelectual. O intelectual é parturiente por natureza, levanta contradições, mas é incômodo, enche o saco, é eternamente revisionista e inconformista. Está sempre dando pontapés nos esquemas.

Agora, não se pode ser governo e ser isso também, por isso o partido tem que funcionar.

MAS TENTARAM COM OS CENTROS DE ESTUDO, E NÃO FUNCIONOU? A FUNDAÇÃO SEREGNI IA SER UM ELEMENTO...
Poderia ser! Não aconteceu nada, as fundações são uma esclerose total.

POR ISSO O SENHOR SE PERGUNTA ONDE PODE HAVER PESSOAS COM IDEIAS E QUE POSSAM SE CONFRONTAR COM OUTROS TIPOS.
Nós nos enroscamos em uma discussão que eu não quis continuar.

O ASSUNTO COM O MINISTÉRIO DA CULTURA...

Um ministério é o que menos tem a ver com a cultura; a cultura é a liberdade. Para mim, a cultura é a liberdade.

Quando você monta um ministério, [quem manda] é a cultura oficialista, já está cravando nele um carimbo: aquele que vai dividir a grana vou ser eu, você tem que vir lamber os meus pés... Não, não. A cultura precisa de independência. Dê-lhe orçamento e deixe fazer. Divida a grana.

Se tenho um ministério, já tenho de fazer um orçamento: porteiros, telefonistas, motoristas. O que tem a ver isso? Isso é dinheiro para a cultura? Não. A cultura precisa de dinheiro, deve ser apoiada com dinheiro, mas façam. O que têm de fazer? Ah! Não tenho nada a ver com isso.

É GERMINAL, QUE GERMINEM POR AÍ... E VOCÊ OS APOIA.

E você os apoia. Eu tenho outra visão.

O SENHOR NÃO FALOU DESSE ASSUNTO.

Não, eu não quis me meter nisso porque vejo de outro modo.

É VERDADE, CASO CONTRÁRIO, TORNA-SE UM ANACRONISMO.

Já vivemos o do realismo socialista, todas as confusões da revolução cubana e a cultura. Não me fodam! O Estado manobrando a cultura? Não.

ALÉM DISSO, TEM QUE SER TRANSGRESSORA.

Claro. Imagine, a cultura oficialista. Tenho de pôr Galeano fora da lei de entrada, a melhor coisa que tenho a fazer é jogá-lo para fora. Não, não brinque. Você pode imaginar Galeano apoiando 100% um governo? Não, sempre vai questionar isto ou aquilo. E é o papel que desempenha: que foda!

EM GERAL, A CULTURA É QUESTIONADORA, SENÃO SE CONVERTE...

Claro, se transforma em uma coisa sagrada e morre. Morre.

MAS SÃO OS NOVOS PARADIGMAS. COMO SE CRIAM OS PARADIGMAS DE ESQUERDA? O QUE ME DIZ, EU ACHO QUE O PROCESSO VENEZUELANO É INTERESSANTE.

Eu disse a Hugo Chávez: olhe, você não vai construir nenhum socialismo com isso. O retorno favorável aqui é que eles vão ter casa melhor, vão comer mais, e vai ser uma reforma decente. Mas por esse caminho, você não cria nenhum socialismo.

LULA ESTÁ FAZENDO OUTRAS COISAS, SEM ESSE DISCURSO TALVEZ, E CUBA DEIXA O SENHOR SENTIDO, PORQUE O POVO CUBANO NÃO MERECE ISSO.

Não, cai em pedaços. Cai de velhice.

SOLILÓQUIO UM

A ORIGEM DO MLN É UMA OPERAÇÃO NÃO REALIZADA

El Bebe foi o inimigo da fundação do MLN. El Bebe era visionário demais. Dizia: "Quando fundo uma coisa, estou fundando o anticorpo". O que ele queria era um aparato clandestino que respondesse a toda a esquerda, em função do que estava por vir. Mais cedo ou mais tarde, viria o golpe de Estado. Então, ele queria, e praticou por um tempo, a dupla filiação: pertencia a um partido e ao aparato. Mas nos ligaram a alguns curtos-circuitos.

Porque, quando você se mete em uma coisa clandestina, começam a aparecer coisas que a outra organização não pode tirá-las de você, esse é o problema. Do ponto de vista prático, a origem do MLN é uma operação não realizada, seria o resgate dos canavieiros presos, que estavam sendo levados para Artigas e deviam ser resgatados no trem.

Isso supunha, depois, uma evacuação no meio do território, tratava-se de parar o trem – naquela época, os levavam de trem para Artigas. Tirá-los dos milicos e depois desaparecer. Parar o trem não era impossível, o problema vinha *a posteriori*. Isso obrigou a ter a uma quantidade de pessoas em uma movimentação filha da puta. Essa operação falhou, não pôde ser realizada, e estava pronta. Quando se fez o balanço para saber por que a operação havia fracassado, soube-se que havia alguém que precisava avisar o dia em que se ia agir, mas ficou com medo e não avisou.

Ali, a discussão de o porquê não pôde ser realizada levou à fundação do MLN. Veja como influem, às vezes, fatos totalmente impensados, porque geram sua própria lógica interior. Por isso, os homens somos fazedores de nossos caminhos em termos relativos, porque há também caminhos que são traçados para você. Há uma relação dialética, você influi e é influenciado, mas essa é uma coisa que você vê com a perspectiva dos anos.

COLÓQUIO TRÊS

*"Creio que
o relativo
à terra para
quem a
trabalha é
proprietarista,
a terra
pertence
à nação."*

A PRÉVIA

Na semana anterior, a reunião havia falhado; ele tinha uma entrevista agendada, às oito e meia, há muito tempo com El Espectador, e só fiquei sabendo disso ao chegar à chácara. Durante toda a semana, ele havia estado no olho do furacão por suas declarações sobre o segredo bancário, e o tema era inevitável. Começamos logo com as relações com a Argentina, me distraí e não liguei o gravador logo de início. Ele segue avançando na construção do tanque australiano.

—✷—

"... A indústria argentina tem um arranque estupendo. Como não vão vender pão argentino, macarrão argentino? Vendem de tudo, mas não vá pensar que nessas indústrias a margem de lucro é enorme."

—✷—

É O VOLUME QUE CONTA.

Claro, ali são vendidos grandes volumes. Ao comprar a matéria-prima até 30% mais barato, levam uma vantagem que ninguém pode competir. E, depois, a escala. Recuamos e depois dizem que os Kirchner são progressistas. Progressistas, veja só!

SIM, ESTÃO LEVANDO VANTAGEM.

Estão levando vantagem sobre nós.

ESSE TEMA É COMPLICADO, A QUESTÃO DO NACIONALISMO CONTINUA A PESAR.

Mas claro, e travam a integração. Sei que muitos estão furiosos com o sigilo bancário, porque um monte de grana escapa por aqui. O sigilo bancário pode ser flexibilizado, tudo bem. Mas o que eles pretendem? O que Jerónimo Roca propôs, no processo inicial da Reforma Tributária, era manter segredo para os depósitos, mas levantá-lo para as contas correntes. Entende?

O sujeito diz, mais ou menos, com palavras textuais: "Eu, como economista, sou contra o sigilo bancário, porque é uma chaga para o sistema tributário e tudo mais. Agora, em vista da situação complexa do Uruguai, um país com a pior poupança, deve ser mantido para os depósitos, mas nas contas correntes não, porque aí se estabelece toda a figura que permite às empresas a manipulação tributária".

Na realidade, a grande reprovação vem por causa da evasão fiscal.

ALÉM DISSO, HOJE EM DIA, SÃO OS ARGENTINOS QUE DEPOSITAM DINHEIRO.
Claro, os argentinos mais que todos.

O MERCADO FINANCEIRO INTERNACIONAL FOI PARA O CARALHO.
Não, mas para os argentinos é como as praias do Uruguai turístico. Mas isso é um pretexto, além do mais porque não creio que seja uma coisa tão grave hoje. O que acontece é que estamos mal e não há sequer negociações. Estamos como que condenados, essa ponte é uma coisa insustentável.

É UMA ESPÉCIE DE PIRRAÇA ENTRE TABARÉ E KIRCHNER.
Há personalismos, claro.

DEVIAM TÊ-LO FEITO DE OUTRA MANEIRA, PORQUE AS PONTES PARA A ARGENTINA ERAM ALGO MENOR.
Uma besteira.

SÃO DEZ SUJEITOS. MAS A QUESTÃO FOI MAL ABORDADA.
Sim, escapou-lhes das mãos e depois se tornou uma enroscada. "Somos um país pequeno, como vão ser prepotentes comigo." Aqui não se trata disso, aqui se trata de ir e vir, atravessar a ponte. Pare de sacanear! Além disso, o que temos é o rio Negro meio morto por causa disso; parece que não, mas a ponte influi na vida do rio Negro.

A CONVERSA

VAMOS FALAR DO PAÍS PRODUTIVO. TODO O TEMPO SE FALA DO PAÍS PRODUTIVO. EM LONGO PRAZO SOBRE O QUE FALAMOS?

Falei disso no MGAP. "O país agrointeligente", propus no discurso da Rural, é um horizonte. De nenhuma maneira é um projeto concretizável em curto prazo, mas por quê? Porque exige alta especialização nas áreas da biologia, que direta ou indiretamente vão se entrelaçar com a agropecuária. Quando falo da biologia, estou me referindo a questões que têm a ver com a zootecnia ou com o mundo vegetal, mas que exigem pesquisa e pessoas dedicadas, para além de formação básica. Você precisa de muitos estudantes brilhantes de química, de física, de matemática e de informática para depois conseguir biólogos. Os biólogos vêm depois, depois desses todos.

Tem muito a ver com a biologia molecular, muito a ver.

Acho que isso abriria, potencialmente, horizontes em uma série de indústrias qualificadas. Deve-se ter uma ideia do que significa o consumo de insumos qualificados na região, que é cada vez maior.

A bolada de grana que nós gastamos...

O QUE SIGNIFICA "CONSUMO QUALIFICADO"?

A cada operação de vacinação, trazemos quatro, cinco milhões de vacinas contra a aftosa. Falo da aftosa, não falo da leucose nem da brucelose. Isso é grana que se movimenta. Isso é trabalho proletário de laboratórios de túnica, que cobram e vale um dinheirão.

E QUE SE PODERIA DESENVOLVER AQUI.

Totalmente. Tínhamos laboratório, e o eliminamos.

LABORATÓRIO SANTA ELENA.

Alegremente, pensávamos que íamos acabar com a aftosa eliminando os laboratórios. E foram eliminados. Mas há um monte de coisas; por exemplo, às vezes, diagnosticar uma doença em um animal exige um processo que custa muito. No caso da leucose, deve-se fazer duas sangrias etc. É possível – porque em muitas doenças se trabalha assim – desenvolver um antígeno que, com uma reação mínima, você detecta essa doença. Isso pressupõe uma pesquisa. No Uruguai, está sendo feito em Pando com o mal de Chagas. Na realidade, não vai resolver o problema do mal de Chagas, mas reduz o custo de detecção da doença. Isso se usa para doenças em humanos, e também em animais.

Há aí todo um horizonte para trabalhar. No campo da biologia, no campo das sementes, o desenvolvimento de variedades adaptadas às condições de clima seco é patenteado e depois vendido. Hoje, você tem que pagar *royalties*, e o que você paga com isso é a pesquisa. Temos várias dessas coisas que trazemos de fora, mas podem ser desenvolvidas aqui. Temos boas pastagens, o *Paspalum* (pé-de-galinha, pasto mel), o *Bromus*, que é a cevadilha-crioula, variedades desse tipo que são pastagens adaptadas, são boas, e levaram-nas para outros lugares. Para nós, nos custaria a vida para procurar uma adaptação para o clima que está por vir, com secas.

Mas só estou tocando no [assunto] que quero estabelecer, e que há todo um horizonte para voar.

HÁ MUITO DE LABORATÓRIO.

A indústria é laboratório. Tire a ideia de fábrica. É de laboratório e de operário de túnica. A venda de conhecimento qualificado. Temos que apostar na qualidade e nesse tipo de coisas.

EM ESCALA, VAI SER MUITO DIFÍCIL CONSEGUIRMOS ISSO.

Não, claro. Mas nós consumimos produtos de laboratórios suíços, holandeses, dinamarqueses. É totalmente possível fazê-lo. Se você me diz: “Vamos fazer uma indústria de fertilizantes”, respondo: “Pare com isso, caramba!, isso é para os outros”. Se fosse ureia seria para a Venezuela, que tem energia aos montes e pode vender; a matéria-prima é tirada do ar, mas o custo é a energia elétrica.

O que define é que você precisa ter uma população com talento. Isso o leva de mãos dadas a outros aspectos. Por exemplo, eu não quero mais zonas francas para montar galpões que guardem mercadorias. Não. Se vêm a BASF ou a Bayer e me dizem: “Nós vamos fazer um laboratório de pesquisa no Uruguai, vocês nos dão uma zona franca?”, meu pai, que venham!

NÃO É QUE O SENHOR RECHAÇA A ZONA FRANCA, MAS QUER VER PARA QUE É USADA.
Para que é usada, não para fazer joguinho, que não preciso. Com o que há, já sobra. Não me foda! Agora, se eles vêm com um serviço que nós não podemos desenvolver, ou com uma atividade que nos ajude a ter jovens bem pagos, talentosos, sem dúvida!

COM ISSO, OS TÉCNICOS PODEM SER CONSERVADOS AQUI.
Veja, é muito provável que um técnico uruguaio – desses jovens do Clemente Estable – trabalhe com gosto aqui, ganhando um salário um pouco menor do que vai ganhar lá, porque tem uma vida mais barata, está com a família e tudo mais. Mas se não lhe oferecermos alternativas, eles o levam, porque lhe damos cinco mil, seis mil pesos por mês.

SIM, VÃO EMBORA.
Vão embora, os caras não aguentam. Mas se for colocado como exemplo, é como uma calha coletora de águas. Não é que você tenha que me dizer: "Bem, vamos fazer vacinas contra a aftosa". Não, eu disse, "ramo da biologia", depois o mercado tem que jogar. Não é que vamos começar a fazer "isto", mas se você criar condições básicas para determinadas coisas, há empolgação depois. É como as pessoas que vão para a Índia por causa do *software* e do computador: como havia condições básicas, elas vão e se instalam por lá.

Então, é a mesma coisa, senão nós vamos ter o quê? Um dia, temos um louco que lhe convém uma máquina aqui, depois lhe convém ir para o Panamá, e ele vai embora para o Panamá.

ACABA NÃO CRIANDO...
Não criando uma especialidade que repercuta na faculdade, no orçamento, que seja uma política. Porque, numa primeira instância, isso pode ser financiado por nossas próprias necessidades econômicas, já que estamos importando a maior parte desses produtos.

Temos alguém que vai financiar desde o início, e depois temos a região. Digo que, um dia, tudo vai se organizar, e essa região vai ser um pouco mais potável, mais habitável. Depois, quando a direita ganhar, pode ser que ela faça as coisas melhor que nós, mas, a essa altura, o que você quer que eu lhe diga?

É POSSÍVEL QUE TENHAM MELHOR CRITÉRIO COMERCIAL.

Sim, é possível. Porque o Mercosul é uma coisa valente.

Está bem que vamos jogar a culpa nos outros, mas é a maneira de nos defendermos. Aqui, estamos todos no inferno, somos todos corresponsáveis. A todo momento se veem conferências que não servem para nada, que não servem para outra coisa senão para tirar fotos, nada mais. Não seja tolo.

HÁ TODA UMA BUROCRACIA INTERNACIONAL QUE SE ALIMENTA DESSAS REUNIÕES. AGORA, O SENHOR PROPÕE UMA PRODUTIVIDADE...

Essa é uma, não acho que tenha que ser exclusiva, mas creio que em torno disso existe uma parafernália de coisas.

Por exemplo, nós temos problemas com a energia. É óbvio, há todo um horizonte para desenvolver combustíveis agrícolas, que, em uma visão de país produtivo agroexportador, nos servem. E acho que não é o Estado que deva fazer isso. Creio que o modelo que se pode ver está logo ali, em Ombués de Lavalle. Sabe o que eu faria? Aos que investem dinheiro na Bolsa para levar adiante esse tipo de projeto, à pequena burguesia uruguaia, lhes daria algumas garantias do Estado para que a taxa de risco fosse menor. Deve-se fazer quinze ou vinte dessas [ações] em todo o país.

E O QUE FAZEM?

Processam mil quilos por hora de soja e produzem biodiesel, e obtêm resíduos de torta para ração, fazem-no com uma graneleira, com a Copagran, que também é sócia. Então, utilizam a soja de segunda – o descarte –, e tiram ração para os animais, e também um biodiesel especial, que vendem na região e o misturam.

Está aí o irmão de Chilibroste, um engenheiro. É bom percorrer o país e ver as coisas que a realidade inventou, que são reais, que você as vê, que não são piada, que há gente séria. E devemos tratar de divulgar isso, e não o que acontece comigo na solidão de um cômodo. Entende?

SE HÁ EXPERIÊNCIAS CONCRETAS FUNCIONANDO, VAMOS DESENVOLVÊ-LAS.

Vamos desenvolvê-las. Mas o importante para nós, mais que o combustível, é o complemento da comida para os animais.

COMO SUBPRODUTO.

Nós exportamos a soja bruta e depois compramos os resquícios da Argentina. Na realidade, somos inapresentáveis como política industrial.

O resultado é o que se chama de "biocombustíveis de segunda geração", que é gerar álcool ou combustível a partir da biomassa vegetal. Por exemplo, os resíduos florestais, da indústria da madeira etc., já estão no horizonte. O problema é a confecção industrial para que tenha uma escala rentável, porque a pesquisa já está completa do ponto de vista técnico. Isso é o que de fato ocorre. O Uruguai deve se preparar, caso contrário, para que plantamos os bosques? Isso de andar vendendo toras, acaba-se repetindo o que fazemos com o gado.

EM SUMA, CONTINUAMOS VENDENDO *COMMODITIES*.

E das piores que podem ser vendidas, porque têm um peso enorme, acumulam uma despesa de transporte altíssima e complicam o porto, porque têm grande volume e pouco valor. Melhor dizendo, não encontramos solução para que haja um transporte mais barato.

A industrialização dessas coisas, por mais que possa nos escorar, me parece que está limitada pela realidade, porque temos a madeira logo ali.

UM INVESTIMENTO COMO PORTUCEL SERVE.

Se o fizerem! Para mim, é conto chinês. Portugal nos classifica como paraíso fiscal. Imerecidamente, pois, graças à reforma tributária, não podemos tecnicamente ser considerados dessa maneira. Mas até a reforma tributária assim o éramos, porque tínhamos as SAFI. Não só temos o sigilo bancário, como tínhamos as SAFI, que agora foram cortadas. Por que diabos no caso da Portucel? Ao ser paraíso fiscal, catalogam que esse investimento vai para um país onde se sonega impostos; portanto, você é punido mais adiante.

O SENHOR CONSIDERA O ALCOHOLES DEL URUGUAY (ALUR), PARA ALÉM DA RAZÃO SOCIAL, VIÁVEL COMO PROJETO?

Teoricamente não tenho nenhuma dúvida. Fiz uma interpelação quando era senador em relação a isso, tomei os números de São Paulo, tomei os números de oito produtores que totalizavam cento e dezessete. Três, quatro anos atrás havia – apesar de toda a decadência – sete, oito produtores que tinham as médias de produção de São Paulo. Custa um pouco mais, mas no Uruguai se pode chegar a sete mil quilos de açúcar por hectare. Há um *plus*, deve-se selecionar a cana, e ter segurança de irrigação – e é isso que sairia um pouco mais caro.

E não há nada em Bella Unión, nessa área, que vá render mais que a cana. Agora, o problema é de organização industrial, se você tem uma empresa, se você é burocratizado. Bella Unión é valente, mas o problema não é que a cana seja viável ou não, o problema somos nós.

QUAIS SÃO OS PRINCIPAIS RAMOS DE DESENVOLVIMENTO DE UM PAÍS PRODUTIVO? O SENHOR INCLUI O TURISMO?

Acho que o turismo caminha com a Argentina. A política do turismo não começa no ministério, mas na chancelaria. O que vai fazer o Ministério do Turismo se a chancelaria não vai bem com o governo argentino? O país turístico obriga que você tenha uma diplomacia também.

Na Argentina, há enormes interesses turísticos internos que estão jogando contra. Para mim, é preciso ter uma diplomacia de acordo com as necessidades.

Acho que há uma parte do país produtivo que significa avançar na qualificação, no valor agregado em certos ramos que o Uruguai tem. Por exemplo, na indústria de laticínios, estamos praticamente em zero no desenvolvimento desse capital representado pelas indústrias biomédicas. Outra vez os laboratórios, a partir da matéria-prima do leite, mas que entram para vender outra coisa. E há perto de 300 produtos que saem dali, e nesse sentido estamos a menos dez.

São coisas que acontecem conosco. Vendemos os fígados das vacas para um lugar, os rins para outro, nós os vendemos como matéria-prima da indústria farmacêutica de outros, e para nós, nada! Temos a matéria-prima aí.

Na indústria do couro acontece o mesmo, exceto as peles para estofamento que Branáa vende, para automóveis Mercedes. Depois, não vendemos nada de couro preparado. Não existimos.

CONTINUAMOS COM A MENTALIDADE DE...

De vender matéria-prima.

O MÁXIMO É LEITE EM PÓ.

Leite em pó, a *commodity* mais comum que o leite tem; se você me disser queijo ou iogurte, que têm um valor agregado, aí sim. Mas o leite em pó é um desastre, não trabalha nada. Você cai de costas se for para a fábrica de Florida: vê três operários a postos e milhares de quilos, até a embalagem está totalmente robotizada. Valor agregado humano: zero.

O DESENVOLVIMENTO DO PAÍS PRODUTIVO IMPLICA UMA MUDANÇA NA MENTALIDADE DOS URUGUAIOS.

O Uruguai tem uma fraqueza, e nós de esquerda avaliamos essa dificuldade: o papel que a empresa desempenha. O empreendorismo gera prejuízos. Não, meu pai, a empresa é uma organização humana, para efeitos de conseguir um objetivo, mas é um trabalho de equipe. Que a finalidade com que se faz seja capitalista, isso é outra história. Mas não há outra forma de produzir do que não formando-se uma empresa. Para nós, parece que isso é pecado, é malvisto. E todas essas coisas, a qualidade total, são preocupações dos burgueses.

O SENHOR ESTÁ DANDO DE PRESENTE UMA ENORME PORÇÃO QUE NÃO TEM NOME.

Claro que você lhes está dando uma grande porção, e é mentira que as empresas têm de ser gigantescas, com duas mil pessoas. De repente, oito, dez sujeitos montam uma empresa, e isso tem tanta envergadura como uma grande empresa. Devemos facilitar o empreendorismo, devemos ajudar a formar [profissionais]. E quando você percebe um sujeito que tem valor, temos que vê-lo como um capital social. Quem se arrisca a montar, a fundar algo, não tem de ser visto como um explorador. Nesse sentido, temos uma falha gritante, temos uma falha como país e como esquerda. Acentuada, porque sem isso não se conquista nada do outro. A peça-chave é o homem, tudo isso que eu lhe disse é estupendo, mas, sem o homem, fracassamos.

Cuidado, os cubanos têm formado muito mais engenheiros que nós, e têm gente capacitada. E então? O que falta? Falta isso, falta o sujeito que os apanhe, que os coloque de acordo e os ponha para trabalhar, e resolva os problemas que ele tem, e pronto.

Não dar-se conta de que isso desempenha um enorme papel de organização na sociedade me parece um defeito, uma limitação. A qualificação é básica, sem qualificação não se anda, mas se você não tiver esses sujeitos que puxam o carro, não acontece nada. Por que o seu dia a dia funciona? Porque você anda se fodendo o dia todo para cima e para baixo, rompendo barreiras o tempo todo. Fique embaixo de uma árvore e verá como anda o dia a dia...

Eu sei como a coisa é, irmão, eu sei porque vivi isso.

O TEMA CULTURAL DO URUGUAIO É O DO MÍNIMO ESFORÇO.

Não, não, eu vou trabalhar e não complique minha vida, faço as horinhas que tenho que fazer.

E SE SOU FUNCIONÁRIO PÚBLICO, MELHOR, PORQUE ESTOU SEGURO.

Essa é a cultura para trás, é uma cultura não participativa. Na realidade, ele não quer se complicar em nada que seja participativo, por isso queremos ser funcionários públicos, majoritariamente. Mas se não o vemos como um ponto negro, negativo, caímos na demagogia, e essa é a discussão com a AEBU.

O SENHOR FOI IMPECÁVEL NO CASO DA AEBU.

Você sabe como funciona o BROU? Não há lojista de qualquer ramo que possa trabalhar com o BROU. Essa gente que tem dinheiro todos os dias, que tem para depositá-lo porque está com medo de que o roubem, não pode ir ao banco. Todos vão aos bancos privados. Por que vão aos bancos privados? Porque lhes facilitam as coisas.

NOSSA MENTALIDADE É CONSERVADORA, É DE NÃO ARRISCAR. MAS PARECE HAVER UMA NOVA GERAÇÃO QUE ESTÁ MUDANDO ISSO.

Há uma emergente classe média jovem, alguns trabalham durante o dia, estudam à noite, se esfalfam, às vezes vão bem, às vezes mal, têm dificuldades, mas vão em frente. Mais ainda, eu dizia aos companheiros: “Vão procurar esses caras”. Em geral, não são militantes, não têm tempo para essas coisas, mas militam. É preciso criar uma política, porque essa gente está começando outra coisa. Mas se não têm uma contrapartida, vão embora, porque, como são empreendedores, têm capacidade. Entende? Então, se não lhes dermos espaço... esses caras são fundamentais para a mudança.

É A CULTURA EMPREENDEDORA.

Devemos estimulá-la, isso é parte do país produtivo. O país produtivo tem um lado que é psicológico, que não é de massas. Deve-se capturar esses caras, porque eles têm o poder de arrastar outros.

EFEITO DE CONTÁGIO.

Claro. Eles levam outros para frente.

ISSO É PARTE, INCLUSIVE, DA PRÓPRIA EDUCAÇÃO.

Em um grupo de pessoas que está sendo educado, você tem o nível básico, mas tem uma massa de gente que se agrupa. Acho que isso é meio genético, o problema é não perder aqueles que são o fermento, porque contribuem para arrastar os outros. Há lideranças, no empreendorismo há liderança também, e não são necessariamente os mais inteligentes, porque às vezes os mais inteligentes são muito especializados, são sujeitos que se dedicam a uma coisa, e esses empreendedores são polivalentes, porque têm que se meter a resolver tudo. E se esses não estão presentes, não funciona.

Esse louco, Daniel Placeres, é assim. Onde se formou? Em nenhum lugar. É o temperamento que o leva para frente, a fábrica da Envidirio existe porque lá estava ele, caso contrário, não existiria. Meteu-se com vontade e foi. Foi combinando o que sabe.

O SENHOR FALOU VÁRIAS VEZES SOBRE A QUESTÃO DA SOCIEDADE DE CONSUMO. COMO É EXATAMENTE O MODELO DE PAÍS QUE O SENHOR VISUALIZA? PORQUE O ACUSAM DE CULTO À POBREZA.

Sim, existe um hiperconsumo supérfluo, que é um impulso do comércio e um manuseio tal que nos impõe os hábitos do Primeiro Mundo na corrida. Nós não precisamos mudar os telefones a cada seis meses, poderíamos ir adiante dois ou três anos com um telefone e não iria acontecer nada de grave. Da mesma forma, há um montão de coisas. Cuidado, eu não me proponho a exigir da sociedade meu modo de viver, nem nada parecido. Porque vivo sozinho.

LUCÍA E O SENHOR

Claro, não sou tão estúpido. Mas deve-se abrir o horizonte à sociedade. Por exemplo, o mercado de valores não existe no Uruguai. Deve-se dar à classe média uma alternativa para que não tenha de morrer no banco onde não lhe pagam nada.

Que possa brigar por um pouquinho mais e que sirva para sustentá-la. O Estado tem que atuar um pouco como comissário, para que não a defraudem, e dar-lhe garantias. Então, vamos ter um Uruguai poupador. Muitas vezes, o uruguaio manda o dinheiro para fora porque não tem alternativas de onde colocá-lo.

O SUJEITO QUE TEM GRANA NÃO ENCONTRA PROJETOS DE INVESTIMENTO.

Não, não encontra. E a que tem mais capacidade de poupar é a classe média, que não tem ambição empresarial e que não vai se complicar com uma empresa, porque não é feita para isso.

NÃO SABE, NÃO SE ANIMA, E SEU CAPITAL NÃO É SUFICIENTE.

E o Estado tem que servir a certas forças sociais, tem que vigiar para que não enganem essas pessoas com projetos estranhos e, por que não, atuar como garantia em favor dessas pessoas. Além das empresas públicas, que devem ter uma margem de ações nominativas de uruguaios, que as vendam aqui. A UTE vende e pronto, vai lhe garantir 4% ou 5%, mas o sujeito está seguro.

DESENVOLVER A BOLSA DE VALORES?

Sim, sim, certamente.

ISSO SERVE, INCLUSIVE, PARA DESENVOLVER PROJETOS.

Claro que sim, para mim é preciso dar-lhe grande apoio.

O SENHOR ESTÁ SENDO UM ICONOCLASTA, PORQUE O CASO DAS "AÇÕES" É A COISA MAIS BURGUESA QUE SE PROPÕE NA HISTÓRIA DO CAPITALISMO. O SENHOR ESTÁ AFIRMANDO QUE SERIA BOM TER AÇÕES EM NÍVEL NACIONAL.

Sim, eu disse ações nominativas, que não podem ser vendidas fora do país, senão, vão começar a privatizar a UTE pela porta dos fundos. Mas que se estabeleça uma quota. E para quem? Para a pequena burguesia poupadora.

EM VEZ DE COMPRAR TÍTULOS, COMPRAR AÇÕES.
Comprar ações e mantê-las ali. Ajuda os problemas de financiamento das empresas públicas, e [a burguesia poupadora] sente-se segura. Dissemos que os uruguaios têm pouca capacidade de poupança, e não é bem assim. Há capacidade de poupança, mas não se investe. A poupança não se transforma em investimento, e se transforma em uma coisa espúria que vai para fora. Por que Peirano pôde fazer o que fez? Porque há uma cultura de enviar o dinheiro para fora.

A SEGURANÇA DE QUE FORA LHES DÃO MAIS.
Dão mais, dois pontos a mais, e por meio do sistema bancário isso não funciona.

Vejo o caminho da Bolsa de Valores, com certa regulamentação, para que não se transforme em uma moda especulativa porque, se vêm de fora, imagine, compram toda a Bolsa em dois minutos. Claro, não existimos, mas essas coisas podem ser previstas. E isso é parte do país produtivo também.

O país produtivo precisa de financiamento, e aí pode entrar parte do dinheiro das AFAP, que estão pedindo para colocá-lo fora em um pacote de investimento. Mas sempre com as garantias de um Estado: por que não usar dinheiro dos aposentados, mas dando garantias de que não se vai dar sumiço a esse dinheiro?

É O GRANDE PROBLEMA QUE TEM SURGIDO EM MUITOS LUGARES.
Certamente tem acontecido em muitos lugares.

AGORA, AS AFAP, A ESSA ALTURA, SÃO UMA REALIDADE.
Você não pode jogá-las fora.

TALVEZ SEJA O CASO DE USÁ-LAS DA FORMA CORRETA PARA INVESTIR.
Acho que devemos diversificar um pouco o uso, mas partindo da base de que deve haver garantias de que não vai haver desperdício. Deve-se estudar projetos que sejam viáveis, financiáveis, e que, além disso, tenham a garantia do Estado. Assim como se dispôs o Fundo Leiteiro, há uma quantidades de coisas... podem ser feitos fideicomissos. E, especialmente, em um país que tem muitas propriedades imóveis, um valor que existe. Deve-se realizar obras im-

portantes, obras de retenção de água que têm um rendimento interessante. Se eu fizer uma represa, e me pagarem vinte sacas de arroz por ano pela água que usam da represa para irrigar, não é um valor insignificante, posso lhe assegurar. Vendo água. Faça as contas: dez dólares por saca de arroz, vinte sacas são duzentos dólares por ano e por hectare. Uma represa como a de India Muerta irriga 40 mil hectares. Essa é a obra que se pode construir com as AFAP, viu?

O SENHOR PROPÔS VÁRIAS VEZES FAZER REPRESAS EM ARTIGAS.

Em Artigas, há 40 represas a serem feitas, encadeadas, para [que se possa] tirar proveito [delas]. Sim, são obras públicas importantes, exigem meios, é claro, e certamente há outras [a serem feitas].

COMO O SENHOR VISUALIZA A MATRIZ ENERGÉTICA?

Eu trataria de melhorar as relações com os vizinhos, até a morte, sempre. Em primeiro plano, a energia elétrica mais barata será sempre a dos paraguaios. Com o gás temos problemas, com a Argentina temos problemas, nem pensar. Se o Brasil não resolver com a Argentina, não sei como vai ser. Por enquanto, não há resposta.

QUANDO O SENHOR CITA OS PARAGUAIOS É PELO EXCESSO DE ITAIPU QUE ELES TÊM.

Sim, os paraguaios têm excedente.

SÃO OS BRASILEIROS QUE ESTÃO CONSUMINDO ESSE EXCEDENTE.

A um preço espantoso! Vai bem o Mercosul.

ABAIXO DOS PREÇOS DO MERCADO INTERNACIONAL.

Sim, eles estão enrolando os paraguaios. Por isso, digo que se deve fazer de tudo.

Há uma série de minibarragens a construir. E há um tipo de turbina que se coloca dentro de um caudal de água, que gera energia elétrica. Os alemães desenvolveram tudo, você não precisa mais de queda d’água, a água corrente de um charco, de um riacho, já dá para gerar energia elétrica. Nós não tivemos uma política de massificar as microssoluções que possa existir; ao contrário, temos uma mentalidade unitária. Não temos mais pequenas usinas de biodiesel da parte dos gerentes da ANCAP, e não temos pequenas turbinas por parte daqueles da UTE, que querem ter tudo. Como se eles se vissem a ponto de falir se abrissem a porta para que a iniciativa privada fizesse coisas para resolver pequenos problemas de energia! Não posso colocar um molinete ou catavento aqui, não me deixam.

É RIDÍCULO.

Você percebe que é a coisa mais ridícula. Além disso, sou deficitário em energia e estou esbravejando [por causa disso]. Pergunte a um chefe da UTE a avaliação do que era a energia elétrica que os velhos molinetes produziam. Sabe de uma coisa? Era incrível a energia que produziam, e isso tudo foi sendo desmantelado. Então, acho que se deve ter políticas oficiais que promovam... e deixar fazer.

Uma vez, um agricultor veio a mim e disse: "Por que não me deixam fazer? Se o motor quebrar, fui eu que o quebrei, não vou pedir crédito nem nada, por que não me deixam?".

O que vou responder a isso? Sei que o sujeito não é um idiota, é um engenheiro, aperfeiçoou-se nos Estados Unidos, não é nenhum bobo, não vai fazer nenhuma besteira. Por que não o deixamos? Essas coisas são inexplicáveis.

DE UM LADO ESTÁ A QUESTÃO DA BUROCRACIA EXISTENTE QUE NÃO TEM IDEOLOGIA.

Sim, mas é uma política tão supermonopolista, que é o monopólio da miséria. Porque, depois, tenho que andar importando e ter soluções mais caras.

O PRECONCEITO DA ESQUERDA PESA E ACABA-SE ABRINDO O MERCADO PRIVADO.

Mas você tem de separar a palha do trigo. A iniciativa privada que explode em pequenas soluções pode poupar um monte de dores de cabeça, e, mais que problema, é solução. Além disso, é uma tendência mundial. A pequena empresa que produz um pouco de energia elétrica, quando tem sobra, a vende à grande. Aí é que se deve ter uma política de deixar fazer, abrir as comportas.

CONTROLANDO PARA QUE NÃO HAJA DESMANDOS.

Sim, deixar fazer. O velho Salles teve uma briga: ele inventou um molinete redondo, muito mais eficiente que os tradicionais, e que trabalha com menos energia. Faz quatro anos que está brigando para que o deixem usá-lo.

O SENHOR ARMOU UMA CONFUSÃO DOS DIABOS COM A QUESTÃO DE IMPORTAR INDÍGENAS OU CAMPONESES. PARA ALÉM DA VIABILIDADE OU NÃO, A QUESTÃO ERA O PENSAMENTO DE BASE: A GERAÇÃO DA CULTURA DE TRABALHO.

O Uruguai tem cinco ou seis milhões de hectares, que, por ora, há neles uma das produções mais exaltadas, a da ovelha. A ovelha é um animal muito produtivo, mas, mesmo na Europa, precisa de pastor, tem de haver um. No Equador, há três milhões de pastores, acostumados a viver nas estepes, umas terras que Deus me livre. Esses sujeitos, no norte uruguaio pobre, são Gardel! Mas para entender isso, deve-se dar uma volta, deve-se ir a Artigas e ver. Não há pessoas, e sem "nada" não são tomadas medidas produtivas. Com zero sociedade, não há políticas produtivas, é necessário que haja uma sociedade.

A matriz do Uruguai não vai mudar, nem tampouco a mudaram nossos avós, e no entanto tentaram. É uma ideia política, esses são nossos irmãos, não podemos ter uma ideia de integração e ser racistas. Porque há esse racismo encoberto por aqui.

E NÃO TÃO ENCOBERTO. A REAÇÃO FOI: "ESTÁ LOUCO, VÃO MISTURAR NOSSA RAÇA".

Claro, porque são coisas que agridem. E nossos avós não agrediam, aqueles gringos pobres que vieram, aqueles de "meu filho doutor"... O que dizia a aristocracia crioula quando chegavam e desciam com a pobre bagagem? O que pensavam? Vejo o que está acontecendo na América. Pena que nunca vamos ter recursos para fazer uma coisa importante, como trazer 200, 300 mil famílias... mas não a descarto, pelo menos como coisa simbólica. A agricultura argentina desmorona se você tirar dela os paraguaios, os bolivianos e os peruanos. Desmorona! A agricultura norte-americana sem os mexicanos desmorona, a agricultura espanhola sem marroquinos, sem equatorianos, pobre deles! E a agricultura uruguaia vai seguindo o mesmo caminho, as pessoas não querem mais viver no campo.

SOMOS UMA SOCIEDADE URBANA.

Somos uma sociedade superurbanizada. Alguns me disseram nas rodas de mate: "Por que não levam as pessoas pobres a trabalhar no campo?". Para mim, é mais fácil trazer um indígena equatoriano que levar os da periferia urbana daqui.

SE O SENHOR OFERECER A ESSA GENTE A POSSIBILIDADE DE DAR-LHE TERRA...

Mas... se vem caminhando! Se aqui há mulheres peruanas trabalhando como domésticas em Pocitos e Carrasco, enviam o dinheirinho para lá. Estão espalhados por todo o contexto. Na Argentina está cheio.

SOBRE A QUESTÃO DA TERRA, ANOS ATRÁS ENTREVISTEI LUCÍA, QUE DISSE UMA COISA QUE FICOU MARTELANDO EM MINHA CABEÇA: "DESEJARIA QUE A TERRA NÃO FOSSE UM BEM TRANSFERÍVEL, QUE NÃO FOSSE UMA PROPRIEDADE, MAS UM BEM DE USO".

Sim, sim. Acho que o caso da terra para quem a trabalha é proprietarista. A terra é da nação, é a única coisa praticamente estável. Conceitualmente, que a família tenha o valor de uso, estou de acordo. Primeiro, há que se demonstrar, e é preciso ter certa medida, porque não é questão de que você viva como vagabundo na terra e não faça nada. Vamos deixar usá-la, mas usá-la bem, e que se pague um aluguel [por ela]. O locador é o Estado, que pague um aluguel. Quando tiver completado sua idade de trabalho, entrará outro, e assim sucessivamente.

PODE SER A FAMÍLIA OU NÃO.

Pode ser a família, se quiser. Quando atribuo a terra a um camponês que gosta de trabalhar nela, mas tem um filho que não quer nada com ela, ele a vende. E quem a compra? O latifundiário. Estamos na mesma. Não, por que vamos escravizar as pessoas à terra?

O TRABALHO NA TERRA É VOLUNTÁRIO OU NÃO.

É voluntário ou não, e deve ter certa mobilidade. O Estado não tem que trabalhar nem um metro, mas deve dispor de quantidades de terra para garantir povoadores rurais. Os únicos que vivem cada vez mais na campanha são os pobres, e são os que garantem a força de trabalho. Mas uma maneira de dignificar esses pobres é que tenham um pedaço de terra próprio, arrendado, que o Estado arrende essa terra a eles. E que vivam, e façam pequenos negócios e trabalhem na área, mas não vão explorá-los tão facilmente, porque têm seu ponto de apoio.

A garantia social que o sindicato deveria dar, mas não pode, é àquele que tem uma retaguarda. Se não tiver, durante o dia e à noite estará exposto à morte. Mas uma das exigências seria ter de ficar ali: eu arrendo, mas você deve viver ali.

Acho que o departamento Colonización está apto para isso, com alguns retoques.

HÁ ESTRUTURA PARA DESENVOLVÊ-LO.

Sim, sim. Deve-se dispensar diretores, porque têm peso institucional, deve-se aliviá-lo. Mas não precisa de nenhum fundo, o que se tem de fazer é financiá-lo, e o financiamento surge com o que eu propus: vendendo terras inúteis que o Estado tem para transformá-las em terras úteis para essas políticas.

HÁ MUITA TERRA NO MINISTÉRIO DA DEFESA.

Tem para foder.

COLÓQUIO QUATRO

*"Você sabe
o que seria
deste país se
as empresas
públicas,
se o Estado,
funcionassem?"*

A CONVERSA

Faz frio e entramos em uma casinha que ele usa como depósito de trastes.

Do lado de fora, ouve-se o ruído das lajes de cimento que são descarregadas de um caminhão para o famoso tanque australiano.

Ele se senta às vezes e às vezes caminha, porque, senão, sente dor nas pernas.

—✱—

VAMOS COMEÇAR FALANDO SOBRE A VIDA INSTITUCIONAL DO PAÍS. PARA O SENHOR, QUAIS SÃO AS MUDANÇAS QUE DEVEM SER FEITAS NA BASE INSTITUCIONAL, REFORMA DA CONSTITUIÇÃO? QUAIS GRANDES LINHAS DEVEM SER TRABALHADAS DESSE PONTO DE VISTA?

No último Congresso, uma das questões levantadas foi uma Constituinte; não sei se isso é uma convicção profunda ou uma convicção relativa de querer a mudança constitucional. Mas, em primeiro lugar, vamos começar com o que mais me importa.

Até certo ponto eu disse a Arocena e a outras pessoas que estão envolvidas na coisa: estou de acordo que haja uma universidade ou que haja vinte, mas isso não é o principal; o que deve haver é uma descentralização no país, ou seja, centro universitário autônomo e com autonomia orçamentária e política, não dependente.

Então, isso coordenado pode ser a Universidade da República, ou pode ser outra coisa, não faço questão disso, mas para fazê-lo são necessárias mudanças. Mudanças em si que podem ser feitas pela universidade ou pelo poder político? Do meu ponto de vista, a forma é negociável, mas o conteúdo não é negociável.

O segundo aspecto é a reforma do Estado. A reforma, para mim, significa assumir responsabilidades em cada um dos escalões que o Estado tem na função pública.

Implica um grande estímulo para a assunção de responsabilidades e para a descentralização das decisões, não a brutal concentração das decisões que este Estado tem, que é a mãe de todo esse peso oneroso que bloqueia tudo.

Isso traria, de imediato, uma enorme simplificação e uma disponibilidade de força de trabalho para atender frentes que não estão sendo atendidas.

Hoje pela manhã estava fazendo um balanço sobre o que significa a quantidade de milicos que rodeiam a presidência em tarefas nas quais nada tem a ver com nada. Assim, teria pelo menos cem caras que passariam a prestar serviços às delegacias. Deve ter nas portas de Suárez, que são três, vinte e tantos sujeitos em serviço para manter isso, além dos que estão [na parte de] dentro e nas guaritas. Depois, há a Casa do Governo, Casa de Punta del Este, isso só para abordar um pouquinho de passagem. Nem conto os motoristas, porque, como não são confiáveis, você coloca seus guarda-costas de confiança. Essa imagem que lhe apresento se reproduz, em escala, por todo o Estado.

Parece-me que é essencial, e não consigo ter muito claro, uma mudança de caráter constitucional, ou, se for possível, realizá-la por via administrativa. Mas o que tenho claro é que devemos mudar isso.

É VIÁVEL POR VIA ADMINISTRATIVA? QUANDO O SENHOR ESTEVE NO MGAP, VIU QUE ERA VIÁVEL?

Não, teria que fazer uma série de mudanças jurídicas, não sei se legislando, ou fazendo alterações no TOCAF, vai ser possível. Descontando que é necessário mudar as leis, não tenho dúvidas a respeito.

Não sei se é preciso [haver] mudança constitucional, aí foge do meu alcance. A coisa mais revolucionária é uma equipe de advogados que trabalhe nessa perspectiva.

Os advogados são maravilhosos: para foder sua vida ou para dar-lhe uma saída. Você se lembra da confusão da ANTEL com os guardas dos fios telefônicos? Isso foi resolvido entre Breccia e Carvalho, puseram-se a matutar, não sei em que coisa, criaram uma generalidade e ficou resolvido.

Como vivi esse tipo de experiência, que às vezes ocorre no Estado, não me atrevo a ser taxativo no sentido de dizer: "Devemos fazer uma reforma constitucional". Preferiria que não fosse necessário fazê-la, mas não tenho isso muito claro. O que não é negociável é que o Estado deva ser reformado. Alguns acreditam que a reforma do Estado é incentivar gente para que vá embora e para reduzi-lo. Não, não se reforma um caralho, continua-se na mesma, isso não é reforma do Estado.

PASSA PELA AUTOGESTÃO DAR-LHES ORÇAMENTOS PRÓPRIOS PARA QUE OBTENHAM RESULTADOS.

Em alguns lugares, e acho que há tentativas bastante avançadas nos países escandinavos, há uma tendência em organizar o trabalho do Estado por equipes, estabelecendo em grande medida o pagamento coletivo. Quer dizer, o salário é dividido em duas partes, uma individual e outra ao conjunto. Está baseado num valor presumido do trabalho realizado em um tempo. Depois, a equipe distribui esse montante entre as pessoas. A equipe é responsável pela forma de distribuição desse montante.

Não temos no Uruguai condições jurídicas para fazer isso, e redundaria numa bagunça, mas temos que tentar alternativas com o que há. Porque, na realidade, o sujeito não tem nenhum estímulo para trabalhar mais, e dá na mesma se trabalha mais ou se trabalha menos. A distribuição do montante salarial não premia necessariamente o que faz o maior esforço, nem há um estímulo por meio do montante ao maior esforço. Parece-me que se deve contornar isso.

A OUTRA MANEIRA DE QUE SE DISPÕE É O CONTROLE.

Mas o controle, antes ou durante, implica que você incrementa a categoria das pessoas que não fazem nada e que se dedicam a controlar. Ter capatazes, mas os capatazes não produzem, não são os que trabalham. Parece-me que a forma ideal é que as pessoas trabalhem por si mesmas, porque é o que convém, porque têm um estímulo, e que o controle, em vez de vir de cima para baixo, seja de baixo para cima, ou de seus colegas.

São problemas que devem ser colocados sobre a mesa e discutidos. O que não pode ocorrer é continuarmos como estamos. Parece-me que temos de experimentar métodos e coisas diferentes, fazer experiências-piloto e construir uma política de mudanças.

Aceitar intelectualmente que temos de mudar o funcionamento desse Estado e nosso desempenho dentro do Estado.

Quais são as formas práticas? Talvez tenhamos que testar quatro ou cinco formas, as que surjam, e temos de conseguir que os trabalhadores se disponham a colaborar com isso. É uma coisa que temos que fazer não contra a COFE, mas com a COFE. Isso é o mais grave, porque vai desafiar o poder dentro da COFE.

FORMARAM-SE CORPORAÇÕES FORTES.
Para mim, há corporações.

QUE VÃO ALÉM DE QUESTÕES SINDICAIS.
Tenho a impressão de que realmente existem interesses corporativos de turmas de amigos acima de qualquer coisa. Essa é uma das questões mais duras.

NESTE GOVERNO NÃO FOI POSSÍVEL ENFRENTAR.
Nada foi feito, fomos dando voltas ao redor disso. Tabaré disse: "A reforma do Estado é a mãe de todas as reformas", e estou de acordo, mas ficamos no enunciado, não se conseguiu fazer nada.

AGORA, COMO VOCÊ GERENCIA...
Você percebe que, sem a participação do Partido Comunista, isso é impossível.

SIM, PELO PESO ESPECÍFICO.
Claro, se não houver uma forte participação do Partido Comunista, tem de ser uma discussão por círculos, porque, senão, nós vamos quebrar a nós mesmos, vamos ter confusão na Frente. Ou não fazemos nada e vamos em frente.

MESMO DENTRO DO PARTIDO COMUNISTA HÁ POSIÇÕES DIFERENTES.
Claro que existem diferentes posições dentro do Partido.

HÁ GENTE MUITO DURA, QUE DEFENDE CORPORAÇÕES FORTES, E OUTROS QUE QUEREM IMPRIMIR UMA MUDANÇA À QUESTÃO. NÃO É SIMPLES ESSE ASSUNTO. O CASO DA IMM MARCA...
Exatamente! O caso da prefeitura é a tragédia daquilo que estou explicando, e pode ser uma amostra do que não se deve fazer.

ALÉM DISSO, FAZ 20 ANOS QUE ESTAMOS NO GOVERNO, OBVIAMENTE HOUVE ERROS.
É um tema muito difícil. Tratou-se, na realidade, de não entrar nele a fundo e de não encará-lo. A única coisa que se tem tratado são medidas de caráter administrativo. Este é um problema evidente-

mente político, mas muito grande, que vai necessitar de medidas administrativas, mas *a posteriori,* como ponto culminante. O grave erro é crer que isso se pode corrigir com uma "ordenação e comando", como sou dirigente, vou corrigi-lo. Não vou corrigi-lo de jeito nenhum, porque depois sofro a resistência da natureza.

COMPLICA-SE PORQUE SURGEM OS PRÓPRIOS INTERESSES NAS PESSOAS. A PREFEITURA DE MONTEVIDÉU É UM EXEMPLO, OS BANCÁRIOS OUTRO.
Qualquer coisa que você propuser aos bancários agora, eles declaram greve.

E ANTES TAMBÉM. COM A CRISE DE 2002, TIVERAM DOIS ANOS DE SEGURO-DESEMPREGO.
E aqueles do Banco Hipotecário? Era uma coisa de terror, mantiveram bloqueada durante um ano a Agência Nacional de Habitação, porque não queriam trabalhar na ANV. Foram reconhecidos todos os seus direitos, tudo o que tinham mantido, não se pode acreditar. Está louco! Isso não é ideológico, isso é corporativismo.

É CORPORATIVISMO PURO, PORQUE, INCLUSIVE, SUBSISTE ATÉ A SUSPEITA DE QUE OS DIRETÓRIOS ANTERIORES, DOS OUTROS GOVERNOS, DAVAM "COISAS" AO SINDICATO PARA QUE ENCOBRISSE, E NINGUÉM DENUNCIOU NADA...
E ninguém denunciou nada, claro! Nunca fizeram 10 minutos de greve por um protesto do que se fazia no banco, não aconteceu nada.

ESSA É UMA QUESTÃO QUE SE DEVE ENFRENTAR, OU A FAMOSA REFORMA DO ESTADO NÃO SAI.
Se eu me tornar governo, este problema pode me levar para o túmulo, garanto. Vou enfrentá-lo, vou tratar de encará-lo, mas posso morrer na tentativa.

AQUILO DO SENHOR ÑATO, QUE FALA DA BUROCRACIA, NÃO É PAPO FURADO, É VERDADE.
É, sim. Vimos o fim da União Soviética, a construção da esperança, da alternativa, vimos como morreu. Porque eu, em meu foro íntimo, continuo sendo socialista, não tenho claro como o pato vai colocar a cabeça para fora, isso é outra coisa. E não engulo a pílula

dos anos 1960, ou algo assim, mas veja como viemos a morrer. Não brinque. Então, para mim é um problema vital.

COMO SE ENFRENTA, E COMO SE CRAVA NELE OS DENTES?
Para mim, deve-se começar uma discussão no movimento sindical, na cabeça do movimento sindical, e depois levá-la por escalões. Na Central, me animo a dizer-lhe que há espaço para discutir essas coisas, sim. Há um grau de maturidade, que depois, quando começam a baixá-lo à terra, não sei o que acontece.

ESTÁ DIZENDO QUE TEM UM NÍVEL DE DIRIGENTES SINDICAIS COM CABEÇA.
Sim, eles veem o problema. Além disso, são eles que o apontam. As pessoas de Articulación assinalam isso claramente, alguns do Partido também, não sei se todos vão enfrentá-lo. O Partido Colorado sempre conviveu com isso, o "CO-CO" existiu. Aquilo que Platero dizia: "Pague no prazo e fale com a ADEOM". É um modelo de convivência, não toque na minha [parte], você faz a sua [parte], e assim vamos levando. Isso também é parte do "país do rabo de palha". O trabalhador não tem nada a ver com a gestão, é um problema deles. E eu acho que o trabalhador tem a ver com a gestão.

MUITÍSSIMO, É A MUDANÇA A FUNDO QUE DEVE SER FEITA.
Mas claro, se o sujeito não se compromete com a gestão, fodemos o povo, fodemos as pessoas, esse é o problema.

PORQUE CADA VEZ QUE A ESQUERDA FEZ GESTÃO DE EMPRESA PRIVADA, FRACASSOU. A UNIVERSIDADE MANOBRADA PELA ESQUERDA DURANTE ANOS...
Eu gosto, porque aqui parece que um foi "contra" quando reconhecia os fatos. Mas os fatos estão aí, para vê-los, por que que vou jogar à direita a culpa dos erros da universidade? São erros nossos.

O CASMU É OUTRA COISA.
O CASMU é outra [coisa] com certeza.

NÃO SE DEVE FAZER UMA MUDANÇA DE FUNDO PARA QUE O TRABALHADOR SE COMPROMETA SERIAMENTE COM A GESTÃO?
Nisso há alguma coisa que se deve tomar como ferramenta, o ca-

pitalismo a descobriu e vai além do capitalismo. Nos grupos humanos, acho que é provável que, por razões genéticas, você tenha, em cada dez ou quinze sujeitos, um que tende a liderar. Não somos iguais. Aceitemos que o jogo dos genes define coisas que depois são determinantes. Porque nós caímos em um democratismo de caráter racionalista que depois dizemos que vamos ser todos iguais. Não, não somos todos iguais. Somos semelhantes. Então, na administração pública e em qualquer função, temos de procurar esses sujeitos, tratar de exercer influência sobre eles para que influenciem o resto.

OS LÍDERES NATURAIS.

Sim, que você os veja e os outros os aceitam. Parece-nos chocante isso, mas estamos errados, porque não é científico, científico é outra coisa.

DAR AS MESMAS OPORTUNIDADES A TODOS NÃO SIGNIFICA QUE TODOS TÊM A MESMA CAPACIDADE.

Claro, porque, de repente, entre os que aparentemente são tranquilos há gênios, mas são para outra coisa, não para a organização humana, porque a cabeça é diferente.

Acho que se deve formar um grupo de pessoas que pense, colocá-lo para trabalhar e começar uma discussão com o movimento operário.

Iniciar uma série de tentativas, quanto tempo leva? Não tenho claro isso, mas tenho realmente claro que se o Uruguai não mudar o Estado, não haverá nenhuma mudança.

NÃO HÁ QUALQUER MUDANÇA POSSÍVEL.

Não, porque tem um peso de grande influência sobre nossa maneira de ser, em uma série de aspectos. Sempre estamos pedindo tudo ao Estado, e depois abandonamos o Estado.

Acho que precisamos dele, e há um peso enorme aí. Sabe o que seria desse país se as empresas públicas... se o Estado funcionasse? Somos outro país, somos outra sociedade.

PELO PESO ECONÔMICO QUE TEM.

Tem um peso econômico decisivo. Tenho algumas chaves não negociáveis. Porque seria a negação do aprofundamento que se tem feito. Deve-se melhorá-lo. Se você não o fizer, não pode aprofundar.

Se você toma um FONASA, que é uma coisa estupenda, e a Saúde Pública permanece com essa mentalidade, ao caralho com a Saúde Pública, você sabe que é uma questão de tempo...

SIM, É COMO SE NÃO EXISTISSE. É PRECISO ENTRAR A FUNDO NISSO.

E digo de modo um pouco genérico, vejo em todo o Estado, então me parece que isso é vital.

O outro aspecto é o aprofundamento do país produtivo a partir de uma visão do papel que deve desempenhar o capital e a poupança nacional. Parece-me que estivemos um pouco imersos no espontaneísmo, no sentido de sustentar, sim, uma generalidade, mas descemos pouco ao particular. Vou dar um exemplo: depois de um mês no governo, trouxe Tabaré para a COUSA, com uma ideia precisa. Tinha falado com os da COUSA para montar uma usina de biodiesel, em que eles estariam associados com a ANCAP, de alguma forma. Não era necessário dinheiro para isso.

ELES PRÓPRIOS MONTARIAM A USINA.

Sim, custava 12 milhões de dólares. Qual era a vantagem? Era a única fábrica de azeite com sistema prensado que permanecia funcionando, que tem experiência para trabalhar com grãos, um laboratório para azeite, uma estação de tratamento de água, e está perto de um dos dutos coletores que traz petróleo para levar a La Tablada. Era relativamente pouco o que a ANCAP teria de fazer, nem sequer precisava pôr dinheiro. Somente agora assinaram, outro dia. Passaram-se três anos e pouco, suponho que dentro de dois anos ou mais comece a funcionar. É a isso que me refiro, coloco isso como exemplo. Ali não se precisava de dinheiro, precisava-se de decisão, executividade.

Temos problemas energéticos. Então, qual problema podemos criar se um sujeito quer instalar uma caldeira para aproveitar a casca de arroz e produzir energia elétrica em tal lugar? Ou o outro que tem uma indústria de madeira, uma grande serraria, e pretende instalar um gerador para aproveitar os resíduos. Por que se cria tantos problemas e não habilitamos essas pessoas? Tudo é impossível, leva anos.

É COMO UMA PERDA DE PODER POR PARTE DOS ORGANISMOS.

“Não se pode, não se pode”... Então, temos de agilizar a capacidade criadora e canalizadora do que podemos ter da burguesia nacional, que anda por aqui, por ali, e não colocar-lhe uma estaca entre as rodas. Acho que a partir desse ponto de vista, querer que o Estado regulamente, não funciona. Quando você não tem uma coisa, tem que jogar com a máxima liberdade e dar corda e deixar correr. É aí que você tem que ser liberal, ser profundamente liberal. Não, nós temos um problema de cuidados. Um agricultor veio um dia me dizer, quando eu ainda era ministro: “Por que não me deixam fazer biodiesel? Se eu quebrar meus motores, sou eu quem os quebro. Então, por que não me deixam produzir biodiesel?”. Eu não tinha argumentos. Tudo o que lhe perguntei foi por que me contava isso, e se ele pudesse fazer biodiesel, quem iria fodê-lo?

HÁ CAPITAL NACIONAL ACUMULADO?

Sempre há, e muito mais do que parece. Porque há milhares que o levaram para fora. Agora, há dinheiro de uruguaios respaldando os bancos multinacionais, as casas daqui levaram para maquiar os balanços de lá; é foda. Estamos subvencionando as matrizes.

E há um monte de coisas a fazer. É provável que algumas tenham que ser atividades mistas, atividades do Estado com [capital] privado.

O desenvolvimento da construção das estradas, a navegação de cabotagem, que não temos, foi totalmente abandonada em um país que tem madeira para extrair imediatamente. Parece-me que aí há investimentos a fazer.

Agora, a quanto chegam? Acho que ninguém pode medi-los. Então, em vez de questões programáticas, isso deve ser anunciado como rumo. Faremos dez ou faremos quarenta, mas vamos por esse caminho. Isso é o que se deve assinalar, porque o resto é um absurdo. E dizer: “Vamos fazer tanto”, não, porque ninguém sabe a grana que vai haver.

DEVE-SE DEFINIR CAMINHOS, NÃO METAS FIXAS, PORQUE O SENHOR NÃO SABE COMO A COISA SE APRESENTA. AGORA, A REFORMA DO ESTADO: COMO VAI SER FEITA É UM PROBLEMA.

Sim, é imprescindível, e não sei o tempo que vai levar [para ser feita], e não sei se vai ser feita durante um período de governo, mas me parece que é preciso tentar. Até agora, fracassamos, fracassamos na prefeitura, e este governo não se animou a enfrentar, não pôde.

HAVIA OUTRAS COISAS PARA ENCARAR.

Parece-me que se não avançamos nisso, refreamos o aprofundamento em todo o resto. Porque isso repercute em todas as reformas.

Uma das coisas que o Congresso nos delega é sublinhar o que foi feito e mudar o funcionamento do Estado.

O SENHOR TEM QUE DEMARCAR O CAMPO DESDE O INÍCIO, SE NÃO O SENHOR SE COMPLICA.

Temos de demarcá-lo desde o início.

E COMO O SENHOR DIZ, PODE LEVÁ-LO AO TÚMULO, PORQUE VAI ENCONTRAR OPOSIÇÃO.

Pode encontrar uma oposição cerrada.

TRAIDOR VAI SER O DE MENOS.

Não, isso é o mais leve.

NESSE ASPECTO, É MUITO PESADO, É UMA MUDANÇA DE MENTALIDADE, NÃO PODE HAVER UMA CHAMADA PARA SER FUNCIONÁRIO PÚBLICO E QUE SE APRESENTEM MILHARES DELES.

Temos que tomar algumas medidas preventivas para o caso de fracassar ou para o caso de não alcançar o objetivo.

O ingresso de novas pessoas no Estado deve ocorrer em condições tais que se possa despedi-las no dia seguinte. Aí você tem que reformar tudo, e essa reforma tem que ser instaurada. O que já está [acontecendo], há que engoli-la porque já está aí, mas não se pode cometer a burrice de continuar acentuando isso, porque, senão, vai se hipotecar o futuro.

Se não puder fazer uma reforma como a penso, como a que o país merece, pelo menos não se pode agravar a situação para os que hão de vir.

Pensei em algumas coisas, como que para enganar alguém sobre a reforma... Das ideias de mudança no Estado, uma é impor uma quota ao funcionário temporário enquanto ele está fazendo carreira. A estudantes de escolas públicas que fazem carreira, lhes é dada a oportunidade de ter um emprego e estudar. Mas é dentro de um prazo, eles não podem perder anos [de estudo], caso contrário, perdem o trabalho.

SE NÃO TIVEREM BOA ESCOLARIDADE, PERDEM O TRABALHO.
Claro, algo desse tipo. Então, há uma mão de obra que vai se transformando. E você está prestando um serviço, está ajudando para que [essa gente] estude. Isso deve ser bem pensado. Propus isso e nem me deram bola. Sem dúvida, são coisas muito insólitas, [por isso] não se animam, mas me parece que devem ser feitas, devem ser propostas coisas desse tipo.

COLÓQUIO CINCO

"Deve-se massificar o conhecimento e transferir poder. Não se pode transferir poder a um povo besta."

A PRÉVIA

Hoje voltamos à varanda. O dia está ensolarado. Durante as conversas sempre tivemos um par de cães em torno de nós. E há um desfile permanente de pessoas. Caiu um hierarca, e como a questão não era urgente, foi transferida para a próxima semana. A conversa de hoje foi mais curta, porque chegou uma delegação que teve de esperar um pouco lá fora. O homem é de palavra, e as primeiras horas da manhã de segunda-feira estão reservadas para nós.

—✱—

O SENHOR DISSE QUE GOVERNAR É CONVENCER. NÃO SE PODE FAZER MUDANÇAS SE NÃO PUDER CONVENCER AS PESSOAS.

Não, não se pode.

ALÉM DISSO, TUDO O QUE FOI IMPOSTO DESAPARECEU SEM DEIXAR VESTÍGIOS.

Não, e eu não sou "polpotiano", vou enfrentar a crítica, mas sei que com imposições prepotentes não se consegue nada.

É POSSÍVEL FAZER UMA POLÍTICA DE ESTADO COM AS OUTRAS FORÇAS POLÍTICAS EM RELAÇÃO A ISSO? ALÉM DO MAIS, TODO O SISTEMA POLÍTICO SE BENEFICIARIA SE FUNCIONASSE MELHOR.

Obviamente, o país inteiro. Digo-lhe que, em alguns aspectos, a reforma do Estado não é nem de direita nem de esquerda. Claro, há uma posição de extrema direita que resolve isso facilmente, que desarticula totalmente, que faz desaparecer.

SIM, MAS FOI DEMONSTRADO QUE TAMPOUCO FUNCIONA.

Tampouco funciona. Cuidado, o burocratismo não é uma doença somente do Estado, é da condição humana. Aparece em todos os lugares, na linha do menor esforço. Não é João, Diego ou Pedro, mas os homens se inclinam à linha do menor esforço. É uma lógica terrível. Para que vou me matar, se posso levar a coisa tranquilamente? Não! É preciso compreender que a tendência que temos é como vamos enganar alguém.

HÁ UMA QUESTÃO DE CONDIÇÃO HUMANA ESQUISITA.

A condição é: para que vou me matar, deixe que o outro se mate.

A TENDÊNCIA DE TODO MUNDO É ESSA.

Essa é a tendência. Existe também no setor privado. Qual é a diferença?

Se o relaxamento é muito [grande], vão à falência. E às vezes isso acontece, vão à falência.

É bom que ocorra a falência? Não. Não vamos a um enterro somente quando vamos sepultar um morto. Quando enterramos uma empresa, há uma perda social, um custo social.

Não é como dizer: "Sou neutro, que se foda". Não, por mais capitalista que seja uma empresa, quando sucumbe, todos perdemos.

SIM, PORQUE HÁ PESSOAS.

Há pessoas, há consequências decorrentes.

A CONVERSA

IMAGINA UMA MUDANÇA NO SISTEMA POLÍTICO EM DIREÇÃO AO PARLAMENTARISMO?

Parece-me que é possível ter um sistema parlamentarista. Nas condições do Uruguai, talvez não seria necessária a votação, e provavelmente seria mais simples.

E se fortaleceria muito mais a democracia e a necessidade de convivência. O que se critica nos regimes parlamentaristas é que são instáveis, e que neles há uma tendência à pulverização dos partidos, ou o que se viu por aí.

SIM, MAS NÃO EM TODOS OS LUGARES.

Não, não creio que isso ocorra em todos os lugares. E acho que o Uruguai tem o sistema de partidos bastante consolidado. Na realidade, são frentes, e cada uma delas corrige uma série de problemas.

PENSANDO EM UM PRESIDENTE COMO CHEFE DE ESTADO E DEPOIS UM CHEFE DO GOVERNO, E UMA CÂMARA ÚNICA.

Eu sempre fui unicameral, porque vejo o Senado como um resquício nobiliárquico.

Parece-me que, além disso, ser par entre os pares democratizaria mais os partidos. Parece-me uma expressão muito mais republicana, e acho que, com o Senado, se pagou um tributo à história, ao senado romano. Mas em um país como o nosso, acho que, com uma Câmara dos Deputados, o Senado fica sobrando. Mas não, eles não arredam [pé], você não consegue mudar isso.

É COMO A QUESTÃO DOS DEPARTAMENTOS. PARA QUE PRECISAMOS DE TRINTA VEREADORES NA CIDADE TREINTA Y TRES, POR EXEMPLO?

Ou em Flores. Paso de la Arena é maior que Flores, porque tem mais de 20 mil habitantes. É incrível.

O VEREADOR HONORÁRIO, EM ÚLTIMA ANÁLISE, SE TORNA FUNCIONÁRIO DE PARTIDO.

Certamente, não é honorário, é malandro, porque o pagamento é repassado dissimuladamente.

TERIAM QUE SER OPERADORES REAIS DA GESTÃO COMUNAL DEPARTAMENTAL.
Você percebe que tudo isso precisaria de uma mudança constitucional.

NA OUTRA VEZ, ME PROPUSERAM A QUESTÃO DE QUE OS DEPUTADOS FOSSEM ELEITOS POR ZONAS, COMO NOS ESTADOS UNIDOS.
Lá, eles têm uma relação territorial muito clara. Nós temos o sistema meio híbrido, porque, na realidade, são territoriais, mas em Montevidéu não.

Em Montevidéu é muito mais complicado, e você toparia com coisas muito curiosas. Com o local de residência dos deputados, se armaria um confusão terrível. São todos do Bulevar para lá, do lado de cá somos pouquíssimos.

O QUE O SENHOR PENSA SOBRE O VOTO CONSULAR? É UMA MEDIDA QUE SE DEVE LEVAR ADIANTE, JUSTIFICA-SE QUE OS URUGUAIOS VOTEM NO EXTERIOR?
Sim, não tenho dúvida a respeito. Não tenho nenhuma dúvida. Na Argentina, há muitos companheiros que leem jornais e livros uruguaios. Com o que significa a revolução da internet em matéria de comunicação, eles ouvem as transmissões daqui. Aqueles que têm tempo, às vezes, estão mais informados do que muitos que vivem aqui, e penso que isso vai aumentar cada vez mais.

Além disso, tenho uma concepção federal e de me aproximar da América Latina. Vou para o Brasil e vão dizer que dependo do imperialismo brasileiro. Tenho uma reunião agendada com prefeitos do Rio Grande, onde há muitos uruguaios, para trazê-los de volta. Com quem vou falar? Com o Papa? Não, vou conversar com eles para trazer os uruguaios de volta para votar. E na Argentina você tem que falar com os delinquentes peronistas, que são reis. É mentira que são os Kirchner, oxalá fossem os Kirchner, oxalá. Fui ver o prefeito de Ezeiza, dá até para fazer um filme, pois você entra e o vê em uma foto abraçado com Sophia Loren, outra com Kissinger. Há 15 anos ele está no posto, nem Mandrake o tira dali, entendeu? Aí está o poder, e há um monte de uruguaios por lá. Se você não se relaciona bem com esse louco, está perdido.

Aqui são um bando de safados, não conhecem o que é a política argentina, mas eu vou e trato os caras de "che" e de "vos". Se não for assim, não trazemos ninguém.

O SENHOR TAMBÉM TEM DE ENGOLIR CADA SAPO.

E o que você quer que eu faça? Esse louco me disse: "Quando este governo começou, eu deveria estar na colocação cem, mas agora devo estar na cinco".

São sujeitos que fazem carreira e estão lá, têm poder, são verdadeiros senhores feudais. E têm quinhentos caras que trabalham com ele.

Esse louco tem um serviço de saúde pública que é impressionante. Eu disse aos fiscais da prefeitura que fossem espiá-lo. Por que, o que está acontecendo? No aeroporto de Ezeiza, há um sistema de saúde pública que prevê a eventualidade de uma catástrofe. Tem uma cara sentado que controla a posição de várias ambulâncias. Chegam os pedidos e as enviam de um lado a outro. Não passa nem cinco minutos depois da chamada, e já chega uma ambulância. E a polícia, da mesma forma, tem um serviço estupendo.

Dirijo-me a Avellaneda e encontro universidades. Há um monte de fábricas que fecharam e se transformaram em universidades, de matemática, por exemplo. São dessa jurisdição, e têm a ver com o prefeito local. Têm autonomia, porque não se esqueça que são um Estado federal.

AQUI, O CENTRALISMO É BRUTAL.

Somos um país unitário, é brutal. Muito bem, mas essas são coisas que, se houvesse uma Assembleia Constituinte, deveriam ser revistas.

As políticas de descentralização têm vários aspectos, mas o mais importante é a transferência de poder. Dar autêntico poder de decisão. Deve-se estabelecer quais são as categorias, até onde se pode chegar. Se não se transfere poder, não há descentralização. Além disso, transferir poder significa transferir recursos orçamentários, porque, caso contrário, você não lhes dá poder.

O SENHOR LHES DÁ PODER FICTÍCIO, NÃO LHES DÁ PODER REAL, QUE FOI O QUE ACONTECEU COM A PREFEITURA DE MONTEVIDÉU.

Você tem uma turma contra a descentralização. Os trabalhadores das organizações sindicais são inimigos da descentralização, porque acaba complicando a vida do sindicato e todo o resto. Aquele que também não quer largar a mamata é o sindicato. Porque começam a criar caciques e isso é incômodo, os partidos são centralizadores.

HÁ UMA CONTRADIÇÃO ENTRE O DISCURSO POLÍTICO E...
Essas coisas devem ser vistas como uma tendência humana que está presente. É parecido com o que eu lhe dizia sobre o burocratismo, não se trata de punir este ou aquele burocrata. O mesmo ocorre com a descentralização: você tem de vê-la como um produto, como uma consequência que se manifesta através de João, Diego ou Pedro, mas o importante é ver que isso funciona.

Se estamos no partido, tendemos a centralizar, e se estamos na direção de uma coisa do Estado também.

É MAIS FÁCIL O CONTROLE, É MAIS EXECUTIVO, COMO SE DIZ MUITAS VEZES.
Sim, e acho que aqui ocorre um problema, por isso se deve massificar o conhecimento, massificar o ensino e transferir poder. Não se pode transferir poder a um povo besta, não se pode transferi-lo, e o povo besta não o quer realmente, tome nota. Quer cumprir o seu horário e tchau.

VOLTAMOS À QUESTÃO INICIAL, NÃO ASSUMIR RESPONSABILIDADES.
Sim, porque este é um caminho de mão dupla, há dois problemas também.

PORQUE O SENHOR TRANSFERE PODER E TRANSFERE RESPONSABILIDADE.
Sim, claro. Caso contrário, você não transfere poder. Quem lhe disse que as pessoas querem assumir responsabilidades?

É O QUE CONVERSAMOS A RESPEITO DO CASO DA ENVIDRIO. FAZER ISSO IMPLICA QUE ESTÃO ROMPENDO SEUS LAÇOS, E QUE SÃO ELES OS RESPONSÁVEIS PELA GESTÃO.
Claro, certamente.

CONTRA QUEM O SENHOR VAI FAZER GREVE? SE O SENHOR MESMO É O PATRÃO, EM QUEM VAI JOGAR A CULPA?
É todo um tema e não é simples.

QUEM PENSA NISSO? ESTÁ SENDO MONTADO UM GRUPO DE PESSOAS PARA DISCUTIR ISSO?
Esse tipo de coisa não se discute. Algumas pessoas da OPP talvez discutam essas coisas. Acho que estamos ainda [usando] fraldas.

FORAM FORMADOS CENTROS DE ESTUDOS DE TODOS OS GRUPOS, MAS, DE FATO, NÃO SÃO GERADAS DISCUSSÕES CRUZADAS SOBRE OS TEMAS DE BASE.
Não, muito pouco. A reforma do Estado é um tema tabu, porque todo mundo percebe que é complicado, e não se chega muito além de uma generalidade. Não sei quanto tempo vai levar.

Ao propor isso, há muita gente que fica alerta e a primeira coisa que pensa é: "Você vai me foder com isto ou aquilo". Um funcionário público, e são muitos deles, e que tenha influência, sempre desconfia de que vão fazê-lo trabalhar, e por aí vai. Isso já vai gerar um anticorpo enorme.

Custa muito aos seres humanos ter a objetividade de enfrentar, para mudar, as circunstâncias que eles mesmos atravessam.

Percebo que aqui, onde a esquerda governa, está governando no Parlamento também, como custa. Vamos revelar as coisas pelo seu nome. Acho que tomou medidas muito melhores daquelas que havia, mas como isso custa. Que horror!

A MECÂNICA DO PODER INFLUI, PASSA A ENVOLVÊ-LO DE UMA MANEIRA QUE... QUANTOS SÃO AQUELES QUE DEVOLVEM AS DESPESAS DE VIAGEM?
Ninguém.

PARA COMEÇAR.
Quatro ou cinco velhos.

NO FUNDO, NÃO SÃO NINHARIAS.
Não, são erros humanos. Agora, vem alguém de manhã me falar do grupo de segurança do presidente. Há um grupo que foi constituído e que se mata para ir a todos os lugares, porque recebem os custos de viagem. A luta é pelas viagens, entende?

Claro, querem viajar e querem se perpetuar, porque sua angústia é que, ao mudar o presidente, vão perder a mamata. Então, começam a se mover, a fazer o trabalho político para se garantir. Aí aparece a tão horrível condição humana, e são todos de “esquerda”. Esses não são de direita, são todos de confiança.

COMO É DIFÍCIL MUDAR O COMPORTAMENTO HUMANO.

Puta que o pariu, como é complicado! Aqueles companheiros que desenvolveram mais conhecimento ou são especialistas, e que tenham dureza ética, estão fritos. Eu, se não tivesse passado as vicissitudes que passei, tampouco seria quem sou.

A GENTE É PRODUTO DAS CIRCUNSTÂNCIAS.

Claro. E se lhe toca viver uma vida... isso influencia. Percebo que é preciso dar, continuamente, o exemplo para conquistar a autoridade de pôr a mão no peito e poder resmungar. Mas se você não é perfeito, não pode abrir a boca, e não reconhecem a sua autoridade moral.

A mim, o máximo que vão me dizer é: “Esse velho vive como um indigente e quer que todos vivam assim”.

O POBRETÃO.

Claro, vão me chamar de pobretão.

MAS NÃO PODEM RECRIMINÁ-LO POR NADA.

Não podem me recriminar por nada, e eu não quero falar, porque se começo a falar, arma-se uma confusão. Você assume como ministro e cobra salário de senador.

TODOS FIZERAM ISSO.

O magro Agazzi não.

MAS SÃO MOSCAS BRANCAS.

Sei que somos moscas brancas, mas falo de uma conduta. Não posso repreender Heber porque anda com um Mercedes Benz branco, ou o gosto de De Posadas pela grana e todo o resto, é sua posição de vida.

REALMENTE RUIM É QUANDO ALGUÉM TEM UMA CONCEPÇÃO E NÃO AGE DE ACORDO COM ELA.

Para mim, o problema é simples: nós somos solidários, queremos melhorar a vida dos humildes. Sensacional. E ao mesmo tempo o quê? Ao mesmo tempo, tenho que viver mais ou menos. Quando subirmos todos, talvez eu suba também um pouco, não? E não falo de viver na miséria nem nada.

NEM DE PASSAR FOME.
Não, nada disso. Mas tampouco de politiquice, porque as pessoas veem o que querem ver e, de igual modo, não lhe dão bola. Quando eu estava no ministério, usava um automóvel do ministério somente quando íamos para fora, mas para andar por aqui sempre o fazia com o carro do MPP ou com o motorista do MPP. E as pessoas perceberam perfeitamente, porque, quando chegamos, havia um par de Mitsubishi Lancer, que mandamos vender. Eram os carros que serviam ao ministro e ao subsecretário. Mas isso não quer dizer que não tomassem os carros oficiais e os levassem para a casa e tudo mais. O exemplo é muito bom, estupendo, mas vá passear.

A DIFERENÇA É QUE O SENHOR, DEPOIS, TEM AUTORIDADE PARA DIZER: "ALCANCE-ME ISSO".
Claro. A diferença está nisso e na gente mesmo.

O SENHOR É COERENTE COM O QUE DIZ.
Claro, com você mesmo. Mas como se deve lutar contra isso!

NÃO HÁ GOVERNO QUE CONSIGA.
Depois, temos coisas de reciclagem, como por exemplo: que faço com esses quatro velhos com cargo de porteiros, poderão ser úteis? Você tem alguns sujeitos que são ascensoristas, e são fortunas de dinheiro que se vão. Em cada ministério deve haver 20 desses caras. Multiplique-os, e você chega à conclusão de que há cerca de 40 sujeitos, uma fábrica terrível deles, e você está jogando dinheiro fora.

VÃO CONTRATAR TAQUÍGRAFOS NO PARLAMENTO.
A esta altura da vida, taquígrafos, com os métodos de gravação que existem.

O VOTO OBRIGATÓRIO É VÁLIDO PARA O SENHOR?
Pensei que era o mínimo que um país poderia dar ao povo, mas fi-

que sabendo de uma coisa: hoje tenho sérias dúvidas. Pensei que o voto obrigatório poderia ajudar a educar as pessoas politicamente, e o mínimo que se pode dar a um país desse ponto de vista é a participação do povo nas decisões que toma. Agora digo: aqueles que não se importam com isso que não votem, porque acho que aqueles que têm mentalidade progressista vão votar.

NÃO É EM TODOS OS LUGARES QUE EXISTE O VOTO OBRIGATÓRIO.
Não, nos Estados Unidos não é, e só a metade dos eleitores vota.

COLÓQUIO SEIS

"Estamos apostando em transformações no jogo da democracia liberal, certo? Porque, caso contrário, somos uma contradição com pernas."

A CONVERSA

Quando caminho em direção à casa, posso ver que o tanque australiano começa a tomar forma. Hoje nos reunimos na sala de estar. Ele sentou-se em uma cadeira estofada vermelha que parece ser confortável; eu, de frente para ele, em uma cadeira baixinha.

O ambiente é pequeno e acolhedor. Na estante que está atrás dele, há um monte de lembranças de viagens e de atividades políticas. Cravamos os dentes em um tema fundamental.

—✱—

VAMOS FALAR DE EDUCAÇÃO.

Para mim, é fundamental. Vamos ver se consigo definir alguns pontos centrais. Uma visão para 20 anos, que pode ser questionável, e aceito que seja questionada, mas que me apresentem outra. Não é uma coisa que improviso agora. O que é o Uruguai? Uma esquina importante em um sistema de grandes rios. Está no meio de uma gigantesca reserva agrícola que permanece para a humanidade: a água doce, a terra, em um mundo que caminha para uma crise de alimentos. Eu o defini com algumas grandes pinceladas que estão aí. Mas o Uruguai é um país bastante congelado, que precisa qualificar em muito o trabalho que vende em seu intercâmbio com o mundo. Até agora ficou reduzido a ser o país agroexportador. Esse é o ponto de partida. Não deve renunciar a isso, porque seria ficar como que sem rumo. Deve fazê-lo da melhor maneira possível, mas isso tem de servir para financiar outro modelo de país, que venda alta tecnologia. Qual deve ser essa alta tecnologia? Para mim, deve ser funcional para os reais interesses da região. Ser um vendedor de conhecimento nesse mercado gigantesco que é o Mercosul, como empório de produção de alimentos.

O que se deve fazer? Algo parecido com o que fez a Holanda ao lado da Alemanha e da França. O que a Holanda vendeu? Vendeu conhecimento. Ainda hoje, a Holanda tem a maior produtividade por hectare de trigo plantado, mas desse trigo não se consome nem um grão, ele é vendido como semente, e depois é comprado trigo de outras variedades. Vende fitotecnia e assim sucessivamente. A vaca leiteira holandesa se impôs no mundo inteiro, é a melhor vaca leiteira que há, e os caras continuam vendendo-a. É uma maneira de vender conhecimento. Acho que nós temos um mercado em potencial gigantesco.

SÓ PENSANDO NA REGIÃO.

Pensando na região, mas é a maneira de se integrar. Você se integra porque é funcional para a economia da região, não pela vontade política de Cristina Kirchner ou de Tabaré Vázquez. A verdadeira integração é a integração da realidade, não meramente do sonho da vontade, e se não se deixa esse mercado às multinacionais, que vai tê-las por aqui e vai ter que competir com elas. Mas é possível, acho que é possível.

Por quê? Porque a quantidade de conhecimento que há é infinita, e há para tudo. Quando abrir o cofre forte da natureza, vai ser imponente. Se pensar que cada vaca vai receber cinco, seis vacinas, que na fertilização se evolui para os sistemas de inseminação artificial, de transplante embrionário, só para citar uma coisa, mas depois há a pastagem, os cereais, os grãos... e é a mesma coisa, os herbicidas não vão desaparecer, vão chegar herbicidas orgânicos, aqueles que as plantas têm, que mal os conhecemos, mas que existem. Vou lhe mostrar uma planta que está aí, chamada agapanto, de origem africana. Ao redor dela não cresce uma erva daninha sequer, nem por ordem do juiz. Está aí há 20 anos e nada cresce ao redor dela. Tem o herbicida natural, que não deixa consequências ecológicas. Há todo um capítulo a ser desenvolvido.

Mas é preciso uma população de cabeças pensantes. E isso o leva de imediato para o ensino, e dentro do ensino quais coisas devem ser priorizadas. Porque este é um problema que o Uruguai tem. Somos pequenos, não podemos apostar em tudo.

QUAIS SÃO AS PRIORIDADES?

A que coisas centrais nos dedicamos? Esse projeto precisa também de uma diplomacia, porque acho graça quando falam do "Uruguai logístico". Sim, concordo, mas, meu pai, tratem de melhorar as relações com a Argentina, porque o Uruguai logístico tem que navegar pelo rio Paraná. Se lhe enfiam a estaca nas rodas, você se despede do Uruguai logístico.

O Uruguai turístico precisa igualmente de diplomacia, de uma atitude. Ontem, eu explicava isso em um ato público: você não pode estar em Maldonado dependendo do turismo e cultivar o "antiargentinismo", porque você é uma contradição com pernas.

É RIDÍCULO.

Não pode. Você está matando a galinha dos ovos de ouro, louco. Tudo precisa ter certa coerência, e isso leva à expansão da atitude universitária para o interior, para priorizar as ciências. Mas semelhante esforço não pode ser só da Frente, você tem que conseguir um convencimento nacional. Não gosta disso? Dê-me outra coisa, que me deem o projeto para vinte ou trinta anos; eu proponho o meu. Porque até agora, é puro palavreado, o que vejo são liturgias de palavras solenes, com as quais podemos estar todos de acordo em seu conteúdo, mas que não me dizem para quê, a que vou me dedicar, a que coisa dou prioridade, qual é o caminho. Essa discussão não existe.

O SENHOR PROPÕE A QUESTÃO DAS ESCOLAS EM PERÍODO INTEGRAL COMO PRIORIDADE UNIVERSAL.

Claro, universal, porque tem havido uma mudança na sociedade e não é coisa que seja apenas para os pobres, deixe disso! Por que deveriam ser para pobres! É para todos. Deve-se começar nos lugares mais pobres, porque você não pode ocultá-los, mas é para todos. Quem lhe disse que o filho do rico não é deixado de lado? Não seja ingênuo. Claro, ele tem outro refúgio, vai se refugiar com este ou aquele, mas também está como que abandonado. Além disso, deve-se socializar, no sentido de sociedade mesmo, e não acho que esteja errado. Não podemos apelar para os regimes de internato, nem temos intenção de fazer isso, nem a nossa sociedade o aceitaria, mas até mesmo muitos jovens de famílias abastadas têm uma solidão terrível. Para outro montão de coisas, a vida se complicou, e os pais estão metidos em quarenta coisas. Aos filhos não falta nada, mas falta carinho.

Não quero dizer abertamente, porque pode ajudar a acentuar contradições familiares e isso não resolve nada. Mas há uma crise de solidão da juventude, então a escola se transforma em lar.

ALGUMAS ESCOLAS PARTICULARES DESENVOLVEM MUITO ESSE CONCEITO DE LAR.

Elas o desenvolvem com intensidade e com muito sucesso, e devemos agradecer a elas. Acho que muitas famílias que têm recursos apostaram nisso.

Essa me parece que é a medida mais sadia que o país pode tomar em relação à delinquência, à expansão da pasta base, a tudo isso. Mas deixo no tinteiro o problema da atitude dos profissionais do ensino, porque, quando você tem um corpo docente do curso secundário com o número de faltas que tem, esse é seu maior obstáculo.

HOJE, TEMOS UM SÉRIO PROBLEMA, OS JOVENS NÃO ESTÃO NO CENTRO DAS ATENÇÕES.

Não, não estão. São um meio de ganhar a vida, mas o objetivo não são os jovens e, desse ponto de vista, devemos reconhecer que o ensino sofre de degradação porque a atitude se degradou.

MUITAS VEZES, OS PROFESSORES SÃO OS MESMOS NA ESCOLA PÚBLICA E NA PARTICULAR, MAS APRESENTAM DESEMPENHO DIFERENTE.

Vi muito a disputa pelo cogoverno, mas não vi nenhuma disputa pela participação das pessoas nesses problemas. Vai ser muito difícil que se tenha um colégio que funcione mais ou menos, se não se puder garantir uma comissão de pais que tenha o poder de pôr as coisas na linha e exercer o controle. O Estado sempre será fraco, parece-me que se deve transferir o poder às pessoas.

CONTROLE AO CIDADÃO.

Sim, controle ao cidadão. Não há outra forma. Parece-me que cada escola deve ter algo relacionado a isso, e que as pessoas se revezem. Transferir o poder às pessoas, porque o controle do Estado se torna burocrático, e todo ele se resume em papéis, e pronto.

NO FUNDO, NÃO EXISTE CONTROLE.

Não se exercem controles. E, além disso, deve-se intensificar o relacionamento. Sabe que minha mãe com 60 anos ia, a cada dois ou três meses, visitar uma velhinha lá no interior, que havia sido sua professora. Por quê? Um professor era indicado para uma escola e permanecia 25 ou 30 anos lá e conhecia todos, toda a família. Era uma referência. Esse sistema de saltimbancos, em que o sujeito fica alguns meses, vai para cá, vai para lá, não o leva a ter correspondência e dependência com as pessoas. Parece-me que esse espírito de localidade deve ser acentuado.

MARÍA SIMON PROPÔS ISSO NA NOVA LEI: COLOCAR O CENTRO DE EDUCAÇÃO COMO UM LUGAR SOCIAL, DE INTEGRAÇÃO.

Acho que devemos propor isso e dar certo poder à população civil, mas reconheço que é um problema difícil.

Porque você apresenta essas questões e eles ficam de cabelo em pé. Veja minha proposta à AEBU, que depois passei a averiguar: 34 paralisações no Banco República e uma no Santander. É uma confusão. Ter um patrão de esquerda é uma piada.

E SER FUNCIONÁRIO PÚBLICO E FAZER GREVE, NEM LHE CONTO.

Nem lhe conto, deixe pra lá. Mas se não temos honradez para reconhecer nossos erros, porque considero que são "nossos" erros... Julgo que na AEBU a maioria é de frentistas. Se você aponta isso, pulam como histéricos, furiosos, não gostam disso.

VOLTANDO AO TEMA DA EDUCAÇÃO, NOTA-SE QUE O CURRÍCULO ESTÁ DEFASADO. ENSINAM AOS JOVENS COISAS QUE, NA REALIDADE, MUITAS VEZES NÃO SERVEM PARA NADA.

A maioria, boa parte, não serve.

MUITAS VEZES, OS JOVENS NÃO SABEM ESCREVER UMA CARTA PARA PEDIR EMPREGO.

Não sabem. Louco, você tem matemática e língua espanhola, essas são as duas principais matérias. Todo o resto é importante, mas essas são decisivas, você tem que saber escrever e redigir, e tem que saber os números básicos. Não vamos querer inventar a pólvora a essa altura.

OS PRÓPRIOS JOVENS ACHAM ESTRANHO, E SENTEM QUE NÃO LHES SERVE PARA NADA O QUE ESTÃO ESTUDANDO.

Sim, é demasiado "humanista" e muito pouco "pró-científico". É um erro conceitual, porque o científico, em curto ou em longo prazo, o leva ao humanístico. Portanto, há uma visão pejorativa do científico, e o mundo material está intimamente ligado à atitude, mas especialmente ao raciocínio de caráter científico. Eu me sinto bem com a matemática, e não é que goste de matemática nem que eu seja um matemático; ao contrário, mas percebo que a disciplina do raciocínio matemático abre as portas para o raciocínio científico. Essa é a questão.

Não quero que os que venham sejam tão bárbaros como nós, quero que sejam melhores. Porque não sou professor de matemática nem engenheiro matemático, por vocação, nem nada parecido, mas percebo politicamente que o raciocínio científico está ligado à questão matemática.

Fiquei estupefato quando decidi estudar o que era biometria. É um dos ramos da biologia, é uma coisa incrível. Pode-se reduzir cada espécie a relações matemáticas. Por exemplo, sobre árvores, o grau de inclinação dos galhos e das folhas pode ser reduzido a equações matemáticas. Não é arbitrário. Nada é casual, é algo fenomenal.

TODOS NÓS SOFREMOS COM A MATEMÁTICA COMO A PIOR COISA QUE NOS PODIA ACONTECER.

As origens da matemática estão ligadas à filosofia. Quase todos os antigos sábios da Grécia eram matemáticos e filósofos.

QUE FAZEMOS COM A UTU?

Coloco a UTU na categoria de universidade. Acho que temos de projetá-la mais. Do ponto de vista tático, para mim, é a alternativa, porque fazer que a universidade se mova não vai ser tão simples. Vejo que é mais fácil expandir a UTU no interior, e que não se intrometa com a humanística, que intensifique o estudo das ciências. Porque hoje estão disponíveis muitas possibilidades, como, por exemplo, o que estão fazendo em Bella Unión, um ramo da bioenergia. Há realmente muitas coisas que podem ser vinculadas a esse tipo de conhecimento.

Parece-me que a UTU tem mais liberdade que a própria universidade, porque a universidade vai se concentrar numa discussão interna – porque sim, porque não.

Temos um reitor que vai ser difícil ter um melhor. Em grande medida, no entanto, a resistência interna é enorme. Não é fácil. A universidade é um elefante fodido. Eu a vejo mais sob o modelo da UTU, para dizer a verdade.

É MAIS FÁCIL FAZER A UTU SUBIR DE HIERARQUIA E DIVERSIFICÁ-LA.

É por aí.

E CONFERIR-LHE *STATUS* DE UNIVERSIDADE.

Conferir-lhe, tranquilamente, *status* de universidade. Mas vejo apenas a Argentina: vá a Buenos Aires e verá o número de universidades diferentes que há. Tomam uma velha fábrica que ficou em pé e nela abrem uma universidade especializada nisso ou naquilo, que oferece oito ou dez cursos; não tem todos, escolhem apenas alguns. Porque se deve também descartar a ideia de que o jovem tem que ser engenheiro agrônomo ou veterinário. Não, dentro da biologia há 40 cursos, porque a cada dia aparecem mais, e assim se pode aumentar mais os cursos oferecidos.

É PRECISO DIVERSIFICAR A OFERTA.

Há coisas que apareceram, como, por exemplo, controle de satélites, o assunto dos GPS, a relação do GPS com a análise do solo e como é utilizado. Há um horizonte que 15 anos atrás nem se sonhava, nem se propunha.

Então isso é arborescente, mas há um problema de ciências básicas e de pesquisa. Parece-me que se deve dar forte impulso a institutos como o Clemente Estable, como o Pasteur, e outros desse tipo que possam ser criados com autonomia, com independência.

CRIAR POLOS DE PESQUISA.

Sim, sim. E aí se pode buscar o concurso de interesses de fora. No Uruguai, um bom pesquisador deve custar menos da metade do que custa no mundo rico, e deve-se trazer as grandes empresas para que façam pesquisa aqui. E ainda vai sobrar um remanescente. Porque o conhecimento das ciências é a coisa mais fácil de roubar, por mais medidas que sejam tomadas. O contrabando mais fácil é o da inteligência, porque não embarca em nenhuma mala, em nenhum pacote, percebe?

HÁ MUITOS PRECONCEITOS COM A PESQUISA DE UMA EMPRESA, É UMA COISA QUE REPUGNA, E MAIS POR PARTE DA ESQUERDA. EMPRESA É EMPRESA, NÃO É PESQUISA. PESQUISA É OUTRA COISA.

É assim. Isso acontece porque não temos desenvolvido um sistema de ideias. Isso parte de outra discussão: onde fica o socialismo? Porque muitos desses estudantes universitários são socializantes e têm esses preconceitos políticos. Não estamos mais na discussão das formas, ao longo do caminho, estamos tacitamente de acordo com isso, por isso somos frentistas. Estamos apostando em mudanças dentro do jogo da democracia liberal, certo? Estamos tratando disso, porque, caso contrário, somos uma contradição com pernas.

Por que estamos nisso? Porque tacitamente acreditamos que há um caminho. Alguns pensam, com honradez, que o capitalismo pode ser melhorado, que amortecendo suas contradições tudo bem. Outros pensam que o capitalismo tem de funcionar da melhor maneira possível e ajudar a enriquecer conceitual, cultural e cientificamente a sociedade. Por nossa vez, tratamos de criar, dentro da sociedade, espaços socialistas que vão acumulando força, não para desencadear um cataclismo, mas para contribuir também, por esse caminho, com o enriquecimento da sociedade do ponto de vista material e cultural.

Aqui apresento um pouco dos dois esquemas para que você possa ver. Mas não nos propomos o apocalipse, nem pretendemos quebrar o economia, não. Há outra esquerda que nos critica e diz que nos transformamos em traidores. Não tenho nenhuma vergonha de reconhecer isso. Mas não propomos um Estado onipotente, que vai ser dono de tudo.

Então, temos que definir isso. Como tenho que ver a multinacional? Tenho de vê-la como um agente do capitalismo que está aí para a exploração do homem pelo homem, que trata de acumular. Mas, por sua vez, tem uma coisa criativa, e sou estúpido se não a aproveito.

Tenho que cutucá-la para que melhore o conhecimento da sociedade em que vivo.

Não posso fazer isso com alguns aborígenes no meio da Amazônia que talvez tenham uma vida fantástica, e eu filosoficamente estou com eles, mas não incomodo ninguém com isso.

MAS HÁ MUITA GENTE DENTRO DA ACADEMIA, DE ESQUERDA, QUE TEM MEDO DA IDEIA DE QUE "SE MUJICA VENCER, OS INTELIGENTES TÊM DE IR EMBORA". ESTÃO ESTEREOTIPANDO O SENHOR COMO O "ANTIACADEMIA".

Sim, que o façam, não há como proibir. O que acontece é que querem os inteligentes como a nova aristocracia. Eu quero inteligência para todos, aí está a diferença. Essa posição conservadora, no fundo, é uma posição atualizada da diferença de classes. Entendo que aprofundar a democracia não é escrever artiguinhos ou questões jurídicas, é capacitar a população, porque você não vai aprofundar um caralho se não tiver uma população muito mais rica em matéria cinzenta, em educação e em formação. Quer me foder? Não é um problema de direito que podemos discutir no Parlamento e redigir leizinhas, porque, se não tiver uma população que assuma responsabilidades, que possa ser dirigente de si mesma, estamos fritos. Será que o povo uruguaio pode ser isso? Não seja malvado, porque sei que vai poder.

É exatamente o contrário. Vou para a Nova Zelândia e vejo porque os caras funcionam criando ovelhas: porque são profissionais universitários e trabalham. Trabalham e ralam. Então, claro, o que se pode fazer com um gaúcho dos nossos? O nosso melhor gaúcho será mais bem intencionado, será uma pessoa melhor, tudo o que quiser, mas há uma diferença, como o dia e a noite.

DAÍ A QUESTÃO DA GENERALIZAÇÃO DO CONHECIMENTO QUE, EM ÚLTIMA ANÁLISE, É A DEMOCRATIZAÇÃO DO CONHECIMENTO.

Certamente, a democratização do conhecimento, para que não subsistam elites e para que não manipulem as pessoas simples com círculos de profissionais. Porque hoje tenho que depender deste, daquele, tenho de inventar consultorias, tenho que inventar cartórios, para quê? Toda uma série de coisas que fazem intermediação entre a pobre gente que não tem discernimento, e continua sendo tratada como criança.

"Essa questão não pode ser discutida, porque as pessoas não entendem." Aí é que está o problema.

O SENHOR JÁ DEIXOU CLARO NA PLAZA LIBERTAD: AS QUESTÕES DEVEM SER COMPREENDIDAS POR PEDRO, JOSÉ E DIEGO.

Certamente, e há dois caminhos. Primeiro, utilizando uma forma de comunicação que seja francamente republicana e comunicativa para o comum das pessoas. Mas há também o outro lado: elevar o nível das pessoas. Porque há coisas que você tem limites e não tem jeito.

Você tem que baixar a linguagem, disparar contra a linguagem dos tecnocratas...

QUE É UM PODER EM SI MESMO.

Eles são um poder, porque alienam. Falam difícil e tornam tudo difícil.

ISSO ACONTECE ÀS PESSOAS QUANDO VÃO AO MÉDICO, NÃO ENTENDEM O QUE ELE DIZ.

Não entendem nada. É o seu corpo e está jogando com a sua sorte, e você não sabe o que está acontecendo. É assim, exatamente.

Insisto em outro aspecto: o caminho é popularizar o conhecimento, popularizar no bom sentido, que seja acessível a pessoas comuns. Mas há outro caminho, o desenvolvimento das pessoas, e não me digam que não se pode nas sociedades atuais, com os meios que temos hoje. Não me fodam.

Você pode sonhar, mas com reflexos de realidade. Dois ou três dos melhores caras que temos no Uruguai podem dar a melhor classe de qualquer coisa, e fazê-la reproduzir até o infinito. Isso não vai eliminar o professor, mas o professor tem que ser auxiliar destacado para esclarecer algumas coisas que João, Diego e Pedro não entendem. Mas [esses dois ou três] não têm mais que dar aulas, a aula é outro que vai ministrar. Vai ministrá-la o melhor possível, com a melhor artilharia que tiver. E não o inconsequente que chegou às dez horas, ou que não veio hoje.

NÃO TEM POR QUE ESTAR FISICAMENTE PRESENTE.

Não tem por quê. Acontece que as empresas transnacionais têm os diretórios que funcionam por videoconferência, e isso é normal e habitual em todos os lugares.

E AINDA HÁ A FACILIDADE DOS JOVENS COM A INTERNET.

Exatamente. Creio que se possa perfeitamente [aprender], e estão aí as ferramentas fundamentais.

COMO O SENHOR VÊ A QUESTÃO DAS UNIVERSIDADES PARTICULARES? HOUVE LONGO EMBATE ENTRE A UNIVERSIDADE PÚBLICA E A PARTICULAR.

Eu tinha outra posição antes, mas me parece que é bom que existam como elemento de testemunho e que ajudem na tarefa [de ensinar]. Há alguns anos, eu me teria oposto a toda universidade privada. Hoje, ainda que seja uma universidade da Opus Dei, acaba por ser um círculo progressista. Progressista no sentido de difundir conhecimento.

Vejo que o esforço que se deve fazer é tão grande, que se preocupar com isso é bobagem. Temos de nos preocupar por ter um ensino público de massa, e que seja bom, o melhor possível.

PODE-SE FAZER SINERGIA.

Claro que se pode fazer sinergia.

ELAS ENTRARAM EM ALGUNS NICHOS QUE A UNIVERSIDADE NÃO TINHA. A ORT COMEÇOU COM A INFORMÁTICA E FORÇOU, EM ÚLTIMA ANÁLISE, A UDELAR, E MUITOS OUTROS INSTITUTOS, A GERAR CONHECIMENTO.

Sim, acho que sim. Por mais que seja demasiado capitalista, a concorrência e a rivalidade acabam multiplicando a criatividade e a energia. Têm razão aqueles que criticam os monopólios pelo quietismo e todo o resto; isso me parece um dado da realidade.

E vamos parar de brincar, deve-se ter a honestidade de reconhecer as coisas que são ótimas. Uma margem de concorrência é sadia. Viu o que é a imprensa de Cuba? Não se pode ler, é insuperável. Não se pode ler de tão enfadonha que é.

QUE NÃO LHE OCORRA DE DIZER ISSO EM UM ATO PÚBLICO.

Não vou dizê-lo, mas não se pode ler. É insuportável.

EM MATÉRIA DE CONCORRÊNCIA, EM ÚLTIMA ANÁLISE, DEVE HAVER IGUALDADES.

Claro, exatamente. Saio defendendo a ANTEL, porque se você der amplo espaço em nome da livre iniciativa empresarial ou algo similar, eles o esmagam, já que a diferença é demasiado grande. Concorrência é uma coisa, chupar o dedo é outra. Caso contrário, tudo fica nas mãos de um punhado de multinacionais.

LEMBRO-ME DO BANCO DE SEGUROS QUANDO DETINHA O MONOPÓLIO, MORRIA-SE COM O BSE. COMEÇARAM A MUDAR POR CAUSA DA CONCORRÊNCIA, E HOJE O BSE FUNCIONA.

Pensei tanto nisso... tenho pensado nisso com relação a algumas empresas públicas, como criar com elas outra empresa pública. Esta é uma questão em que se tem que quebrar a cuca.

Por isso, no caso da UTU, deve-se colocá-la para competir com outra universidade, e a outra vai ter que se mexer.

A MELHOR MANEIRA DE MUDAR A UNIVERSIDADE É PÔR-LHE O AGUILHÃO DE UMA UTU COM RECURSOS, COM OFERTA. OU MELHORA OU FICA SEM GENTE.

Claro, as pessoas não mastigam vidro. As pessoas logo detectam o que vai bem e o que não funciona. Então, vou interferir no ensino privado, porque o ensino particular tem uma limitação, vai para um setor com capacidade de pagar, não vai dar uma resposta massiva. Por isso, penso que o ensino deve ser público. Preciso massificar o conhecimento superior, porque é o caminho para melhorar a sociedade.

O SENHOR FALAVA EM UNIVERSIDADES VOLTADAS PARA O BRASIL E PARA A ARGENTINA. O SENHOR PENSA NISSO EM CONTEXTO REGIONAL?

Sim, regional, e no contexto de aproveitar melhor os recursos disponíveis. Para um sujeito que está em Cerro Largo, ele está muito mais perto de Pelotas que de Montevidéu. Tenho que admitir isso, e o mesmo pode acontecer com a Misiones argentina e Salto.

Além disso, temos que lutar por uma integração. Os médicos da América Latina são médicos do Uruguai; os médicos do Uruguai são médicos da América Latina, e vamos deixar de nos foder. Isso significa romper todas as corporações. Claro, sei que é uma batalha em que vão crucificar você, mas tem que ser isso.

SIM, COMO SE OS OLHOS DOS BOLIVIANOS FOSSEM DIFERENTES DAQUELES DOS URUGUAIOS.

Veja o que aconteceu conosco com as cirurgias de catarata; os maias faziam operações antes da chegada de Colombo, e nós aqui no Uruguai não podíamos operar olhos com catarata. É uma coisa que não tem sentido. E os conflitos com os anestesistas, era só o que faltava!

MAS O SENHOR ENTRA EM CHOQUE COM CORPORAÇÕES MUITO FORTES.

Sim, mas temos que transformar a mentalidade, sei de antemão que se vai entrar em choque. Não sei até onde se poderá chegar, mas não se deve tampouco dissimular o que se pensa. Não se pode lutar pela integração dos povos latino-americanos e manter essas parcelas, essas reservas de caça. O que vão perder os profissionais uruguaios? Se você lhes abrir a possibilidade de exercer sua atividade em uma área como o Brasil, o que têm eles a perder?

Não, os melhores se qualificam para ganhar qualquer quantia, entende?

POR QUERER MANTER UM PRIVILÉGIO, PERDEM A POSSIBILIDADE DE ADQUIRIR OUTRO ESPECTRO MAIOR. A ESPANHA ESTÁ REPLETA DE URUGUAIOS.

Vamos deixar que se transfiram para a Argentina e para o Brasil, e passo a tê-los mais à mão. Um uruguaio que entra nisso, no contexto da região, quanto pode servir e quanta grana pode remeter ao Uruguai, onde está sua família? Nos dias de hoje, ir trabalhar dois anos em Assunção, três anos em Santa Cruz. Não me venha com essa, o mundo mudou.

HÁ UMA MOBILIDADE QUE NÃO IMPLICA QUE DEVEM SER EMIGRANTES.

Claro, há muitos caras que são profissionais da região, se conhecem como em uma turma, mas isso pode se tornar massivo. Acho que a integração, a comunhão e o conhecimento dos profissionais, de pessoas da inteligência, é o caminho para ir construindo a unidade.

HÁ UM INTERCÂMBIO DE INFORMAÇÕES.

É o que lhe dizia hoje, o cérebro é a coisa mais fácil de atingir. Não se pode colocar focinheira no cérebro, não se pode colocar um capuz nele. Até certo ponto se pode controlar a mercadoria que passa pela fronteira, mas não se pode controlar as ideias. Não existe alfândega para isso.

EM MÉDIO PRAZO, O SENHOR NÃO ACHA QUE NOSSA UNIVERSIDADE DEVERIA MUDAR AS REGRAS?

É mais fácil mudar a UTU, e desafiá-la com a UTU, e espalhar a UTU tanto quanto se puder. Então, a universidade vai ter de reagir.

O SENHOR DIZ QUE É MAIS FÁCIL POR FORA.

Ponha-se a modificar a autonomia universitária, haverá de terminar numa guerra sem sentido. Você tem que fazer germinar a mudança de dentro. E a mudança pode vir por meio de concorrência, por desafio. Promover a UTU, que tem sido uma servente de segunda, uma marginalizada.

VÊ-SE QUE ESTÃO SE MATRICULANDO 50 MIL ESTUDANTES EM DIREITO, PSICOLOGIA... POR OUTRO LADO, A MAIORIA NEM CONCLUI O CURSO.

Seria preciso fazer uma reciclagem operacional. Propor: "Reciclam-se potenciais advogados para coisas úteis". Colocar anúncios no *El Gallito Luis*.

Além disso, segue o caminho da frustração das pessoas; de que modo vai terminar, qual o sentido de fazer um país de pleiteadores.

A MAIORIA NÃO CHEGA A SE DIPLOMAR, PASSA PELA UNIVERSIDADE E ESTA NÃO LHE DÁ NENHUMA POSSIBILIDADE DE EXERCER NADA, DE TRABALHAR.

A única coisa é que lhes deixa um verniz de cultura e nada mais. Do ponto de vista prático, é uma perda formidável. É um desperdício de energia deles, do Estado, de todos.

Há algumas empresas capitalistas que viram isso e agora reciclam essas pessoas para a informática, por exemplo. Dizem: "Você tem um preparo interessante, vamos dar-lhe algum conhecimento de línguas, de conhecimento disso e daquilo", e os caras se ajustam rapidamente.

O TEMA DA INFORMÁTICA.

Sim, mas a informática é um veículo, é uma linguagem. Acho que temos de adotar e aprofundar os planos Ceibal e Cardales. Não gosto disso nem um pouco, porque estou por fora, mas a coisa tem de ir por aí.

O SENHOR NÃO GOSTA DE COMPUTADOR.

Não, não, muito pouco. Tenho atavismo por livro.

É DIFÍCIL MUDAR OS HÁBITOS.

Mas a coisa caminha para esse lado. Não vou ser um velho reacionário e dizer: "Isso não". Não tem volta, e me parece que é irreversível. Pode-se discutir o *software* livre, há outras discussões dentro desse assunto.

O TEMA DOS IDIOMAS?

Há outros idiomas. Na América, deve-se aprender português e inglês, está na cara. Vai se universalizar cada vez mais, e a outra geração vai ter problemas com o mandarim, mas isso é um problema para os que vierem.

HOJE, O VISIONÁRIO É O CARA QUE ESTÁ ESTUDANDO CHINÊS.

O que Soros disse: "Aquele que tiver um neto, que o faça estudar mandarim".

VAI SER A LÍNGUA DO MUNDO INTEIRO.

Vai ser. Há um mundo globalizado que avança cada vez mais. A globalização não é para qualquer um, está-se criando um *modus*. Parece-me que o poder do Estado nacional, o qual conhecemos, vai diminuir cada vez mais em função de acordos internacionais, que não vão ser tão "acordos" assim, mas novas formas de dependência. Pelo menos por um tempo, novas formas de dependência. Mas vão reduzir o poder do Estado-nação que conhecemos, e vão se multiplicar as potências acomunadas, ao que me parece. Creio que os governos vão escolher o futuro e cada vez mais vão estar ligados prevalentemente à comunidade internacional que à nacional.

O SENHOR QUER DIZER QUE É UM GOVERNO DE PROXIMIDADE COM AS PESSOAS, UM GOVERNO QUE VAI DEFINIR SUAS COISAS EM TERMOS LOCAIS?

Parece-me que o mundo caminha nesse sentido, mas...

NEM O SENHOR NEM EU VEREMOS ESSE GOVERNO, MAS APONTA-SE PARA ESSE LADO. COMO SE ENCARA O LAICISMO, CONTINUA SENDO UMA FERRAMENTA OU SE DESVIRTUOU?

A verdade é que não posso dar-lhe uma resposta clara, seria arrogância de minha parte. É um tema em que teria que pôr os neurônios [para funcionar] e não me dediquei a isso. Como tantos outros problemas que me fogem.

O SENHOR NÃO TEM QUE SABER TUDO.

Não é pecado.

INTELIGÊNCIA É RECONHECER A PRÓPRIA IGNORÂNCIA.

Sim, parto disso. Sei algumas coisas e outras não. Percebo, mas instintivamente, que houve uma exacerbação do laicismo que não se encaixa muito com a realidade. A realidade é outra.

Às vezes, há coisas que ficam cunhadas, arquivadas. O tempo muda e ficam aí como verdades sagradas. Mas o tempo as jogou por terra. Apesar disso, estão aí e é provável que esta seja uma delas. O laicismo tem uma história: é a luta para tirar a pressão do catolicismo e um monte de coisas que havia. Deve-se ver se, a esta altura, não tem muito de folclórico, se não se caiu numa mitologia que não resiste à realidade.

NÃO SE FALA DE RELIGIÃO, DE POLÍTICA.

Eliminamos a educação cívica, não existe mais.

OS JOVENS NÃO ENTENDEM ONDE ESTÃO SITUADOS. FALAM DE MUÇULMANOS E NÃO SABEM O QUE É O ISLAMISMO. FALAM DE ISRAEL E NÃO SABEM NADA DO JUDAÍSMO.

Parece-me que há algumas coisas que são fundamentais, que não podemos não saber. Podemos deixar de ensinar o catolicismo, o cristianismo, mas não podemos ignorar que o homem é um animal religioso. Ao longo da história, a humanidade sempre inventou religiões, sempre teve religiões. Por quê? Bem, pelo menos deixa-se a dúvida, porque o jovem não sabe e depois encontra alguns sujeitos degolados na esquina, com uma vela acesa ao lado. Pensa que está em um mundo de loucos. Não há resposta para isso.

Uma coisa é a opressão, porque as religiões acabam se transformando em instrumentos políticos e caem na dominação de classes e muito mais. Isso é assim, e até se tornam o cerne da organização. A atitude antirreligiosa do laicismo também é uma religião.

RESPONSABILIDADE DO ENSINO.

De formação. E aqui aparece o aspecto vocacional: se sou professor, porque tenho um salário certo e um trabalho garantido, é uma opção. Se sou professor, porque gosto, é outra. Como separar essas coisas?

DEPENDE DO RESULTADO DE UM OU DE OUTRO. O VOCACIONAL PESA MUITO, EM TODAS AS ÁREAS.

É complicado. Não se pode fazer bem as coisas, se não se tiver um vínculo interior, sentimental. Creio que isso ocorre muito com os professores, porque é um refúgio de segurança.

DURANTE MUITOS ANOS, AS PESSOAS DO INTERIOR SÓ PODIAM ESTUDAR PARA O MAGISTÉRIO EM SUA ALDEIA.

Magistério e oficial do Exército. Uma forma segura de viver à sombra do Estado. Fazer magistério é assegurar um posto no Estado. Percebe? É uma maneira um pouco mais trabalhosa de conseguir um emprego público. E é evidente que, se fosse para definir os uruguaios por uma característica, seria a de querer ser funcionário público.

QUANTOS SE APRESENTARAM NOS CONCURSOS?

Você não sabe as coisas que me propõem: "É a quarta vez que me inscrevo e não fui aprovado. Você não pode fazer algo?". E o criticam porque você não mete o dedo.

SEMPRE SE RECRIMINOU A ACOMODAÇÃO.

Toda a vida, mas agora o recriminam porque você não mete o dedo. E criticam o concurso. Nunca se fez antes, metiam o dedo e ninguém reprovava nada. Agora, é feito o concurso e arrumam uma confusão danada, todo mundo vocifera e se posiciona contra. E eles vêm aqui me pedir...

Os partidos tradicionais conseguiram criar um marco cultural com seu clientelismo, com o que, progressivamente, nos anos 1930 e 1940, começou a se difundir cada vez mais. E com Batlle foi explosivo. Conseguiram criar uma cultura no uruguaio meio comum e corrente. E esse é o perigo, que vai levar a nós, os frentistas, ao túmulo.

TENHO MUITO MEDO DISSO.

Há uma Frente que se mobiliza para isso, para manter o trabalho, para manter o emprego, para manter a colocação. Há todo um movimento por baixo, que ocorre em todos os lugares. Estão preocupados com o lado deles. Tivemos o mesmo desafio que tiveram os partidos tradicionais, e essa máquina é capaz de nos tragar.

É PRECISO SER MUITO DURO. HÁ QUEM SEJA FUNCIONÁRIO PÚBLICO DE ESQUERDA HÁ 24 ANOS.

Claro, mas hoje são deputados, amanhã estarão na prefeitura, e sempre estão saltando de um lado para outro.

ESTÃO SEMPRE EM ALGUM LUGAR, E EU NÃO ESTOU FALANDO DE DIRIGENTES.

Nem a própria mulher vota neles, e estão sempre aí, como a cortiça, são de cortiça, estão aí, flutuando. Quer saber? Esse problema está em todos os lugares.

ESTAMOS CRIANDO UMA NOVA CASTA.

Esse é um dos inimigos que tenho, esses são todos inimigos, porque desconfiam que vão à ruína comigo, desconfiam muito. Aos meus companheiros que estão na prefeitura, a Ehrlich cheguei a dizer: “Se eu chegar a ganhar, o primeiro que vai voar vai ser você”. É um abuso da maioria, você não pode ter a presidência e a prefeitura. Para mim, é uma imoralidade, entende? É uma imoralidade.

E aqueles que estão ao lado... E todos virão depois, vão querer entrar pela porta dos fundos. Isso me parece que vai acontecer, e eu com o pé assim... trancando. São todos futuros inimigos. É terrível.

CUIDADO COM AS HORDAS QUE VÃO VIR. ESSE É UM PACOTE QUE LHE DOU DE PRESENTE. CRIOU-SE UMA VERDADEIRA TETA DE ESQUERDA.

Tenho outra proposta e a discuti com os companheiros comunistas. Vieram me propor um SOYP. Disse-lhes que não, mas, se montassem uma turma ou duas para tripular um navio que funcionasse como propriedade coletiva, de direito privado, para enfrentar o mercado, poderia ser. E depois deve-se montar uma fábrica para processar o peixe, mas autogerida. Nisso podemos apostar, mas não me venham com coisas do Estado.

QUE LHE DISSERAM?

A explicação que lhes dei foi de que amanhã um Cuqui ganha as eleições, e tudo o que construímos em torno do Estado acaba. Permaneceram aí, mas acho que não os convenci muito. Eles têm vocação de funcionário público.

O mesmo ocorre com o Frigorífico Nacional. Não, não, não me pegam para isso, posso garantir. Que me peguem para uma tentativa de autogestão bem estudada, formando pessoas, sim, sim, sim, para isso sim, mas corram atrás. Não me venha com a coisa fácil para que depois as pessoas pressionem, não. Porque uma coisa é a exploração do homem pelo homem, e concordo que esse é o cerne da questão. Outra coisa é usar o Estado para explorar a população. Depois cobro impostos dos incautos que estão no setor privado para manter os vadios do Estado. Isso não é socialismo, isso não tem nada a ver. Isso é "sociolismo", mas, a esta altura, não embarco nessa.

E ISSO OCORRE MUITO, HOJE EM DIA A ESQUERDA É GOVERNO, E NO ENTORNO HÁ MUITA GENTE QUE GOSTA DE DINHEIRO.

Muita.

E A ATIVIDADE POLÍTICA VAI SER UMA QUESTÃO DE DINHEIRO.

Sim, mas a origem da Frente foi uma reação contra isso. Não nos unimos por uma identidade ideológica, porque havia democratas cristãos, comunistas..., não tínhamos nada a ver uns com os outros, Batllistas, Blancos, não tínhamos nada a ver. O que acontecia? Estávamos enojados com o país do cartão, o país da acomodação, e foi o que originou a Frente Ampla. Foi uma reação contra tudo o que vinha de diferentes lados e, quando nos chamavam de colcha de retalhos, era certo que em matéria de ideologia tínhamos divergências, mas não de idealismo. Acreditávamos que a coisa pública tinha um papel central, que não era para resolver o lado pessoal, familiar, dos amigos, dos correligionários, era para o destino das pessoas.

Muito se brigou conceitualmente, porque se trata de uma discussão programática. É óbvio que os programas têm importância, mas tem mais importância a credibilidade.

Cuqui me propõe algumas coisas com as quais estou de acordo, mas por que vou acreditar nelas, já que vêm de Cuqui?

ESTÁ SE CRIANDO UMA CAMADA DE PESSOAS QUE DEIXOU DE LADO CERTOS VALORES, E O SISTEMA ENGOLE VOCÊ.

Devora a sua cabeça.

O SENHOR PROPÔS ISSO VÁRIAS VEZES QUE, COM O ASSUNTO DOS CONVITES, DOS PRESENTES, DAS ATENÇÕES, O SUJEITO COMEÇA A SENTIR-SE IMPORTANTE E SE JULGA COMO TAL. NÃO É VOCÊ, É O CARGO QUE OCUPA. AMANHÃ, TIRAM VOCÊ DESSE CARGO E VOCÊ DESAPARECE.

E há um problema de imprevisibilidade com o companheiro que hoje tem um bom emprego e ganha bem: bom sujeito, pensa que isso vai acabar e tem a capacidade de guardar algum dinheiro para o momento em que vier a outra fase, mas se vira nessa. Se gastou a grana e ainda está devendo, vai andar como um escravo, desesperado, porque já entrou nesse sistema de vida. Foda-se, porque teve oportunidade, mas não soube aproveitá-la.

É como aquele que vai para a Europa. Entra na civilização europeia, uma sociedade de consumo, não guarda um tostão e depois volta para cá e está depenado.

A QUESTÃO DO CONSUMO É COMPLEXA.

Se você se deixar dominar pelo consumo, está frito, irmão. Está frito, não há dinheiro que chegue.

NÃO HÁ LIMITES, É VERDADE.

E, portanto, você não é um homem independente. A liberdade deve ser batalhada com austeridade, com sobriedade, nem sequer usemos a palavra austeridade, é sobriedade.

ALÉM DISSO, PARA QUÊ?

A vida é um prazer, a vida é um deleite, é outra coisa, não é mera obrigação. Claro, a discussão é filosófica.

É A QUESTÃO DOS BENS DE CONSUMO DIANTE DO LAZER.

Sim, bens de consumo diante do lazer, o valor que o tempo tem. Cuidado, isso não se corrige por decreto, por imposição. Não acredito em Pol Pot, acredito no convencimento. O convencimento é parte da liberdade.

O que é imposição não é convencimento e não funciona, e vivo em uma sociedade onde me impõem [algo], me impuseram o consumo, há uma ditadura. Nos fatos há uma ditadura brutal, uma pressão do meio ambiente que me aliena o tempo todo, e me transforma em um objeto que está escravizado para consumir.

Vivemos em meio a uma ditadura. Uma ditadura de quê? Deve-se comprar, não importa o quê, deve-se comprar, comprar.

O auge disso é uma página que vi uma vez, uma propaganda do *The New York Times*, uma página inteira: "Compre algo". Não importa o quê, compre alguma coisa.

OS *SHOPPINGS* SÃO OS NOVOS TEMPLOS.

É uma civilização de *shopping*. Você desce no aeroporto e o enfiam entre as prateleiras de perfumes e cremes, você tem que passar por ali, sim ou sim.

ALÉM DISSO, ESTÃO FILMANDO VOCÊ.

Mas, claro, você vai como devoto do carrasco, não há nem uma janela para olhar para fora, não pode se distrair para olhar uma arvorezinha, tem que olhar a mercadoria. É uma coisa... se isso não é ditadura, vá à merda.

SOLILÓQUIO DOIS

E, NO FUNDO, A HISTÓRIA DO HOMEM É A LUTA PELA LIBERDADE.

—✱—

Entendem sim, não querem entender porque são tolerantes consigo mesmos, porque não querem se olhar nesse espelho, porque não são capazes de enfrentar a si mesmos. Eles me entendem, sim. Expliquei até me cansar, e como sujeitos inteligentes não me entendem? Nem pauperismo nem pobrismo, é a luta pela liberdade. Admiro os Kung San porque são livres, mas não aspiro, nem me ocorre, colocar a ideia de viver ao relento em uma barraca. É outra coisa, é a liberdade infinita. E, no fundo, a história do homem é a luta pela liberdade.

Cada época, cada tempo tem planos que são diferentes, a nossa [época] tem o de soltar as amarras da escravidão da mercadoria, do hiperconsumo que nos determina, do trabalho como loucos, desesperados, para inventar coisas como estas: sacolas de náilon para cá e para lá, e assim acabamos afetando o meio ambiente. Depois, [é preciso] cobrar impostos para recolher as sacolas de náilon. Não era muito mais fácil não usar tantas sacolas? Por que nos complicamos tanto?

Quer dizer, criar necessidades fictícias e soluções fictícias. Acontece isso com as cidades.

Quando fui a Paris, está maravilhosa Paris. Como crescia muito, ergueram essas cidades-satélites. São oásis, lindas, são maravilhosas, mas depois você vai de sua casa em um carrinho para tomar o trem, toma o trem que o leva ao centro de Paris e quando chega ao coração de Paris tem de remar para ir ao trabalho. Depois, na volta, a mesma coisa, até chegar à estação, tomar seu carro para ir para casa... uhhhh, louco, era muito mais simples fazê-la menor e ir de bicicleta ao trabalho.

Toda a civilização está cheia desses absurdos. Então, o problema da liberdade assume outra dimensão, porque definimos liberdade como uma coisa abstrata. A liberdade é ter tempo para fazer as coisas que motivam alguém a maior parte do tempo. Existe uma liberdade individual que se deve dirimir, que para você pode ser pescar, para outro jogar futebol, para outro sentar-se à sombra de uma árvore, cada um com seu tempo.

Agora, quanto mais margem, maior é esse tempo, mais livre você é. Se admiro os Kung San é porque os caras trabalham duas horas para viver e o resto passam ao léu e fazendo fofoca. Aspiro a trabalhar duas horas, não a viver como os Kung San.

Caso contrário, a vida é fadiga, a vida é obrigação, não, não.

COLÓQUIO SETE

"Aqui não houve política com os milicos, aqui o que se fez foi mantê-los, no fundo, atados, para que não perturbassem."

A PRÉVIA

O SENHOR VIU O RESULTADO DAS ELEIÇÕES NO EQUADOR?
Ganhou e como roubou. Ganhou por vinte pontos e tanto.

O SENHOR CONHECE CORREA? COMO ELE É?
É um cara nitidamente de esquerda. Está em uma onda bastante pró-indígena.

A ESQUERDA NO EQUADOR É MEIO ESQUISITA.
É uma bagunça.

PENSEI QUE ERA ASSIM NA ARGENTINA.
Não, a Argentina é um mundo à parte. Outro dia, ele veio de Chubut, veio me ver, um fenômeno esse louco, veio me convidar para ir para lá. É amigo próximo de Kirchner, agora está brigado. É de origem trotskista, gente de esquerda. Trotskista-justicialista, não, deixe isso pra lá, são todos justicialistas.

É VERDADE, NÃO HÁ NINGUÉM, EXCETO A EXTREMA DIREITA, COMO ALDO RICO.
Sim, claro, são todos assim.

QUE FORÇA, PERÓN.
Que força. E os radicais, tenho a impressão de que são sujeitos muito bons, mas são uns panacas. Porque os peronistas, se não ganham, tornam sua vida impossível.

É QUE O APARATO JUSTICIALISTA...
É um rolo compressor. É um sistema territorial que eles têm, os caras são senhores feudais. Se não tiver esses caras a seu lado, você está perdido. São o poder dentro da Argentina.

E NÃO HÁ VIRADA DE PÁGINA.
Fiquei impressionado, porque põem a colher nas universidades, nos municípios, na saúde pública, em tudo. Têm bolsas de trabalho, não sei quantas coisas têm, e ainda têm a polícia, manobram a polícia. É uma espécie de poder territorial. Não há nenhuma razão

ideológica, porque os caras podem ser de direita, estão muito bem alinhados com o governo, com a CGT, ou vice-versa. Em Chubut não há problema, os piquetes são ilegais, vão todos presos. É isso aí. Qual é o sistema argentino? Pelo que sei, é uma coisa brutal.

NÃO SEI COMO ESTÃO INDO AS COISAS PARA BINNER EM SANTA FÉ.
É um sujeito legal, mas já tem uma esquerda radical um tanto contra, e os justicialistas já lhe estarão metendo o serrote, como logicamente convém. Vai saber a capacidade de ação que o cara tem.

A ARGENTINA É INCOMPREENSÍVEL.
A Argentina é um mistério, do ponto de vista político é um mistério. Porque os Kirchner são de esquerda, é indubittável que são de esquerda, mas uma esquerda que, *mamma mia*, é uma gangue. E Menem também era peronista, de direita e mafioso, ladrão, que eu sei. Como vai separar o bom do mau?

ALÉM DISSO, MANOBRAM OS RECURSOS DO PODER DE UMA FORMA...
Ah! sim. "Você está comigo ou está contra mim", tchau. E o institucional é tudo relativo: juízes, fiscais, tudo é relativo.

PARECE TÃO LONGE DE SER UMA DEMOCRACIA REAL.
Não chegou ao nível da democracia representativa, não chegou. O institucional não vale nada.

A CONVERSA

COMEÇAMOS COM O TEMA FORÇAS ARMADAS E POLÍCIA. COMO O SENHOR VÊ O FUTURO DAS FORÇAS ARMADAS? SÃO NECESSÁRIAS? COM QUAIS CARACTERÍSTICAS? PARA QUE SERVEM?

Acho que é preciso que as Forças Armadas recuperem um pouco a imagem desastrosa que têm no país. Lutar no sentido de que sejam úteis e que façam coisas que tradicionalmente nada têm a ver com a tarefa militar. Mas que aproveitem a capacidade, a estrutura e os meios que têm, que não são desprezíveis, são importantes.

Diria que são uma espécie de Ministério das Obras Públicas paralelo. Não para ser independentes da política, mas como gestores que levam adiante uma série de coisas.

Para mim, teriam que dar uma mão na política habitacional, na questão ferroviária, e em algumas questões de transporte. Parece-me que são fundamentais.

PODEM SER ATÉ MESMO UMA FONTE DE FINANCIAMENTO.

Claro, e é preciso vê-las assim. Na realidade, têm gente formada do ponto de vista técnico. As Forças Armadas, como pagam tão pouco essas áreas, por exemplo, de engenharia, de máquinas, de comunicação, são uma espécie de UTU. As pessoas entram, aprendem e vão embora, porque conseguem trabalho qualificado em outro lugar. É assim. Deve-se falar com os milicos para ver.

Então, o que está ocorrendo espontaneamente é que devem se organizar para que sejam melhores. É também uma maneira de multiplicar a capacidade de ensinar. Não me pergunte os detalhes, porque não os tenho, o que tenho claro é a linha.

PODE DAR ATÉ MESMO UM PAPEL SOCIAL AOS CARAS.

E na sociedade deve-se apresentá-los de outra forma, mas primeiro deve-se lavar a cara deles. Não como uma operação de *marketing*, mas para que o consenso público comece a variar, e as pessoas digam: "Veja, os milicos estão mudando, estão fazendo coisas úteis", Porque, senão, vamos continuar com a ferida aberta por toda a vida. Além disso, estamos inculcando nesses milicos que eles não têm nada a ver com os outros.

É VERDADE.

Claro, estamos multiplicando inimigos gratuitamente. Essa é a maneira de isolá-los do outro foco, do foco fascistoide.

QUE TEM SEUS RESSAIBOS.

Claro que os tem, e tem sua gente colocada por aí. Mas temos de fazer uma política de renovar sua cabeça, impeli-la em outra direção. Aqui não houve política com os milicos, aqui o que se fez foi mantê-los, no fundo, atados, para que não incomodassem. Mas não houve nenhuma política, e isso, para mim, tem que ser mudado.

OU VOCÊ OS ESTIGMATIZA OU OS IGNORA.

É um erro estratégico, porque os empurra para o outro lado. Como vai ganhar o que está depreciando? Não lemos Lênin?

Lênin foi baleado por fazer política dentro de um quartel.

Quer estabilidade institucional? Trate de manter os milicos a favor; se os tiver contra, é o primeiro perigo. Então, não digo à moda de Chávez, que se deve descartar, mas dentro das possibilidades jurídicas que o país oferece, ter uma política.

Se eu fosse presidente da República, no segundo ou terceiro dia convocaria uma reunião com todos os sargentos.

COM OS SARGENTOS?

Sim, com os sargentos e os comandantes. Mas os sargentos são peças-chave. São eles que têm o comando direto das tropas. Ninguém os convocou jamais para nada, ao contrário. Em lugar de desfile militar e toda essa gastança de dinheiro. Nada disso, não. Assumi hoje a presidência, depois de amanhã faço uma reunião em um quartel com todos os sargentos do país. E os comandantes também, porque você não pode ignorá-los, mas aí lhes daria corda. Estes são os caras que chegam diretamente às tropas e, no dia seguinte, vão tomar mate no quartel e dizem: "O velho disse isto e aquilo, é meio louco"..., mas você se meteu ali dentro, sem tradutor. Claro, você ultrapassou a linha.

NISSO SÃO EXTREMAMENTE RIGOROSOS.

Claro, sabemos disso. Sabemos muito bem, mas para mim é uma espécie de capital que temos ali, que estamos pagando, temos problemas, não temos políticas, e nos custa o olho da cara manter isso. Ao mesmo tempo, vamos aclimatando uma linha de reconciliação do país. Esse tema é delicado.

AINDA É MUITO CONTROVERTIDO.

Sabe o que eu disse quando assinei? Porque, se sair o plebiscito, vai haver um abalo e tanto, e sobre isso não lhe dizem nada. Não há por que escondê-lo, pois é um documento público e fiz prevendo isso. Depois nem me deram bola. Não importa, não pretendia que me dessem bola, porque agora a questão vai ser resolvida, vai ser discutida.

Jamais quis discutir esse assunto publicamente porque, como fiz parte do conflito, parece-me que faço mal ao me colocar como primeiro ator, como Michelini. Não posso porque estou bloqueando tudo. Entende?

NÃO É QUE O SENHOR PERDOA OU ESQUECE.

Não. Mas tenho que entrar no pelotão, nos últimos lugares.

ESTAMOS DANDO DE BANDEJA UM TEMA QUE ESTAVA SENDO JULGADO DE FORMA INTERESSANTE, PORQUE TER QUATRO, CINCO CARAS DENTRO NÃO É POUCA COISA, MAS É COMPLICADO.

É difícil. Há gente que não tem outro objetivo. Os do partido PVP acatam isso, mas, cuidado, não é um tema de massa. As pessoas sentem dessa forma, mas não é da atualidade. Elas vivem condicionadas pelos problemas que as afetam.

As pessoas têm bastante senso comum, isso já é bom. Porque, vou lhe dizer uma coisa, agarrar um cara de 70 ou 80 anos para levá-lo à prisão, como representante, é foda.

TENHO MEDO DE QUE ATRAPALHE A CAMPANHA ELEITORAL.

Uma vez assinado, deve ser considerado de caráter eleitoral. Não vou me dedicar a isso, mas vai ser inevitável que pessoas próximas de mim se dediquem. O que você quer que eu faça? Não vou dizer: “Pare de encher o saco!”.

EM ÚLTIMA ANÁLISE, O QUE O SENHOR PENSA É QUE NÃO É QUESTÃO DE DESMANTELAR O EXÉRCITO.

Olhe, acho que precisamos de Forças Armadas pequenas e muito técnicas. Por exemplo, ter uma Força Aérea como temos, para quê? A Força Aérea teria que ser de cem caras: *kamikazes*. Oitenta *kamikazes* e vinte mecânicos, assim deveria ser, e com alguns aviõezinhos como a gente. Para patrulhar rios, a costa, para eliminar os contrabandistas a tiros, para vigilância. Mas não uma enorme Força Aérea que é de pedestres. Gastamos tudo para pagar salários, e depois não temos os instrumentos que são a alma do quadro.

A MARINHA É MENOR.

Sim, mas precisamos de uma Marinha com lanchas rápidas, é disso que precisamos. Lanchas oceânicas que sejam rápidas para patrulhar, bem munidas de artilharia, com algum foguete, se possível, e pronto. Para que queremos destróieres, fragatas, que custam uma enormidade para fazê-los funcionar? Parece-me que isso não faz sentido.

VOLTAMOS OUTRA VEZ AO TEMA DO SENSO COMUM.

Claro. Não é que eu seja um gênio militar ou qualquer coisa desse tipo, mas a gente tem que se posicionar.

SIM, COM NOSSA REALIDADE E COM O QUE PRECISAMOS PARA NOS DEFENDER.

Claro. Temos que nos defender das máfias, dos loucos, porque não vamos pretender nos defender do Brasil! Esse tipo de coisa é impossível, mas se você tem que se defender de uma máfia organizada, uma coisa especial que pode aparecer, deve ter políticas de fronteira.

Parece-me que isso é óbvio, deveria ser redimensioná-lo para chegarmos a isso.

ESTÃO USANDO AS FORÇAS DE PAZ COMO UMA FORMA DE MANUTENÇÃO.

Faz muito tempo que é assim. A tese é que se deve fazer uma política primeiramente de integração, mas que essa própria política possa servir principalmente para diminuir os efetivos que as Forças Armadas têm, procurando uma aplicação delas em outra coisa, e depois ter uma política de alta especialização técnica das Forças

Armadas. Antes de mais nada, urge levá-las a maior qualificação, e que também sejam melhor equipadas.

É ESSENCIAL TER UM SERVIÇO DE INTELIGÊNCIA.

Ah, sim. E talvez sejam necessários alguns retoques, serviço militar voluntário. De imediato, são hipóteses que se deve estudar, porque antes existia a reserva.

AQUELE QUE QUISESSE, IRIA SERVIR.

Aquele que quisesse iria e aprenderia a atirar. Talvez algo assim faria sentido, mas primeiramente você tem que lavar um pouco a cara dele, como elemento de política.

Até agora, não passava do fato de que estavam lá. Que não perturbem e que se trate de gastar o mínimo possível com eles. Mas nada disso é solução, porque eles continuam ali, mortos de fome. E potencialmente voltados contra você.

A TROPA NÃO MELHOROU EM NADA. DERAM-LHE DOIS PESOS E NADA MAIS.

Não, é um soldo miserável.

A TROPA É DE GENTE TRABALHADORA.

Claro, são humildes. Os integrantes das Forças Armadas são das áreas mais pobres do país.

NÃO TÊM OUTRA CHANCE.

É um refúgio [para eles]. Na realidade, funciona como uma espécie de seguro-desemprego disfarçado, em grande medida. Indiretamente, é uma discriminação em relação à pobreza.

TAMPOUCO FORAM MUDADOS OS PLANOS DE ESTUDO, NEM LHES FORAM DADAS OUTRAS POSSIBILIDADES.

Mas escute uma coisa: temos que tratar de ter Forças Armadas que sejam populares, que correspondam. É claro que, em função das condições do país, não se vai propor o Exército Vermelho, mas você tem que propor, tanto quanto possível, que sejam afins. Quem passar pelo governo e não tentar ganhar afinidade com as Forças Armadas, não sabe em que situação está de modo comportamental.

VAMOS FALAR DA POLÍCIA.

Há várias hipóteses, foi proposta a Polícia Judiciária. Como é um problema muito grave, eu não descartaria a análise de todas as opções. Tenho a impressão de que a polícia é uma instituição terrivelmente burocratizada. Disso decorreu que, internamente, houve um histórico de funcionamento arranjado, uma multiplicação de efetivos que muito pouco têm a ver com o serviço policial. Mas eles estão aí.

Quais são as proporções disso? Nao está muito claro para mim, mas me parece que a primeira coisa é que, quanto mais efetivos se coloca nos trabalhos diretos, melhor seria. Em segundo lugar, a qualificação dos caras. Aqui no bairro tenho visto algum patrulheiro, mas esses miseráveis que você fareja, que andam em trajes civis, não vejo praticamente nenhum.

Algo que deveria ser a tarefa da mais alta importância, pois o trabalho de inteligência e de informação é um trabalho essencialmente preventivo, e acaba sendo dissuasivo. Porque, se tiver uma força policial que sabe de tudo, que se informa de tudo, que está ciente de tudo, as condições são diferentes.

A polícia deve ter um registo territorial. Claro, do ponto de vista jurídico não pode, mas do ponto de vista prático o comissário que está na área deve conhecer a dedo a população que tem. Deve conhecê-la a dedo e deve saber onde estão os principais focos de problemas, e tratar de ter uma força que opere dissuasivamente.

Creio que nos últimos anos retrocedemos nessa questão, porque os antigos comissários eram comissários, passavam vinte ou trinta anos em uma repartição.

E CONHECIAM TUDO PERFEITAMENTE.

Conheciam a todos e, quando viam um cara estranho, diziam: "Este não é daqui". E isso foi perdido. Essa é uma das características notáveis da polícia inglesa. Eles têm um alto senso de territorialidade. É um vizinho bem conceituado que, em geral, não deixa de ser um vizinho.

O FAMOSO GUARDA CIVIL DA QUADRA.

Sim, claro. Isso não foi resgatado.

ATÉ MESMO AS PESSOAS DESCONFIAM DELE.

Desconfiam dele e o veem com desprezo. Outro dia, eu estava lendo: sabe quanto ganha um policial em Nova York? Em torno de 35 mil dólares por mês. É insubornável. Há poucos milicos, mas é um senhor policial. Tem uma carreira, que é hierarquizada.

Como nós estamos correndo atrás, o que procuramos é corrigir isso. Já antevejo todas as reclamações: aumentar o efetivo. Quando você aumenta o efetivo, paga menos, porque o montante de dinheiro de que dispõe deve ser distribuído entre muitos. Será que vai ter gente de talento? Não pode ter caras talentosos, e estará sempre recrutando entre os resquícios da sociedade. Então, não vai ter uma polícia hierarquizada intelectualmente.

QUE SEJA EFICAZ E RECONHECIDA.

Tenho a impressão de que o que se quer é colocar um milico em cada casa. Mas quanto isso custa? Para que serve? Isso melhora a segurança? Tudo indica que não. Algo você tem que mudar: preparação, boa informação, comunicações rápidas.

O que impressiona na Europa é que você não vê milicos. Mas se acontecer algo, e não sabe de onde eles saíram, eles estarão lá.

TÊM UM SISTEMA DE INVESTIGAÇÃO E DE INFORMAÇÃO.

Passa pela questão da informação. É uma técnica, deve-se pôr a cabeça nisso, e não é pouca coisa. Se alguém quiser saber de algo em profundidade, tem que se especializar.

Qual é o destino do milico? Imagine, a maior parte dos milicos faz o serviço 222, com um horário que é absolutamente contrário ao que o cara estude algo, se aperfeiçoe em alguma coisa. É impossível, porque ele está sonhando com um catre para dormir.

É UMA EXPLORAÇÃO BRUTAL.

Nossa maneira de prevenir é ter um milico como se fosse uma estaca: ele está vigilante em muitos lugares. Não o usamos para fazer vigilância de manuseio de informação e de prevenção. Estamos na época do cartão. Eu não uso cartão, sou de outra época, mas temos que partir para um sistema de cartão público, para a contabilidade, para a evasão de impostos, para tudo, como na Dinamarca. Todas as operações seriam feitas com o cartão: a luz foi cobrada e você já pagou por ela, já pagou por todo o resto. Assim, evita-se a burocracia. Isso precisaria ser introduzido aqui, e, a partir daí, fica-se sabendo quem trabalha e quem não trabalha.

HAVERIA UM CADASTRO.

Haveria todas as informações. Os meios que existem hoje, não existiam antes.

OS SUPERMERCADOS TÊM ISSO, SABEM O QUE VOCÊ COMPRA OU DEIXA DE COMPRAR.

Claro que têm. E o Clearing? Vai me dizer que temos sigilo bancário? Mas com o Clearing, se você não pagar, fica conectado, e é sua morte civil.

SE TUDO FOR INFORMATIZADO, O CARTÃO VAI SER A CHAVE PARA DESENVOLVER O TEMA DA SEGURANÇA.

Pelo menos, você vai ter uma ideia de quem trabalha e de quem não trabalha. Aquele que não trabalha deve explicar por que não faz isso e como faz para viver. Isso não quer dizer que seja delinquente, mas você começa a reduzir a população potencial, o que não quer dizer que aqueles que trabalham não cometam delitos.

MAS HÁ SITUAÇÕES DE MAIS RISCO.

Claro que há população de risco. Porque, se a tarefa da polícia trata de prevenir, o principal é que não seja fácil escapar da polícia. Que saibam que o crime não compensa, porque também aquele que estimula o crime nunca é pego; 80% se safam, então se torna difícil, complica-se o expediente.

MUITAS VEZES, ESSE É O MAIOR ESTÍMULO PARA QUE NÃO COMETAM DELITOS.

Claro, porque atua como uma ameaça. Fique tranquilo. Parece que gostaríamos de pôr um impedimento físico: o milico parado. E a tendência mundial nos países centrais é que a polícia seja cada vez mais qualificada do ponto de vista técnico. É terrível, vê um fio de cabelo no sujeito e o revista por inteiro. Mas nós podemos pegar uma mecha de cabelo, podemos pegar todo o couro cabeludo, não importa, e não descobrirmos nada.

É VERDADE, HÁ POSSIBILIDADES TÉCNICAS ENORMES...

Certamente que há um suporte técnico. Depois, há o resto. Você não vai ver uma análise pública de nenhum ator importante sobre o que significam as vicissitudes da vida na delinquência. Não existe nenhum estudo sobre a juventude do que significa, ao longo da vida, uma carreira criminosa. Veja que haveria literatura para mostrar como foram arruinadas famílias inteiras. Não se apela para mostrar a gênese do crime, a penúria que representa na vida, as perdas que acarreta, e comparar isso com uma vida "normal". Percebe? É muito difícil para os jovens pensarem nessas coisas. Dizem: "Aumentem as penas". Quem pensa em penas quando vai praticar um delito?

O AUMENTO DAS PENAS NÃO É DISSUASIVO.

Não, não. Em geral, há um grande grau de estupidez e de frivolidade, mas há duas coisas que multiplicam [as penas]. O fator ignorância e o fator de que dificilmente vai acontecer alguma coisa [com a pessoa]. Se você aumentar as perspectivas de que ninguém escapa da polícia, isso começa a fazer pressão. O segundo é a educação. Os protótipos criminosos devem ser tomados como exemplo negativo de caminhos pelos quais não se deve transitar. Não só por aspectos morais, mas porque isso não é um bom negócio. Se você fez isso, veja em que se meteu, veja o que aconteceu com sua família.

NÃO TEM FUTURO.

É muito estranho, para mim, que não haja nenhuma propaganda sobre isso.

E SERVEM OS EXEMPLOS DOS JOVENS.

Isso é como a Aids, fizemos campanhas do preservativo. Aqui, temos que dizer: "Olhe para onde o caminho do crime leva você". Olhe que você acaba sendo um rato na prisão. Se você seguir outro caminho, o de ser precavido, como dizem os vivos que estão lá dentro, poderá formar uma família, ter outra coisa, você é quem escolhe.

E NÃO SE FEZ NADA.

Não, e essa é outra maneira de combater o problema da segurança. Porque, afinal, em última análise, a grande barreira que você tem contra o crime e as drogas é a vontade e a consciência dos caras. O mais eficaz é o autocontrole. Que não vai lhe dar garantia absoluta? Concordo, mas trate de levar ao extremo o autocontrole. Isso significa fatores de educação, de expressão social, de *marketing*, de propaganda. Deve-se mostrar o que é a vida de um sujeito arruinado. Deve-se mostrar, como modelo para desestimular isso, o que é uma família arruinada por causa de um cara que seguiu o caminho errado, de que maneira ficaram os filhos.

VOLTAMOS AO TEMA EDUCAÇÃO EM TUDO.

Claro, exato. Sei que se deve reprimir a droga. Mas o mais valioso é que ofereçam drogas aos jovens e estes digam: "Vá à merda". Isso é o mais seguro.

NINGUÉM SE SAFA DA OFERTA DE DROGA EM QUALQUER CLASSE SOCIAL.

Sabe-se que o cara corre riscos claros, e cumpre educar desde cedo as novas gerações sobre todos esses perigos. Acho que nossa educação é fraca. Na realidade, os últimos anos de escola, no ensino médio, não o preparam para ser homem ou mulher, não há palestras sobre essas questões, praticamente não há. Viu as matérias ensinadas? Essa pode ser uma conversa que ocorre fora da escola, mas os professores não têm tempo, não têm mais tertúlias com os jovens. Eu tinha professores com os quais nos sentávamos no bar e falávamos sobre qualquer coisa, mas não há mais isso, e para mim é um déficit brutal. Temos problemas com as drogas, como deixar de falar sobre drogas na escola?

ESTÁ NA CAPA DO LIVRO, É UMA REALIDADE QUE OS JOVENS VIVEM.

Estão cercados.

E NÃO SE FALA SOBRE ISSO, É UM TEMA QUE EM LONGO PRAZO TERÁ QUE SER DISCUTIDO EM NÍVEL EDUCACIONAL.

Não funciona. Quando falamos da escola em período integral não quer dizer que todos os dias estejam estudando matemática ou língua espanhola. Para essas coisas é necessário dedicar algum tempo, porque, além do mais, tem [o efeito] rebote. O jovem volta da escola e enche o saco em casa, começa a fazer pressão, como aconteceu com o cigarro.

A REPRESSÃO SERVE, MAS ATÉ QUE PONTO? AS MUDANÇAS DEVEM SER FEITAS DE OUTRA FORMA.

A gente tem que aprender com as sociedades que reprimiram, nem Stalin conseguiu ganhar a batalha contra o álcool.

O QUE FAZER COM AS PRISÕES E COM O INAU, AGORA QUE TODOS SE PREOCUPAM COM OS PRESOS?

Ninguém dá a mínima, os presos estão arruinados porque ninguém se interessa por eles. É tudo mentira, nunca se interessaram por eles. Além disso, se você começar a gastar muito dinheiro com os presos, a primeira coisa que vão lhe dizer é: "Mas é preferível ser um preso". Entendeu? Hoje em dia, na situação de país subdesenvolvido com dificuldades econômicas, deve-se levar ao extremo todas as formas criativas possíveis para que a maior parte dos presos possa trabalhar.

Para mim isso é fundamental, que trabalhem, que gastem energia. Você teria que inventar coisas.

Não é difícil formar entre eles 300 sapateiros, porque se pode fazer o sapato inteiro manualmente. Com isso, não se resolve o problema dos presos, mas se dá ocupação a 400 caras.

Outra coisa, a construção [civil]: pode-se selecionar presos para trabalhar na construção de casas.

Se consigo gerar valor nesse âmbito, então, com parte desse valor, posso aumentar a capacidade locativa e fazer outro tipo de prisão. Mas se tiver que sacrificar a nação para fazer novas prisões, vou enfrentar limitações e resistência social.

NO FINAL DAS CONTAS, OS PRESOS VÃO ESTAR EM MELHORES CONDIÇÕES QUE NÓS.

Claro. Não posso cometer o erro de colocar os presos para construir prisões porque isso não é de princípios. Nunca o homem deve fazer a jaula onde vai ficar, não. Isso é uma cultura de preso. Posso propor que faça sapatos. Os sapatos me deixam algo com que vou pagar o SUNCA para que construa prisões. A coisa é diferente.

Há outra coisa: para aquele que trabalha, preciso diminuir a sua pena, e isso é conveniente para o sujeito, porque todo preso quer sair da prisão. Então, pelo fato de ele querer sair da prisão, tenho que estipular um preço. O preço deve ser tal que o ajude a mudar, porque boa parte, não toda, mas boa parte da população é de gente sem hábito de trabalhar. A questão de que trabalhe não é apenas para que gaste energia, que produza bens, mas é a luta por uma reforma temperamental. Por que... o que acontece? Parece que lhe dizem: "Sim, sim, as prisões são para reformar". E querem pôr sociólogos, pedagogos [lá]. Não encha o saco, será que você vai mudar um homem de 30 ou 40 anos? Nem por sonho, o que pode mudá-lo é que consiga contrair, para ir embora, um hábito de trabalho. O ser humano é um animal de hábitos. Que se habitue a trabalhar com regularidade, isso é o que importa.

CRIAR A CULTURA DO TRABALHO.

É assim: se você tem problema de habitação, bem, procure para que todas as pessoas, tanto quanto possível, ajudem a construir as próprias casas; não se deve resolver-lhes todos os problemas, porque você tem que mudar o caráter, que a faça com sofrimento para que cuide dela, para que a valorize.

NÃO VALORIZA O QUE VEM DE CIMA.

Não, não valoriza. Esses projetos "chaves nas mãos" não funcionam mais. Não, meu filho, dê duro um pouco.

ENSINAR UM OFÍCIO AOS PRESOS.

Mecânica de automóveis e de motos, oficinas de manutenção de computadores e celulares, tudo. Observe que há muito para ensinar [para quem quer] um ofício. Quando digo trabalhar, deve-se orquestrar um pacote por trás disso. Nem todo mundo tem de fazer o mesmo. Na realidade, os caras com quem se deve ter muito cuidado não são muitos, são 10%,15%.

OS FAMOSOS "PERIGOSOS".

Claro, há tipos que não têm volta. O que se pode fazer, isso acontece em todos os lugares. Mas não generalizemos, não são todos.

ISSO QUEBRA A "ESCOLA DA DELINQUÊNCIA" DA PRÓPRIA PRISÃO.
Certamente é preciso chamar empresas e convocar voluntários. Uma empresa que se encarregue de formar dez ou quinze sujeitos que possam servir para fazer isso e aquilo. Você deveria resolver o problema de locação, onde colocá-los. Não tem que sonhar com uma solução global que se aplique a todos, isso não existe. Você precisa ter uma política de ir encontrando pequenos nichos.

NEM FALEMOS DA QUESTÃO DOS MENORES NO INAU.
Está na cara.

A PRIORIDADE TALVEZ SEJA COMEÇAR COM ELES ANTES DAS PRISÕES.
Sim.

A QUESTÃO DA DELINQUÊNCIA JUVENIL É DELICADA.
É fodida, sim. E o pior é que, muitas vezes, está relacionada com a droga. Não sei se é INAU ou antidrogadição. Além disso, os familiares colaboram, levam-lhes drogas, é muito complicado.

E OS FUNCIONÁRIOS DEIXAM MUITO A DESEJAR.
Não servem para nada, os funcionários não servem para nada.

COLÓQUIO OITO

"A Frente
é o maior
partido
político, mas
estruturalmente
é muito
mais fraco
do que era
há quinze anos."

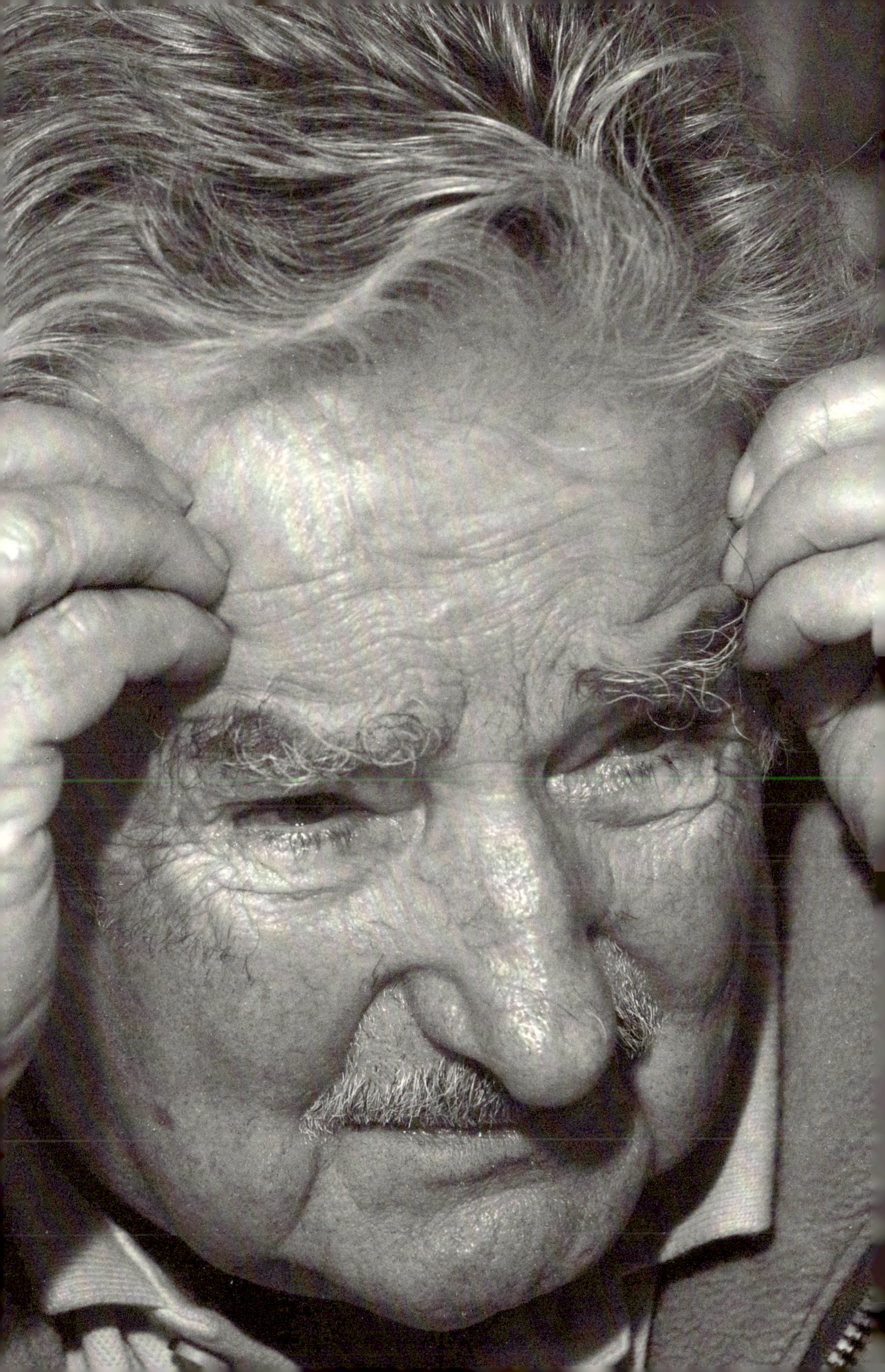

A PRÉVIA

O SENHOR ESTEVE, OUTRO DIA, NO ATO DE SENDIC.

Sim, *el Bicho* falou tudo. Deixou-me sem discurso. Tive que improvisar, porque pensava em falar da carta de ensino, mas ele falou de tudo.

Mas ontem estivemos em Paso de la Arena, um passeio de bicicleta fenomenal! Foi fenomenal, é o bairro mais frente amplista. Na última eleição, de acordo com as planilhas eleitorais, teve o maior percentual. Supera La Teja e Cerro. Foi estupendo.

AS PESSOAS SE RENDEM.

E como se rendem, crianças, jovens.

NÃO SEI SE O SENHOR NOTOU A DIFERENÇA: NAQUELE PASSEIO QUE FEZ ONTEM EM BUCEO, AS PESSOAS DE BICICLETA ERAM POUCAS. E AQUI FOI MUITA GENTE.

Sim, aqui há muitas bicicletas.

É O TRANSPORTE USUAL DAS PESSOAS.

Claro. Foi ótimo, muitas pessoas e também muito entusiastas. Sou desse bairro, sou oriundo de Paso de la Arena, e isso também pesa.

ESTE SÁBADO O SENHOR ESTEVE EM MALVÍN.

Estive, e em Malvín, onde há uma classe média intelectual, fiz um discurso de abordagem diferente, procurando explicar o porquê do "país agrointeligente" como modelo de nação. Detive-me bastante nisso, e naquilo que pode ser a região como requerente de uma produção complementar de questões que são adjacentes à inteligência.

É um mercado. Parece que nós reduzimos o mercado ao que o homem consome. Há coisas que são produzidas para consumo humano e que também constituem mercado. Porque se você se detém, diz: a Argentina, com 25 milhões de hectares de soja, usou quantos litros de glifosato? Quantas toneladas de fósforo? Você começa a fazer contas e encontra um comboio de barcos até Chuy, entende? Isso só para tocar em um item. É tudo valor industrial agregado.

QUE, MUITAS VEZES, NÃO SE VALORIZA.

Claro.

A CONVERSA

NÃO SE SABE O QUE FAZER COM A QUESTÃO DAS DROGAS. E MENINOS DE RUA CONTINUAM SENDO UM DOS GRANDES DÉBITOS DESTE GOVERNO.

Claro. Os meninos de rua com os olhos vidrados estão dando um dinheirão para os traficantes de droga. E com essa esquerda pateta que temos... por favor. Temos que mudar a legislação. Precisamos ter alguns médicos mais ou menos, e reconhecidos do ponto de vista jurídico, que digam: "Este, sim, é um viciado em drogas". Você se move por razões preventivas, eu tiro esse cara da sarjeta, e dentro de alguns anos ele vai me agradecer.

NÃO SEI SE É MUITO EFICAZ A POLÍTICA DE PANOS QUENTES.

Não, sai muito mais caro. E quando são jovens, você tem que agarrá-los ali, ainda quando a argila que não está completamente cristalizada, é ali que você tem que batalhar. Senão, Deus me livre depois, entram em uma carreira criminosa. Não quero nem discutir mais [sobre isso], porque não dá estímulo à esquerda. Ela engoliu a pílula dos direitos humanos. E é como se dissesse: cirurgia, não, dê-me um comprimido, uma compressa. Não, amigo, sem cirurgia não se corrige. O que se pode fazer?

HÁ PRURIDO NA ESQUERDA.

Para mim, o problema é exatamente o contrário, porque se não proceder com dureza, não consegue nada. A outra alternativa que propõem não serve: mantêm o cara internado uma semana, depois chamam a família. Nem carne nem limonada, porque em uma semana você não corrige um caralho. E se você não tiver mais capacidade, e se quiser multiplicar isso por duzentos, não pode, porque é um orçamento estratosférico, precisa ter um método racionalmente possível para refreá-lo.

MAS É PRECISO TIRAR OS MENINOS DA RUA DE ALGUMA FORMA.

Com a legislação que o Uruguai tem hoje...

É IMPOSSÍVEL.

Se há um cara dormindo na rua, e faz um frio danado, se ele não quiser ir, você não pode fazer nada. Isso não tem nada a ver com os direitos individuais! Nada!

MAS SE AGE COM ESSES PARÂMETROS E DEPOIS O SUJEITO MORRE.
Certamente!

FOI DEMONSTRADO QUE HÁ COISAS QUE NÃO FUNCIONAM.
Não funcionam em lugar algum.

A EXPERIÊNCIA MAIS PRÓXIMA É A DE VICTOR GIORGI, QUE É UM BOM SUJEITO.
Excelente e preparado, mas é um molenga.

SE O SENHOR LANÇA MÃO DOS TERMOS LEGAIS, NÃO ENCONTRA SOLUÇÕES. SE DIZ O CONTRÁRIO, É TAXADO DE PRIMITIVO.
Veja a formação militar, com todos os defeitos que quiser... mas se há uma coisa em que a humanidade tem experiência é em matéria de guerra. Como dizia Heráclito: "A guerra é a mãe [e rainha] de todas as coisas". Na formação militar se sustenta que um dos princípios do ensino é o castigo, viu? Claro, isso abre caminho para abusos e todo o resto, mas abre caminho também para definir critérios, limites, regras, e ponto, que é o que se procura quando [a formação militar] é bem utilizada.

A QUESTÃO DOS LIMITES É MUITO CLARA.
A professora tem de estabelecer limites na sala de aula; na vida tem-se que ensinar desde o início que há limites. O que não quer dizer que isso signifique repressão. Não, significa objetivizar as regras da vida, caso contrário, tudo pode acontecer.

É VERDADE.
Vale tudo.

VAMOS FALAR DE ORGANIZAÇÃO POLÍTICA DO PONTO DE VISTA ESTRATÉGICO. O SENHOR SEMPRE FALA DA IMPORTÂNCIA DOS PARTIDOS, MAS PARTIDOS EM QUE CONCEPÇÃO? PORQUE A ESQUERDA TEM A CONCEPÇÃO LENINISTA, DEPOIS HOUVE A QUESTÃO DOS "MOVIMENTOS".

Em parte é leninista, depois, a esta altura, há de tudo na esquerda.

Parece-me que a organização do tipo leninista está *démodé* do ponto de vista dos fatos, mesmo naquelas [organizações] que se definem como leninistas. O funcionamento de hoje não é pela via dos fatos. Por quê? Porque se nota no partido que as pessoas assumem posturas diferentes, e vamos ver isso neste processo eleitoral, com hostilidades por todos os lados, e não vai acontecer nada, todo mundo vai aceitar.

SIM, JÁ SE PODE VER PESSOAS DE UM E DE OUTRO SETOR QUE APOIA UM E OUTRO.

Sim, e pronto, não vai acontecer nada. Isso é indicativo de uma crise de um modelo que não anda, não caminha com a nossa realidade. Não quero entrar em profundidade, mas historicamente me parece que deixou de caminhar, embora alguns não reconheçam [esse modelo].

É provável que os tempos por vir obriguem a um tipo de organização muito mais horizontal e em rede, é muito provável com o surgimento da comunicação pela internet. Parece-me que o tipo de organização de caráter vertical está condenado, porque a interrelação horizontal é inevitável. Então, as organizações políticas vão tender a uma horizontalidade e, se vão tender [a essa condição], acho que é melhor pensar nelas em função disso. Mas como é uma mudança cultural muito forte, vai haver contradições aqui e ali. É muito provável que, por exemplo, eu não vá falar de outros para evitar confusões, mas é muito provável que a aparição da CAP-L dentro do espaço do MPP seja uma resposta desse tipo.

ELES PRÓPRIOS PROPUNHAM ISSO COMO UMA ORGANIZAÇÃO EM REDE.

Sim, uma resistência à verticalidade, e isso não é muito fácil de assumir para outros companheiros. Para mim, expressa uma época de transição, que vai ocorrer em todos os lugares, e está adquirindo outra dimensão pela tendência crescente à atomização. Por quê? Porque as organizações de estilo antigo não conseguem entender e não podem aceitar, e criam-se contradições.

HÁ, INCLUSIVE, DIFERENTES TEMAS DENTRO DA ORGANIZAÇÃO COM DIFERENTES OPINIÕES; SERIAM AS FAMOSAS "TENDÊNCIAS" QUE ERAM CRITICADAS.

Claro, antigamente eram tendências, agora o tipo de organização em rede dará existência, além da forma aparentemente tradicional, a um espaço político dessa natureza. Diante de questões pontuais importantes, podem ser formadas organizações em torno de um tema, com fragmentos daqui e dali, que não significam necesariamente uma fratura da fração, mas aglomerações momentâneas e parciais por um tema.

CONJUNTURAIS COM RELAÇÃO A ESSE TEMA.

Claro. Por exemplo, pessoas que defendem o aborto e pessoas que não o defendem, e pertencem à mesma organização. Vai se chegar à conclusão de que não têm porque romper. No início vai haver confusão, porque o velho tronco vai resistir, mas à medida que for desaparecendo... parece-me que se vai viver um processo desses.

DEVE HAVER NECESSARIAMENTE ABERTURA PARA AS DIFERENÇAS.

Sim, e mobilidade, de modo que um cara que vota contra, como Chifflet, não tem porque sair do partido. Entende?

A ORGANIZAÇÃO DA ESQUERDA TRADICIONAL ESTÁ SE TORNANDO CADA VEZ MENOS AGREGADORA. O QUE É QUE ESTÁ FALHANDO?

É possível que o militante tradicional como o concebemos esteja também em revisão. É muito provável que os temas comecem a adquirir cada vez mais importância e que surjam como ondas espasmódicas que geram uma crista e que logo se diluem.

Vi isso no movimento estudantil. Dei-lhe muita importância porque me sentei para observá-lo e me fiz a pergunta: isso é um amanhecer, um crepúsculo, o que representa [afinal]? "Aquele que não pula é um covarde." Uma enorme organização é convocada via celular, e depois desaparece, não sobra mais nada. É isso, e vai ser isso uma resposta futura das massas? Nesse caso, a convocação seria o tema. Na pátria primitiva, antes do partido, a convocação cabia ao caudilho, depois veio o partido, e agora parece vir o tema. Determinados temas levam à convocação e depois se diluem, até aparecer outro.

Você percebe que não tenho resposta? A gente tenta analisar a realidade e trata de vê-la. Quando pertencemos a outra época, tendemos naturalmente a não querer ver ou a negar os fatores de evidência. Até que estes, que são tão insistentes, nos colocam...

NÃO HÁ OUTRA SOLUÇÃO A NÃO SER ACEITÁ-LOS.

Tem que aceitá-lo, sim. Para mim, estamos em uma época de reajuste. É provável que as organizações do futuro não vão ser como nós as concebemos ou as estudamos, com um comitê central, é provável, não sei. Agora, é curioso, porque surgem múltiplos centros de aglomerações que às vezes substituem o que eram os partidos. Movimentos sociais, movimentos de bairro, movimentos esportivos, parece que as pessoas têm necessidade de se juntar de alguma forma, mas não está claro por que se juntam.

O SENTIMENTO GREGÁRIO, MAS SEM MOTIVO APARENTE.

Sim, e isso [acontece] particularmente entre os jovens, me parece.

Esse atoleiro leva à conclusão de que a própria crise da Frente Ampla está refletindo também uma crise de época. Uma crise de época pelo seguinte: a organização atual da Frente Ampla, de uma maneira ou de outra, continua respondendo às coordenadas dos velhos partidos estruturados de determinada forma. Mas esse funcionamento já não combina mais com a realidade social. Então, tende um pouco a se transformar em uma espécie de liturgia, uma liturgia que é sustentada por um núcleo relativamente pequeno, apegado, mas que não dá resposta ao conjunto das pessoas. Não é que o conjunto das pessoas negue isso, é que simplesmente não lhe dá bola. Está à margem, continua sendo frentista, até por tradição, e uma vez por ano pode ser que vá ao comitê, quando houver uma coisa muito importante, mas não se sente convocado nem se sente envolvido.

Então, aparecem os militantes heroicos, os que sempre fazem salsichas, bolinhos fritos, os que abrem o local, que a gente não sabe se é uma rotina cultural, ou por convicção, ou se é também para dar um conteúdo à sua própria vida, pode ser tudo isso.

Essa situação, que está na base da sociedade, passa a influir no partido, e coincide com um período em que o partido está no governo. A Frente tem uma longa postura de partido de oposição, e há toda uma combinação multicausal que explica um pouco esse estranho paradoxo. A Frente é o maior partido político, mas estruturalmente é muito mais fraco do que era 15 anos atrás. Era muito mais forte estruturalmente, hoje é muito mais fraco, mais negligente.

NÃO TEM PODER DE ATRAÇÃO.

Não, não tem, nem se move, e todos fazem o que querem. De repente, vai ou não vai.

TAMBÉM É SAUDÁVEL.

Não, no que lhe digo não emito juízo crítico, em vez disso, descrevo como vejo uma coisa. Tampouco tenho a coisa muito clara [na minha cabeça], seria uma loteria: "Deve-se pegar por aqui ou por aqui". Não, não me acho tão lúcido para ter a resposta. Tenho a impressão de que estamos em uma espécie de época de transição entre uma coisa que vai e outra que vem. Qual é a que vem? Não vejo isso claramente. O que tenho claro é a que vai.

Isso nos deixa faíscas por todos os lados, porque não se encaixa com a versão bastante "leninoide". Não quero pegar como vítima o pobre Lenin que, além do mais, creio que é o teórico que está mais envelhecido, nem tanto Marx. Marx ainda é bem aceito, mas parece-me que Lenin tem muito a ver com a matriz do partido, pelo menos dentro da esquerda.

TALVEZ O CENTRALISMO DEMOCRÁTICO JÁ SE FOI.

Não será democrático, mas não é centralismo tampouco, posso garantir. As pessoas tendem a fazer o que lhes é dito. Mas não parece tão ruim.

PELO MENOS ERRAM POR CONTA PRÓPRIA.

Claro. Mas aquilo de estar 30 anos aprovando relatórios do Comitê Central, e coisas parecidas, foi deixado em banho-maria.

AS ORGANIZAÇÕES COMEÇAM A SE MOVE. O SENHOR DEIXA O MPP E FICA NO MLN?

Não, vou ficar como uma espécie de frentista independente. Porque você não pode aspirar a ser presidente da República e pertencer a um setor quando vai representar todo um partido.

Deve-se ter isso claro, no conteúdo e na forma que se adota também. Não posso ser um militante disfarçado de um setor, que não faz qualquer barulho, mas que está dentro do setor, não, não. O socialista Tabaré, meio dissolvido, não, de jeito nenhum. Não pode ser, não o vejo assim. Um dos fatores que afetou a Frente Ampla, curiosamente, é a perda daquele espaço de pessoas independentes que servia como uma espécie de colchão amortecedor e que colocava alguns valores um pouco além do bem e do mal.

Na medida em que você pertence a um setor, está carregando as pilhas dos outros contra, e isso não é bom.

PRODUZ ANTICORPOS.

Sim, produz, pelo menos é minha maneira de pensar. Se não saio [presidente da República], depois o que resta é me retirar. Não vou ficar como senador da República por mais um período, sentado ali como um vaso de flores, porque estaria atrapalhando, não faço isso.

Suponha que, por uma necessidade eleitoral, eu tenha que acompanhar um par de meses, mas, depois, [volto] para casa. Nem quero ficar como totem que tenham que vir me consultar, como esses patriarcas partidários que saíram mas não saíram. Ficam aí e continuam mantendo o trono sem estar sentados no trono. Não, não, você tem que se retirar e seja o que Deus quiser, porque, caso contrário, não haverá renovação.

ISSO NÃO É FREQUENTE. POLÍTICO SE RETIRA UNICAMENTE COM A MORTE, PELO MENOS NO URUGUAI.

Por isso, jamais quis abandonar a chácara, porque tenho motivos para me ocupar com outra coisa – eu viro as costas e acabou-se o partido. Alguém poderá dizer: "Que velho louco, idiota". Mas não sou nenhum idiota. Porém, há exemplos: Giap vive em uma aldeia remota no Vietnã, se afastou. E o velho general judeu Moshe Dayan também se afastou. Para mim, são sujeitos admiráveis. Chega um momento em que você tem que morrer como figura pública, caso contrário, está sendo um estorvo para outros.

Aquele que assume vem sempre com a perspectiva de subir um degrauzinho a mais. Quando você chega a certa idade, que degrauzinho a mais vai subir? O precipício, pare com isso! Eu que sei, é uma situação embaraçosa para as pessoas que vêm aí.

FICAM SEMPRE À SOMBRA.

Ficam sempre à sombra do outro. Mas pode ser uma maneira pessoal de ver as coisas. Cada um vai fazer como quiser. Se entro numa briga pela Frente, não quero ter compromisso com ninguém, para ser o mais justo, o mais equilibrado possível. Porque depois começa a pressão: cargos, isso e aquilo.

VÃO PUXÁ-LO, COMO TUPÁC AMARU, PELOS QUATRO LADOS.

Por favor! E aí você se dá conta de que as pessoas que trabalham na Frente Ampla já trataram de acomodar o corpo, e o mesmo fazem as pessoas que trabalham na presidência. É espantoso.

Estão preocupadas com o que acontece.

Hobbes dizia que os indivíduos buscam a segurança dentro da sociedade. Nós dizemos: "Se você quer se acomodar". Parece-me que se deve ser um pouco mais misericordioso, não necessariamente "quer se acomodar", [mas] quer certa estabilidade e quer conservá-la. Parece-me que humanamente se deve ver isso, mas a gente não deve se deixar emaranhar por essa lógica.

A FRENTE COMO FORÇA POLÍTICA FEZ UM POUCO O JOGO DE OPOSIÇÃO AO GOVERNO.

Sim, acho que é natural em uma força de esquerda, e deve conservar isso porque, caso contrário, se transforma em uma relíquia enfadonha. O partido deve também expressar com insistência as reivindicações e as cutucadas da própria sociedade. Que o partido seja o porta-voz recriminador que empurre a todos, embora incomode alguns, parece-me que é absolutamente lógico. Se ele não desempenhar isso, quem o fará?

O partido não deve ser excessivamente governista, porque, caso contrário, não vai refletir as reivindicações que a sociedade tem. Chego, por exemplo, a um lugar qualquer aqui. O que podíamos fazer aí era muito pouco. Agora, há uma coisa importante aprovada, que não pode navegar entre as decisões burocráticas de diferentes departamentos da prefeitura. O dinheiro está disponível, mas não se pode tocar as obras porque o saneamento não aprova isso e mais aquilo. Bem... mas devem morar ali quase quatro mil pessoas, e eu olhava... quantos jovens há por lá! Ali, nesses bairros, é onde está a futura juventude uruguaia, que desse jeito não vai resistir, mas vai enfiar as mãos no lixo. Logo essa juventude vai ser maioria. Veja que, em vinte anos, os que nasceram ali serão maioria neste país, porque se andar por Pocitos ou por aí, os típicos bairros de classe média, não vejo esses bandos de jovens, e não preciso ver estatísticas.

Amigo, falei com várias mulheres, com quatro ou cinco filhos, cujos maridos andam desaparecidos.

A MULHER É QUE BANCA A SOBREVIVÊNCIA.

É a que banca, e banca tudo! Os homens se evadiram. Temos que resolver esse problema. Porque ouvi de alguns companheiros: "Precisamos de um plano de habitação"..., precisamos de vinte programas de habitação, porque dinheiro para resolver esses problemas não temos nem teremos. E se seguirmos pelo caminho clássico de uma casa que custa 25 mil dólares por via empresarial, ninguém vai ter casa, nunca vai ter casa.

Não, temos de entrar em um quartel e dizer: "Comandante, preciso que me escolha 25 caras, dê-lhes uma dispensa de dois anos, e vamos montar uma pequena empresa de construção". E peço ao SUNCA um velho capataz que dirija isso, e vou dar-lhes 10% a mais do que estão ganhando, e a partir de hoje são operários da construção. Tenho que pôr os presos para montar oficinas ou coisas pré-fabricadas, ou casas de madeira. São vinte coisas que temos que fazer. Ponho outros a fazer tijolos, mas não espere ter toda a grana para contratar empresas, porque não vai conseguir, pela magnitude que tem, não temos capacidade real.

Então, ou inventamos, e isso vai provocar enorme confusão, porque já me vejo diante daqueles do SUNCA que querem falar comigo, devem estar preocupados porque acreditam que vou tirar o trabalho deles, viu?, ou não há solução. O SUNCA tem de trabalhar para a classe média, para investimentos imobiliários, mas não posso colocá-lo para que resolva o problema de habitação dos pobres. Porque me custa uma fortuna! E não vai resolver.

Além do mais, aprendi isso com os empresários... uma vez, os ouvi fazendo uma avaliação do esforço imobiliário, que abrangia toda a população do leste, de La Teja, do Cerro. Diziam que a imensa maioria dessas edificações tinha sido feita pelos próprios habitantes. Como são técnicos, fazem as contas do que vale isso, e é impossível fazê-lo.

Para mim, a observação me ensina muito sobre esse tipo de coisas. Bem, mas deve-se fazê-lo. Porque é um erro deixar bairros tão grandes de gente pobre, um erro grave, porque isso é criar condições para território de ninguém.

ZONAS LIBERADAS PARA QUALQUER COISA.

Sim, sim. Esse é um erro estratégico. Você tem que fazer cinquenta por aqui, setenta por lá, pulverizar.

A QUESTÃO DAS CASAS VAZIAS É INTERESSANTE. NO CENTRO DE MONTEVIDÉU, HÁ DEZENAS DE CASAS VAZIAS, QUE NÃO SÃO UTILIZADAS, QUE NÃO SE ALUGAM NEM SE VENDEM.

Sim, e há uma operação de reciclagem possível no núcleo urbano, porque há casas velhas de boa estrutura, que podem ser utilizadas, e então teriam uma série de serviços.

VOLTANDO À QUESTÃO DA ORGANIZAÇÃO, QUAL É O FUTURO DA FRENTE?

Há uma coisa que me deixa preocupado, é a tendência à pulverização, [porque] aparecem grupos como cogumelos. Não sei se há algum que possa concordar com todos os grupos que há na Frente. Além disso, grupinhos de grupinhos.

HOJE, UM DEPUTADO QUE NÃO ESTÁ MAIS OU MENOS DE ACORDO FORMA SEU PRÓPRIO GRUPO. É UMA LOUCURA, PORQUE NÃO ACRESCENTA NADA.

Até onde vamos continuar? Acho que isso expressa parte do que falamos antes. Está certo que o partido vertical não funciona mais, mas falhei na conversa que tive com a Vertiente. Queria pensar com a Vertiente uma coisa mais unificadora, caminhar em seu processo de dissolução, dissolver o MPP e fazer uma coisa juntos. A esta altura, você diz: onde está a diferença? Vamos sintetizar um pouco esse esboço, porque vamos enlouquecer.

NÃO HÁ DIFERENÇAS.

Claro que não há, irmão, não há diferenças essenciais, estamos todos loucos, estamos brigando por letras. Você tem que andar inventando perfis: “Eu me diferencio deste”, em quê? Não encha o saco. Então, falhei porque sobreveio tudo isso, mas minha ideia era essa.

QUE HAJA DUAS, TRÊS FORÇAS, GRANDES ESPAÇOS.

Sim, grandes espaços. Está bem, não me oponho a isso.

DEVE-SE FAZER UMA REESTRUTURAÇÃO DA FRENTE, MAS HONESTA.

Uma reestruturação para que funcione tem de ser realista, tem de expressar, tem que tratar de expressar no esboço, que adote um reflexo da realidade, caso contrário, é uma invenção o que temos, que a esta altura...

SÃO CHANCELAS.

Há um montão de chancelas, mas é complicado.

HÁ MUITA RESISTÊNCIA À MUDANÇA, PARECE QUE TIVERAM PODER E AGORA NÃO EXISTE PODER REAL.

Não, é uma perda de poder. Você não é dono de nada. Além disso, se move em um atoleiro permanente, e não sabe se as diferenças são reais ou se há necessidade de mostrar um perfil.

TEM CERTEZA DA DANÇA EM QUE O SENHOR ESTÁ SE METENDO?

Não tenho escolha, o que você quer que eu faça? Não tenho outra coisa para seguir adiante. Tenho uma vantagem, sou velho. Vou morrer a qualquer momento e a coisa vai se ajeitar.

SIM, MAS NÃO BRINQUE COMIGO, VOCÊ NÃO SABE QUANDO VAI MORRER.

Claro, mas tenho mais chances que outros...

QUE SE ARRANJEM OS QUE FICAM, OBRIGADO PEPE.

Veja, está chegando *el Bicho*...

CONTINUAMOS NA PRÓXIMA SEMANA.

Continuamos segunda-feira, sim.

COLÓQUIO NOVE

"Há que raspar para encontrar as diferenças, depois há que inventar para marcar o perfil."

A PRÉVIA

Você viu que não estou na lista? É uma forma concreta de lutar pelo que penso. Acho que os candidatos a presidente e vice-presidente não devem estar em um setor, é preciso terminar com essa tradição. E proponho que se arme briga em um próximo congresso, porque se deve modificar essas coisas.

—✷—

A TRADIÇÃO ERA ASSIM, PROCEDE-SE À RUPTURA TOTAL COM O PERÍODO DE TABARÉ.

Certamente, e se faz mais para a "Frente Coalición" em detrimento da "Frente Movimiento". Além disso, cria-se uma situação perversa, porque você é pré-candidato a presidente e sai na frente de uma lista setorial. Você está provocando os outros setores. Não me parece que seja correto.

OU SAI EM TODAS.

Ou sai em todas, ou não figura em nenhuma. Mas se sair em todas, deve pagar àquele que tem mais.

ISSO JÁ PASSOU. AGORA, PARECE-LHE QUE O MOVIMENTO FRENTE AMPLA CONTINUA DE FATO?

Não, está enfraquecido, mas é a Frente que está enfraquecida. A Frente vai precisar de mudanças institucionais e organizacionais. Por ora, vamos levando, não vejo com clareza onde precisa mudar, mas me parece que devemos tomar uma decisão pontual.

Passou muito tempo com a mesma estrutura. Não vai precisar de mudanças? Nosso regulamento não vai precisar de mudanças? Eu que sei.

Isso por um lado, mas, por outro, [há] o seguinte: vou lutar pela presidência da República ou pela chácara, não por lugares intermediários.

OU VAI PARA LÁ, OU PARA CÁ.

Sim, tchau.

PARECE QUE O ATRAI MAIS A CHÁCARA QUE A PRESIDÊNCIA.

Se tiver que ser presidente, banco e vou, mas não volto ao Senado. Não quero mais saber de nada. É isso aí.

SETENTA E QUATRO ANOS, BASTA.

Certamente. Falamos de renovação, e que renovação? Bem, vão ter que se foder no MPP, vão ter que pôr gente nova, e Deus vai dizer o que acontece.

PODE SE ENFRAQUECER MUITO SEM A SUA PRESENÇA.

Claro, que se quebrem os chifres e que outros aproveitem, que se foda...

A CONVERSA

A CONVENÇÃO NÃO PODERIA SER UM BOM MECANISMO DE FUNCIONAMENTO PARA DAR UMA NOVA ESTRUTURA E INSTITUCIONALIDADE À FRENTE?

É preciso votar uma convenção, mas, para nós, regulamentarmente, nossa autoridade é o congresso, e não a convenção.

De qualquer maneira, seria necessário um acordo para que a convenção possa ser esse mecanismo.

Aqueles que têm baixa presença na convenção, vão entrar na briga, e já vejo seus argumentos: "Não, isso é pura expressão eleitoral...", e outros vão se manifestar: "Isso expressa a realidade", viu?

Vai haver um alto favorecimento pela imposição desse ponto de vista e, como sempre, vai haver um ponto intermediário.

SEMPRE UM PONTO INTERMEDIÁRIO.

E o que você quer mais?

A TRADIÇÃO DA ESQUERDA CONTINUA COSTURANDO COISAS E CONCEDENDO, E TALVEZ ESSA TENHA SIDO A CHAVE DA SOBREVIVÊNCIA.

Acho que sim, porque, caso contrário, se teria feito em pedaços.

O SENHOR VIU QUE HÁ UM MONTE DE GRUPINHOS...

Irrespirável. É uma quantidade de chancelas [tal] que você deveria ter uma caderneta com anotações para se lembrar de tudo. Além disso, há uma tendência brutal à pulverização dentro da Frente.

Quando a lógica deveria ser o processo inverso, de formação de grandes espaços que permitissem sintetizar isso.

Que se reúnam em seu espaço e resolvam eles os problemas da representatividade. Parece-me que isso é muito mais lógico. Mas não sei se vai funcionar, porque existe o sonho do próprio joguinho.

O TIMINHO DE FUTEBOL E OS MÚSICOS DE RUA.

Que sei eu, porque você começa a olhar em volta e qual é a diferença? Há que raspar para encontrar as diferenças. Você não as encontra, e depois há que inventar para marcar o perfil.

PORQUE EXISTEM DUAS ESQUERDAS...

Não é assim. É um reducionismo, porque você pode concordar com fulano nisso hoje e concordar naquilo com outro, que está discordando com este.

FORMAM-SE ALIANÇAS.

Sim, de acordo com os temas que existem. E isso é bom, mas desde que possam ser sintetizados dois blocos claros, nítidos e opostos. Isso é tiro e queda.

DESDE OS ANOS 1980, ISSO SEMPRE É PROPOSTO: OS RENOVADORES E OS ORTODOXOS.

Não, é necessidade de dizer algo para se diferenciar. Certamente há alguma diferença, mas não de blocos constituídos, vertebrados e afinados. Vão dizer que o Partido Socialista tem coincidências perfeitas com o Asamblea Uruguay. Mas por que estão juntos? Não, que vão se coçar! Ou que temos uma concordância milimétrica com os bolcheviques. Não encha o saco, nem Pacheco acredita nisso. Percebe?

SOLILÓQUIO TRÊS

OS CARAS BRILHANTES QUEREM RESULTADOS

Estou quebrando a cabeça pensando em gente nova com a mente fértil para dar-lhe oportunidades, sabe? Depois acontecerá o que tiver que acontecer. Porque tampouco se deve escolher idiotas, não é questão de escolher idiotas fiéis, não. É preciso detectar propensões brilhantes nas pessoas.

A política tem que influenciar e escolher os especialistas. Claro, o ideal são técnicos políticos, mas é complicado, é muito difícil de encontrar, muito difícil.

Os políticos foram todos maus alunos, porque eram militantes sindicais, era isto ou aquilo. Os brilhantes, os mimados da escola, que iriam se envolver com política, estavam ali para estudar, queriam progredir na carreira. Os outros tinham outras prioridades. E não digo que, no final, seja mau ou bom, mas são processos diferentes. A política exige perder muitas horas de boteco, discutir para consertar o mundo. A política exige perder muitas horas que não dão nenhum retorno monetário. Os caras brilhantes querem resultados. Todo mundo deve estar ciente de suas limitações. Sem técnica não se vai a lugar algum. Mas o problema é que a técnica requer cada vez mais especialização, e a especialização amputa a visão, aprofunda, mas não é panorâmica. A política é panorama, é o todo.

COLÓQUIO DEZ

"As derrotas são necessárias para se purificar, porque do chão é que se vê o tamanho da árvore."

A INTERRUPÇÃO

Buzinam, e ele sai do galpão para ver quem chegou. Pede-me que aguarde e vai até a portão. Ali conversa alguns minutos com um homem e volta com um envelope na mão.

—✷—

Era da sociedade de fomento, historicamente era a sociedade para onde se dirigiam os ministros da Cultura e sobrava pano pra manga.

—✷—

ESTÁ POR AQUI?

Sim, ali na esquina. Vi Fernández Crespo, um monte de gente. Agora é bem menor, porque este bairro foi encolhendo. Essa sociedade é da década de 1930, fica na esquina de Camino Tomkinson. Esse é um dos diretores, e organizam um jantar anual e me trazem o convite. Coisas de vizinhança.

O TANQUE ESTÁ FICANDO PRONTO?

Sim, está ficando pronto. Pensei que era o caminhão que trazia algumas lajes que faltam, ficou de vir hoje, mas não.

ÀS SEGUNDAS-FEIRAS, O SENHOR ESTÁ LIVRE DAS ATIVIDADES POLÍTICAS.

Mais ou menos livre, porque sempre surge alguma complicação. Sempre aparece alguma coisa. Tenho que almoçar com a embaixadora espanhola, que me vem convidando faz tempo.

PREPARE-SE PARA O TERREMOTO, DESSE TIPO DE VISITA O SENHOR VAI TER QUATROCENTAS.

Tenho quatro mil, nem ligo. O presidente do Santander vem, outro dia vieram do Citibank, todos vêm para bater papo.

COMECE A DELEGAR, ENVIE OUTRA PESSOA.

Quero esperar até o dia 28 para ver o que acontece. Não quero me comprometer com todos esses caras que vêm pedir, não quero falar com empresários nem com ninguém. Vamos esperar que isso acabe e depois veremos.

QUEM ELEGE O VICE-PRESIDENTE?

Tínhamos combinado que seria eleito por um plenário, o acordo era um plenário. Pelo que sei, faz mais sentido que aquele que ficar em segundo tope, e poupamos toda a questão; caso contrário, vamos inventar outro? E por que este e não o outro? Bah! Deixe quieto.

A FÓRMULA CANTADA SÃO VOCÊS DOIS, SÃO OS MAIS REPRESENTATIVOS.

É óbvio. Para mim, é mais lógico, mas não disse nem uma palavra sobre isso. Todas as mentiras que andam dizendo, a imprensa tem necessidade de inventar coisas, põem alguns subdesenvolvidos... que horrível.

A CONVERSA

A IMPRENSA É COMPLICADA, NÃO?

Ontem fui a um evento organizado pelos bolcheviques lá no Prado. Trouxeram uma garrafa e se armou uma roda. E pelo que ouvi, não vi os jornais de hoje, mas já vi que pegaram por todos os lados.

ACONTECE COM FREQUÊNCIA ISSO COM O SENHOR?

No Canal 5, diziam que eu propunha a reconversão da CALNU, nada a ver. Acabei por explicar-lhes que é uma coisa estupenda, que há muitas coisas para ajustar, que a irrigação saiu muito cara, custa 800 dólares por hectare, um absurdo, que se deve reconverter o sistema de irrigação. Mas não que se devia reconverter a CALNU. Colocam qualquer coisa, não entendem nada.

ACHA VIÁVEL ESSE PROJETO?

É impressionante o que é aquela fábrica, deve-se ir ver o que faz. Depois de vê-la, você diz: "O quê, você vai parar isso?" Tem uma caldeira nova de cinco andares de altura, custou 12 milhões de dólares. Ao lado dela, há uma estação de tratamento de água gigantesca. No outro lado, uma usina de álcool gigantesca, com duas torres de retificação e seis depósitos de fermentação conectados ao prédio, onde se produz o açúcar.

Modernizaram o sistema de fabricação de açúcar. Um investimento total de 55 milhões de dólares. Bordaberry, ao ver isso, disse com bastante sentido: "Como se pensa em parar isto? Agora se deve ir adiante".

A REGIÃO ESTÁ FUNCIONANDO.

Sim, está funcionando. Fizemos um evento em Bella Unión que, segundo disse Maseda, é o maior ato político que já houve na história de Bella Unión. Isso lhe dá uma ideia de qual é o clima em Bella Unión agora.

QUE ANDAVA MORTA.

Era uma cidade fantasma, mas se soergueu. E há uma colheita de cana interessante, está prestes a começar a safra. Esperam que no ano que vem possam faturar 35 milhões de dólares, e têm projetos de expansão. Por exemplo, fizeram um convênio com o frigorífico Tacuarembó, vão invernar cinco mil novilhos, mantendo-os com os restos da cana que são desperdiçados. Têm de investir em torno de três milhões de dólares em equipamentos para recolher o descarte de cana, porque sobram dez toneladas por hectare.

ISSO É MUITO E SERVE COMO FORRAGEM.

É forragem de primeira qualidade e não se aproveita, fica no campo, é a ponta da cana. E mais adiante vai ser processada sem queimar, para que se aproveite tudo.

Montaram um viveiro em Belén, eu o visitei. E agora vão distribuir "as mudas" para aquele que plantar cana, porque é preciso renovar a cana a cada cinco anos. No primeiro ano, não dá nada, depois é produtiva durante quatro anos. Eles vão distribuir o que se chama "a semente". Na realidade, as sementes são caules de cana cortados e enterrados. São plantados em duas fileiras por sulco, e a cana brota nos nós e se ramifica.

Querem introduzir e manusear variedades novas; estão construindo viveiros. Querem desenvolver uma variedade mais precoce, da qual havia apenas 2% em Bella Unión, porque permite graduar melhor a safra. Essa cana amadurece um pouco antes da outra e então fazem a colheita antes. Depois continuam com a outra.

ISSO AUMENTA A PRODUÇÃO.

Essas coisas de ajuste são importantes, porque você se aproxima o mais possível do ponto em que a variedade tem o máximo de conteúdo de açúcar, e o ideal é que se possa processá-la nesse momento, porque barateia o custo. Por isso, quando passa de setembro, foi-se. Isso pode variar um pouco, dependendo da cana.

Querem ajustar isso para obter uma safra maior, mas que seja eficiente e com bom teor de açúcar. Este ano estão fazendo a primeira safra de sorgo para produzir álcool. Depois começam com o açúcar.

OU SEJA, VÃO FAZER COLHEITAS O ANO INTEIRO.

Não é o ano inteiro, porque não se pode lidar com açúcar o ano todo, mas vão ter cinco ou seis meses de trabalho. Além disso, há outras coisas: do bagaço tiram energia para a caldeira, vão vender quatro megawatts para a UTE e, no próximo ano, vão vender oito megawatts com a mesma caldeira. A caldeira vai ser paga com a própria energia que gera.

A ALUR, EM ÚLTIMA ANÁLISE, É UMA COISA BOA.
É uma coisa boa. Eles utilizam um resíduo, que é o bagaço da cana. E ficam ainda com a vinhaça, água que sobra do processo. Vão tratá-la e vão usá-la para biofertilizante. É um cultivo muito nobre, a cana é uma cultura muito nobre.

POR CAUSA DO NOSSO CLIMA, DÁ PARA FAZÊ-LO SOMENTE NO NORTE.
Estamos na fronteira, porque essa faixa é subtropical. A cana é tropical, aí está a fronteira agronômica. Por causa desse fator, deve-se irrigá-la, mas há lugares em que se deixa dois anos e ela cresce muito. No clima tropical de Cuba pode crescer muito mais alta. Não existe por ora uma planta de poder mais alcoolígeno que a cana. Há muitas plantas que podem produzir álcool, mas a cana é a que rende mais. Vale a pena ver. Deve ser o lugar onde se investiu mais porque tem-se que dispor dos dois mil e pouco de hectares de Colonización para introduir os plantadores.

AQUELES OCUPANTES FORAM EMBORA?
Agora está tudo plantado com cana. Iam plantar batata-doce, agora está tudo plantado com cana, não há nenhuma casa nem nada, há cana alta como um pinheirinho. Foi só barulho. Conheço os que falam de reforma agrária no Uruguai. Não encaram nem por ordem do juiz, os que encaram não falam de reforma agrária, é o contrário. Todos os que falam, começam com projetos de trabalho, em geral para conseguir o peso de uma ONG da Europa, daqui e dali. Termina tudo em trabalho.

CUIDADO, QUE HÁ CONVENIÊNCIAS NISSO.
Está cheio.

PESSOAS QUE CRIAM UMA ONG PARA BENEFÍCIO PRÓPRIO.
Está cheio, é uma infecção.

ESTÃO USANDO FONTES DE RECURSOS QUE PODERIAM SER BOAS PARA FAZER TRABALHO SÉRIO.
Não, é lamentável.

ALÉM DISSO, HÁ MUITA GENTE DE ESQUERDA METIDA NISSO.
A maioria. E acaba sendo prejudicial, porque tira a militância da questão política e a passa para a questão aparentemente "social". Depois, são críticos em relação à militância política. Na realidade, se analisarmos a coisa, o problema é que criaram uma forma de vida, coisa que não me preocuparia tanto, mas o que me preocupa é o disfarce ou a fachada.

SE FOR PARA MONTAR UM NEGÓCIO, MONTE UM NEGÓCIO.
Eu o banco, mas não me venha com disfarce.

JUSTIFICAM UM NEGÓCIO COM TODO UM DISCURSO IDEOLÓGICO QUE PODE SER AMBIENTALISTA, DE CLASSE, OU O QUE VIER.
Sim, qualquer coisa.

DÁ RECEITA E NÃO EXIGE MUITO TRABALHO.
Dá receita, com certeza, e nem Peteco o controla, vai saber.

É COMPLICADO, COMO É POSSÍVEL REGULAR ESSE TIPO DE COISA?
Não se regula nada. Mas há uma infecção mundial a esta altura, não é um problema daqui, está espalhado, é como uma epidemia global. Na Europa é como cogumelo.

MUITA GENTE ASSUME ISSO COMO UMA FORMA DE VIDA À MARGEM DO SISTEMA.
São todos inconformistas com o sistema. Mas se saem muito bem, não trabalham muito, fazem muitos encontros, são especialistas em bolsas, em canetas, elaboram informes, são especialistas em informes. Você começa a virar as páginas e não consegue sacar nada, mas está bem apresentado.

O MESMO ACONTECE EM NÍVEL DA BUROCRACIA INTERNACIONAL.
Claro, é o mesmo.

ELES SE ENCONTRAM EM HOTÉIS CINCO ESTRELAS NA MALÁSIA PARA FALAR DOS POBRES DE BANGLADESH, E SÃO UM MONTÃO DE GENTE.

Milhões. Recordo que uma vez me mandaram material ao palácio sobre um encontro em Bombaim para as relações do homem com as mulheres (risos). O que é isso? Sabe o que custa uma viagem para Bombaim? Foram uns vinte para lá, uma foda total. Deixe de enrolação!

ISSO OCORRE EM MUITOS ÂMBITOS.

No âmbito acadêmico, nas questões da mulher, que a prostituíram. Transformar uma causa nobre em uma imundície, pura viagem para cá e para lá, de todos os segmentos, estão no voo... Alguns vão ao palácio para buscar a passagem.

HÁ TAMBÉM ALGUMAS LÍDERES FEMINISTAS QUE POSSO DISTINGUIR, DE NOVA YORK A GENEBRA E DALI A MADRI. NO FUNDO, VOCÊ DIZ: "QUE BELO TRABALHO", MAS O QUE OFERECEM?

Não dão resposta ao problema que as mulheres têm, que estão na periferia, onde há verdadeiramente uma causa social. Dar uma mão às mulheres sozinhas que têm quatro ou cinco filhos, onde há problemas dramáticos da mulher.

ALÉM DISSO, SÃO REAIS.

Claro que são problemas reais. Você acha que o problema importante é a representação política da mulher e tudo o mais? A imensa maioria das mulheres não se interessa por política, elas se interessam por outras coisas. Sessenta e seis por cento dos matriculados nas universidades são mulheres, e em breve vamos ter que levantar uma reivindicação ao contrário.

UMA QUOTA MASCULINA PARA ENTRAR NA UNIVERSIDADE.

Porque os homens são mais preguiçosos, desertam mais, têm uma série de coisas. Em contrapartida, as mulheres são mais constantes, no mundo profissional há cada vez mais mulheres.

TÊM MELHOR ESCOLARIDADE.

Fenomenal! Viva a coragem delas, não sou contra, mas sinto por essa mulher intelectual que é relegada. Por favor! O problema reside na mulher de classes sociais inferiores, ali sim há graves problemas.

AÍ SE VÊ O PAPEL DA MULHER. AQUELAS QUE SE MANTÊM NO LUGAR SÃO ELAS, O HOMEM É QUE MUDA. NOS ASSENTAMENTOS, QUEM ORGANIZA OS ASPECTOS SOCIAIS, LOCAIS E COMUNITÁRIOS SÃO AS MULHERES.

Os homens não servem para nada. Essa mulher é importantíssima e ninguém lhe dá bola. É fundamental ajudar essa mulher, porque tem uma quantidade de filhos! Aí sim, há um problema grave, e leva-se anos para resolvê-lo. Essa mulher não tem nada a ver com as ONGs e com todas essas coisas. Essas mulheres fenomenais que nós temos, que estão lutando pela quota política e outras coisas, essas não têm nada a ver. Essas estão lutando para ter feijão, são dois mundos [distintos].

É UMA DEFASAGEM.

E como dizia Daisy: "A companheira que me limpa". A companheira é a empregada, mas fica mal dizer isso.

VAMOS MUDAR OS TERMOS, SOMOS TODOS "OS E AS" E TODOS IGUAIS.

Não passa por aí, não vou me ofender porque tem uma mulher faxineira. Mas vamos chamar as coisas como são, estamos nos enganando a nós mesmos.

COMO VOCÊ VISUALIZA O FUTURO GOVERNO? COALIZÃO? SÓ DO PARTIDO?

Não sei. Se por acaso se puder encontrar algum grau de participação com algum setor ou com a oposição, parece-me que seria o ideal. Isso vai depender da atitude que eles assumirem, mas acho que se deve tentar. Certamente, não vão querer se comprometer com o governo, mas vão aceitar a participação nos organismos, e é provável que se possa chegar a alguns acordos em algumas coisas.

ENERGIA, POR EXEMPLO?

Energia, algumas questões que possam ter relação com o ensino.

SEGURANÇA?

E creio que também segurança. A maior preocupação que tenho é com essa pasta, com esse ministério, sobre o resto não me questionei. Esse problema vou abordá-lo, mas se vai ser melhor, não sei. Vai depender muito do resultado das eleições. E de como chegar lá, se vai se chegar com a maioria, se vai ser muito parelho, se não se chega, enfim, mas o mesmo vai acontecer com eles.

CLARO, A COISA VAI ESTAR PARELHA.

Pode-se ganhar no primeiro turno, mas não acho que se possa ganhar por uma margem enorme.

O FATO DE QUE SEJAM LACALLE E O SENHOR OS CANDIDATOS, VAI IMPLICAR QUE O PAÍS SE DIVIDA EM DOIS?

Algo parecido com isso vai acontecer, apesar de mim e apesar de Lacalle, porque Lacalle me parece que vai tratar de evitá-lo, é suficientemente versado para isso. Algo vai acontecer porque há forças sociais. Mas, pela natureza dos atores, não vai haver um clima irrespirável e tenso. Porque, para isso, você precisa ter vontade, e nem eu tenho vontade, nem vejo que Lacalle tenha muita vontade para isso. Havendo grandes diferenças, parece-me que prima a percepção de que elas não convêm ao clima geral do país.

NINGUÉM SAI BENEFICIADO COM ISSO.

Não. A imprensa é que vai tentar montar o circo.

PROCURAR O TEMPO TODO O ENFRENTAMENTO NAS MANCHETES.

Outro dia falei uma coisa que nada tinha a ver com Lacalle e tomaram isso como se eu tivesse dito a Lacalle. E ele saiu a responder, porque cometeu o erro de levar em consideração o que a imprensa diz. Eu me referi ao problema da unidade da esquerda e às consequências históricas que decorreram dela. Muitas vezes, os próprios fracassos da esquerda ambientaram um ataque da direita. Apresentei o caso de Hitler, o caso da República espanhola, o fim da Revolução Francesa, que desembocou em Napoleão.

Estava exemplificando a importância da unidade para a esquerda, e tomava esses fatos porque falam do fracasso da própria esquerda, por causa de suas contradições internas. Isso lhes serviu para armar uma confusão.

ENTÃO, O SENHOR VÊ COMO VIÁVEL A POSSIBILIDADE DE CONSEGUIR ACORDOS DE POLÍTICAS DE ESTADO EM ALGUMAS QUESTÕES.

Acho que sim, creio que é bem viável. Por que digo isso? Porque sei que, internamente, dentro do Partido Nacional, se considera que foi um erro não ter participado dos órgãos públicos. Sei que eles têm essa visão autocrítica por não terem tido melhor política de relacionamento. Tabaré não lhes deu muita bola, e Nin não existe para negociar. Então, os caras não têm interlocutores, queixavam-se muito a respeito, queixaram-se o tempo todo, foi um erro nosso.

PORQUE É SAUDÁVEL TER UMA OPOSIÇÃO QUE CONTROLE VOCÊ.

É uma necessidade histórica, e que de vez em quando o derrube e o faça voltar à humildade republicana e o deixe sem nada, e tenha que começar de novo para se purificar. Porque lhe digo que o poder acende todos os demônios, é assim que vejo. Quando Tabaré Vázquez assumiu a prefeitura, houve gente que entrou ali e que continua até agora. Você vê esses caras se mover; movem-se para todos os lados, são uns fenômenos, estão ligados em tudo. Há várias categorias deles. Há alguns que entraram no governo e não lhe davam bola; agora ficaram simpáticos de repente, tão simpáticos que você os vê chegando, e estão pensando no postozinho que vão ter no futuro.

Temos as mesmas doenças potenciais que tiveram os partidos tradicionais e que os apodreceram. Nós também temos a presença dessa doença.

NÃO É DE ESQUERDA OU DE DIREITA.

Não, eu pelo menos cheguei a essa conclusão, o paciente está aí, eu o vejo. Agora, não vê quem não quer ver, mas eu vejo. E que antídoto há contra isso? Que o derrubem. São necessárias derrotas para se purificar, porque o tamanho da árvore se vê do chão.

DERROTAS, O SENHOR CONHECE UMAS TANTAS.

Conheço aos montes.

COMO DIZ ÑATO: "MARECHAL DA DERROTA".

Embora lhe pareça mentira, veja o que me aconteceu com o MPP.

O crescimento vertiginoso do MPP pôs a descoberto uma série de ambições em todos os lugares e, quando éramos quatro gatos loucos, parecíamos anjinhos, éramos puros. Agora que somos grandes, começam a aparecer todas essas coisas.

Não quero falar de outros, mas sei que a outros aconteceu [coisa] ainda pior. O Partido Socialista se tornou uma máquina de conseguir postos. E o que tem a ver com a história do PS? Nada a ver. O Partido Socialista foi uma espécie de viveiro da esquerda, dali saiu gente que era fenomenal, intelectual, e agora saem postos. Não tem nada a ver com a história do Partido Socialista.

Então, você pode imaginar como terminamos depois de trinta anos no poder? Terminamos como o batllismo. Por isso, começo a ver a oposição, começo a vê-la com outros olhos, a vê-la como uma espécie de necessidade histórica. E começo a ver essa margem de sabedoria que tem às vezes o liberal; o bipartidarismo ajuda.

CONTROLA. A POLÍTICA DE ESTADO VAI ALÉM DE QUEM ESTÁ NO GOVERNO.

Eu sei. São coisas que a gente não se dá conta até vivê-las. Talvez fossem subestimadas. Mas vejo que são semelhantes àquele que estava na cama, no tango, e vê que estão provando as prendas que ele vai deixar.

A AMBIÇÃO SURGE...

É grosseiro. Então vamos bancá-la.

E O FATO DE QUE DERRUBEM VOCÊ NÃO FICA MAL.

É como uma poda, é o que se chama em fruticultura de "poda de restauração". Tira-se tudo o que é velho e no primeiro ano não vai dar frutos. A árvore tem de repor madeira e todo o resto, mas depois cresce, e com vigor. É um corte profundo que se faz de vez em quando às árvores frutíferas. Então, cria-se madeira nova, novos brotos e depois vai-se produzindo novos frutos. É mais ou menos assim, o Partido Colorado está em um processo desses. Agora vai sofrer uma poda enorme, vai cuspir gente, e talvez com o tempo surja outro Partido Colorado.

BORDABERRY PERMANECE PRATICAMENTE COM O PARTIDO.

Certamente, mas faltam relações dentro da batllismo. Algo vai ter que surgir, porque o Partido Colorado não vai ficar somente com uma versão direitoide.

SANGUINETTI CONTINUA, VAI SAIR NUMA LISTA.

Em um esforço veloz de renovação. E Abdala se apagou?

DESAPARECEU, NÃO APOIA NINGUÉM. E É UM LOUCO INTELIGENTE.

Matou-se por Sanguinetti. Se tivesse se lançado sozinho, teria conseguido um resultado melhor. Não é nenhum idiota, e para mim não é um cara ruim, tampouco o conheci como trapaceiro, nem nada disso.

O SENHOR IMAGINA MINISTROS DE OUTROS PARTIDOS?

Esse já seria um governo de coalizão. De repente, aparece algum independente, algum cara, mas acho que não se pode prever isso. Agora, deve-se estar aberto a tudo.

Não sou daqueles que pensam que deve ser um governo frentista único. Quanto mais amplo for o apoio que se possa conseguir, me parece que é muito melhor. Se não puder consegui-lo, azar, mas a tendência é procurar o apoio social mais amplo possível.

O SENHOR TEM CAPACIDADE DE NEGOCIAÇÃO PARA ESSE TIPO DE COISAS.

Tenho sim, devo ser o que mais capacidade tem, e tenho mais reconhecimento também.

DIZEM QUE A ELEIÇÃO VAIR SER ENTRE "BLANCOS". O SENHOR TEM UM RELACIONAMENTO COM ELES.

Há um problema e aí vem o jogo da carreira política. Ter sido parlamentar vai servir muito, vai servir pouco, não sei, mas serve para se relacionar. Qualquer um percebe que o Senado da República é o palco natural dos contatos políticos entre os partidos. O Senado sempre desempenhou esse papel. Dizem: "Você tem amizade com Larrañaga", e o que isso quer dizer? Estive em duas legislaturas seguidas, dez anos é muito tempo. Claro, há tipos como Gargano que não se relacionam, ainda que vivam mais 40 anos, porque é assim, parece que sempre esteve mascando munição, pela maneira de ser que tem. Mas a lógica normal é que você tem de se relacionar, e volto a insistir que isso tem a ver com as relações pessoais.

É AO QUE O SENHOR SE REFERIA EM NÍVEL INTERNACIONAL TAMBÉM.
Se Heber me chama por telefone, não vou atender? Não, não brinque. Dez anos vendo a pessoa, você não pode não falar com ela. O interpessoal pesa, e deve-se ter essa atitude mental. Tenho certeza de que se você perguntar a Heber, Penadés, Larrañaga, Abreu, vão dizer-lhe: "Se tiver que ganhar a Frente, oxalá ganhe Pepe, porque com Pepe pelo menos podemos falar"; tenho certeza de que vão dizer isso. Não porque haja coincidências políticas, mas porque dizem: "Temos contato com o governo".

ESSA QUESTÃO NESTE GOVERNO FOI MUITO DIFÍCIL.
Foi muito difícil.

A QUESTÃO DA DISTÂNCIA, DANILO TEM ESSA ATITUDE DE DISTANCIAMENTO.
Para mim, era muito mais fácil falar com Atchugarry quando era ministro, até mesmo com Bensión. Com Bensión fui discutir três, quatro vezes. Danilo é difícil, mas não é maldade, é seu modo de ser, são características pessoais. O mesmo acontece com a relação regional.

O SENHOR ESTÁ CIENTE DE QUE PODE COMENTAR COISAS QUE CHEGAM ATÉ AOS SEUS OUVIDOS, MAS SE FOR OUTRO QUE AS DISSER, O SENHOR SERÁ DEFENESTRADO. POR SUA TRAJETÓRIA E SUA VIDA, O SENHOR É IMPERMEÁVEL. DISSE COISAS QUE NENHUMA OUTRA PESSOA DA ESQUERDA OUSOU DIZER, SEM QUE O ACUSASSEM DE TRAIDOR OU AGENTE DA CIA. ISSO É SER UMA FORTALEZA.
Sim, é verdade. Existem estereótipos de direita e de esquerda. Nós temos certos tabus: não critique muito, porque você é pouco menos que um traidor, viu? Se tiver independência, ou reconhecer algo que é bom nos adversários, vai acontecer o mesmo. Como o que lhe falei de Bordaberry, quando viu aquilo e disse: "Isso não pode ser jogado fora". Tudo bem, tem razão. Se amanhã eu disser isso, vão me criticar. Mas está bem, ele agiu com senso comum. Mas não pode reconhecer nada.

MUITAS VEZES O QUE SE DIZ É MEDIDO PELO CUSTO POLÍTICO.
Então você nunca diz o que pensa, está proibido de ser autêntico, no acerto e no erro.

COLÓQUIO ONZE

"A cultura pode ser elevada porque este mundo precisa de economia, precisa do que viver."

A PRÉVIA

O QUE ACHOU DO CASO DA BANDEIRA EM MALDONADO?
Não sabemos bem ao certo ainda.

DIZEM QUE HAVIAM DETIDO UM.
Sim, dizem que detiveram um, mas apareceu uma bandeira do MPP, ao lado, que eu nunca tinha visto.

A DO PARTIDO COMUNISTA SE VIA BEM.
Sim, em outro mastro, um pouco mais distante; pedi que averiguassem e ninguém se acusou.

HOJE, NA RÁDIO, DISSERAM QUE HAVIAM PRENDIDO UM POR CAUSA DA BANDEIRA DO PCU, MAS NÃO SE SABE QUE FIM DEU.
Claro que são uns idiotas. Dão um golpe à toa. Mas acho que se deve investigar e aplicar uma sanção ao idiota. Como os espartanos que castigavam não por roubar, mas por se deixar descobrir.

HOUVE UM CHILENO CHAMADO ALTIERI, O SENHOR O OUVIU ALGUMA VEZ? ELE FALA DE AGROECOLOGIA, E É INTERESSANTE O QUE PROPÕE.
Sim, é muito interessante. Claro, porque há um problema, que são os limites que a natureza tem. Se quiser aumentar certa produção, deve dispor de maior quantidade de nitrogênio na rizosfera. Mas o método que você tem para aumentar a quantidade de nitrogênio disponível é jogar ureia. E há limites, porque, se jogar ureia de mais, arma-se uma confusão, já que se agride o lençol freático, visto que parte escapa para baixo e outra parte vai para a atmosfera. Entende?

ESTÁ TUDO RELACIONADO.
É uma balança, não se pode esticá-la como um chiclete, não é como a produção industrial.

Na produção industrial, consegue-se o salto tecnológico, coloca-se a inteligência para funcionar, e começa a sair salsicha. Ave Maria!

Nas questões agrícolas, não. Não, porque se colide com os limites da natureza.

Pode-se engordar melhor e mais rápido um bezerro, sim, mas a vaca continua parindo um bezerro. Entendeu? Então deve-se esperar nove meses para que nasça um bezerro, há uma barreira.

Aqui, no Uruguai, se obtém por volta de 66 bezerros para cada cem vacas inseminadas. Se se trabalhar, poderá conseguir, quando muito, 75, mas não se pode conseguir 200 ou 300 bezerros. Não se pode!

HÁ UM LIMITE.

Talvez um dia haja uma fábrica de clones, mas por ora...

Este é um problema de base. Se em 2030, esquematicamente, a humanidade precisar do dobro de alimentos do que consumimos hoje para comer o mesmo, e a disponibilidade agrícola que existe no mundo em matéria de terra for a mesma, não haverá terras novas para incorporar à produção, e, portanto, a produtividade deverá ser aumentada em dobro. Então, aqui vão acontecer duas coisas: ou os alimentos encarecem e os pobres do mundo, ai!, vão passar fome, ou [vai haver] uma revolução genética.

Provavelmente vai acontecer um pouco das duas coisas: uma engenharia genética capaz de nos permitir conseguir, em algumas áreas, seres que consumam menos, que economizem mais água. Mas estamos diante de um problema.

E depois de 2030 não vai se agravar mais, assim eu penso. Por isso, é importante a demografia como ciência. Por quê? Porque a conduta dos países, à medida que se desenvolvem, diminuem enormemente a natalidade. E mais, há sinais de despovoamento. A pressão tende a baixar.

Mas até 2030 vamos ter um pico, porque, na realidade, os países centrais estão se despovoando, mas a avalanche dos países subdesenvolvidos ainda é muito forte, e está superando amplamente a perda de natalidade que os países centrais têm.

Os Estados Unidos não têm um grande crescimento demográfico em sua velha população, mas como têm um aluvião de imigrantes, e esses deveriam parar de fluir sem concessões, são um país central sem a tragédia da Alemanha.

Agora, a Alemanha está se remendando com turcos, poloneses, com todos os que vêm de qualquer lugar. E a França vai acabar como um país café com leite, porque está cheia de negros. Você vai a Paris e fica impressionado, é um mostruário de negros.

Bem, está se remendando, mas, para mim, revaloriza o papel da região. Vai haver uma forte pressão sobre o item alimentar. Porque, justamente, onde há mais reserva é aqui, nesta região. Na Ásia não há muito mais para raspar; na Europa tampouco; aqui é onde ainda há como raspar.

EM UMA ENTREVISTA COM GROMPONE, ELE PROPÕE MUITAS DAS COISAS QUE VOCÊ APRESENTA, O TEMA DA GENÉTICA, A DEMOGRAFIA.
Ele tem uma visão industrialista, acredita que a tecnologia em linha reta vai suplantar em 100% a agricultura. Talvez tenha razão, mas daqui a 200 anos. Daqui a 200 anos, e quero ver de onde vai sair a matéria-prima, porque até agora não encontraram nenhuma tecnologia que crie coisas do nada. Por ora, Lavoisier continua existindo.

TUDO SE TRANSFORMA.
Ele tem que explicar de onde vai tirar a matéria-prima. Talvez, em lugar de produzir, haja um laboratório que produza "algo" parecido com carne a partir do pasto. Bem, mas vai ser preciso um pasto. Talvez se elimine a vaca, mas se vai precisar de pasto. Então, a visão dele é meio matemática, mas é um cara muito valioso.

A CONVERSA

O QUE FAREMOS COM OS MEIOS DE COMUNICAÇÃO?

A verdade é que é uma questão que está absolutamente em débito. À parte o que se fez no Canal 5, que, do ponto de vista técnico, teve sua estrutura melhorada. Mas é difícil mexer nesse canal, porque há uma série de problemas internos.

Há as rádios oficiais, que são três, mas no final sua opinião não serve de nada e para nada.

O PROBLEMA DO CANAL 5 É O PESSOAL CONTRATADO, É COMO O INAU.

Vejo mais claramente o problema do INAU. Aqui se deve encontrar uma disposição legal que não seja somente para o INAU, mas que abranja o pessoal do manicômio, que tem certas características, o pessoal da prisão, o pessoal do INAU e alguns outros mais. Francamente, deve-se estabelecer uma flexibilidade, que os envolvidos sejam intercambiáveis e que trabalhem três períodos de quatro ou cinco meses, e depois passem a outra coisa. E na questão das drogas, por outras razões.

Há uma série de lugares onde se tem que ter flexibilidade.

Primeiro, em um hospício, os caras acabam ficando eles próprios loucos, você lhes oferece alguns pesos a mais. Mas por alguns pesos a mais, não sabe quem é o paciente, se o louco ou o funcionário encarregado. É horrível. Esse é um trabalho que não se pode suportar do ponto de vista médico.

Olhe que isso não é uma genialidade minha, isso é aplicado em outros lugares.

É FEITO RODÍZIO.

Os motivos pelos quais é necessário fazer rodízio são diferentes. No caso dos carcereiros, para que não se instaure tráfico e relaxamento, deve-se ter mobilidade, não estabilização. E no caso das drogas, deve-se ter a grana que compre qualquer coisa.

Se tivesse que enfrentar o Canal 5, optaria por uma terceirização a favor, com uma sociedade de gente legal que você a põe lá dentro para tomar conta e apertar essa burocracia tanto quanto possível. Mas você não pode fazer isso ao livre-arbítrio do mercado, tem de pôr gente apropriada lá. Agora, isso tem pernas curtas, porque a direita consegue ganhar e vai acontecer o contrário. Por isso, estou inclinado a dar meios a instituições ou a determinadas ONGs da cultura, não sei. Utilize o direito privado, e dou-lhe um meio.

Não vou dá-lo a um capitalista, mas a alguém que vai ter um enfoque de caráter progressista, para ter algo para compensar. Creio que assim nos mostramos corretos, nos mostramos bons, é notável. Ninguém pode nos acusar de que fizemos algo...

AUTORITÁRIO.

Ao contrário, somos inócuos. Não brinque, não se pode ser tão burro.

É INGENUIDADE.

Claro. A ideologia cria barreiras para um lado e para outro, mas cria barreiras.

Vou lhe dizer uma coisa, olho para as pessoas da ARU, durante os três anos em que fui ministro, e um ano antes, nesses quatro anos, [e vejo que] fizeram e aconteceram a dar com pau, porque a conjuntura internacional sofreu alterações, e os preços eram espetaculares, espetaculares! E, na realidade, por parte do governo não houve nenhuma decisão de enquadrá-los, de fazer-lhes detrações, porque era preciso reconhecer que vinham de uma crise e tinham de emparelhar custos e ganhos. De qualquer forma, os malandros não reconheceram nem isso, e sabe por quê? Por razões ideológicas. Assim, a ideologia também tem sua importância.

A mesma coisa [aconteceu] na mídia. Os meios de comunicação nas mãos da direita sempre vão pôr a estaca entre as rodas. Não se pode ser tão ingênuo, tão pateta.

O problema que temos na esquerda é que nunca nos preocupamos em ter uma mídia de esquerda. Lembro-me do que passamos com a CX44. Caía aos pedaços e dizíamos à Frente Ampla: por que não se encarregam, por que não ficam com essa rádio? Não, a Frente Ampla não pode chegar a um acordo, porque, como há ali tantos setores, virou um pandemônio. Como fazem o editorial? É impossível.

Um partido deve ter um meio de comunicação importante.

ALÉM DISSO, HÁ PROFISSIONAIS.

Temos os profissionais, o melhor que você quiser, você o tem. Mas o caso da rádio é ainda mais incomensurável, porque, se for feita a proposta, vai me dizer que a Frente Ampla não pode ficar com a rádio? Este é um problema que vai além de um governo, é um problema político, porque pelo menos a Frente Ampla deveria ter uma rádio.

DE BOM NÍVEL E COM UMA PROGRAMAÇÃO QUE COMPETISSE, ESTABELECENDO CRITÉRIOS.

Estabelecendo critérios.

PORQUE AS RÁDIOS DE SODRE NÃO CONSEGUIRAM SE DESENVOLVER.

Não conseguiram transcender. Não existem. São rádios para poucos, para alguém que goste de música clássica, mas não acontece nada.

FAZ 9 ANOS QUE O SENHOR MANTÉM O PROGRAMA NA M24 E A AUDIÊNCIA É ENORME.

Claro que é um instrumento estupendo. Como não vou tê-lo?

E É UMA FM QUE NÃO É DAS MAIS CONHECIDAS.

Certamente, com todas as limitações que tem.

O SENHOR SE DÁ CONTA DA IMPORTÂNCIA DE UM MEIO COM ESSAS CARACTERÍSTICAS.

Essa é uma das maiores incompetências da Frente Ampla. Para mim, é uma paralisia da direção, expressa a crise de direção, porque já venderam várias rádios. A rádio Ariel estava à venda no ano passado, acho que pediam 700 mil dólares, algo assim.

Vai me dizer que a Frente Ampla não podia comprar isso?

PODERIA MUITO BEM. À PARTE A CX10, QUE ESTÁ EM BOM LUGAR NO DIAL.

Está bem colocada. Mas digo-lhe, é perfeitamente possível, quando se propõe "vamos ter uma rádio", se consegue. Nem sequer vai precisar do governo.

NÃO FOMOS CAPAZES DE CRIAR OUTRA COISA.

Nem de criá-la, muito menos de sustentá-la. Há duas partes: uma parte, o governo teria de conseguir certa margem de colaboração, e tampouco se utilizou muito disso. Creio que se poderia impor ao sistema de comunicação uma campanha pública permanente para o desenvolvimento de valores coletivos favoráveis à sociedade.

Outro dia, no Canal 12, quando me levaram ao programa *Código País*, eu disse isso a Aldo Silva. E no Canal 12 veicularam uma propaganda institucional sobre o tema das drogas. Não faz diferença interpor o *marketing* e os criadores nisso. Você não vai resolver os problemas, mas está atacando algo.

ESTÁ SE INSISTINDO NO ASSUNTO.

Isso pelo menos um governo tem que fazer, conquistar a vontade dos caras e propor que façam campanhas de forma permanente.

FORAM FEITAS ALGUMAS COISAS.

Mas todas pagas. Não se deveria pagar nada; deveríamos impô-las. Deve-se estabelecer uma quota a esses sujeitos. "Esta é uma contribuição que você tem que dar à sociedade." E isso tem que ser como política. São contrapartidas, porque no final das contas os caras estão usufruindo de um meio que é público, e tem sido muito bom para as famílias dos canais, mau é que não tem sido. Viu alguém que largue o osso? Então, aí você tem o melhor sintoma.

O TEMA PASSA TAMBÉM PELA PRODUÇÃO NACIONAL.

Acho que se deve exigir espaços mínimos de produção nacional, impor-lhes um piso. Eles vão dizer que é intervencionismo, que é contra o mercado, contra a liberdade, todo esse rosário, não há dúvida. Mas lembro-me de que muitas gerações herdaram uma propensão ao folclore, de repique. Foi por causa de uma decisão que Perón tomou na Argentina, na década de 1940. Em pleno auge do *buggy buggy*, decretou que 30% da programação devia ser de origem nacional.

Sabe que existe uma famosa letra de Yupanqui que diz: "Buenos Aires, cidade gringa, me arrastou por esses caminhos". É desse período. Perón, com as medidas que tomou, de ultranacionalista, criou um espaço que teve de ser preenchido, e isso criou um mercado, criou um gosto, foi retomado algo que se havia perdido. Que depois repercutiu aqui também. A cultura também deve ser defendida, a conclusão é essa.

Como a cultura se apoia em meios técnicos e econômicos para sua difusão, se uma cultura, que é de expressão nacional, não é defendida, não é amparada, as leis do mercado passam por cima dela, e ela deixa de existir e perde sua identidade.

Passam por cima, então deve-se defender a cultura. E disposições desse tipo, para mim, deve-se impô-las, porque são criadoras de trabalho no mercado interno e fontes de vida.

Por que o nosso mundo teatral e alguns autores não podem fazer comédias, dessas de entretenimento? Devem ser caríssimas para um mercado pequeno, mas depois que são feitas, você pode exportá-las, como tudo.

NOSSO CINEMA TEM TIDO DESENVOLVIMENTO.

Capacidade há, mas precisa de certo amparo. É como uma muda de planta. Você tem de pôr a muda em uma terra bem cuidada e em um ambiente protegido. Acho que a cultura precisa ser amparada e protegida para que possa se desenvolver.

Uma das coisas mais importantes é abrir o mercado, e aí se deve tomar uma decisão, que vai ser arbitrária. Deve-se obrigar a incluir certa porcentagem de produção nacional na programação, e depois verá como lhe darão cobertura financeira. E, finalmente, se passa a criar. Essa é outra parte da questão que não tem a ver com uma visão de esquerda. É uma visão nacional de amparo, e me parece que nisso estamos em débito.

NÃO SE FEZ NADA.

Nisso estamos em débito, porque temos algumas coisas potenciais que são importantes e nem mesmo as difundimos aos próprios uruguaios.

Note que em matéria de teatro, em matéria de orquestra sinfônica, temos certa despesa de manutenção, e praticamente não mostramos essa arte à sociedade. É muito pouco, dois ou três espetáculos por ano. E tampouco criamos um gosto pela sinfônica, porque as pessoas não a ouvem.

GARCÍA VIGIL TENTOU LEVÁ-LA A ALGUNS BAIRROS, MAS FORAM EXPRESSÕES PONTUAIS.

Claro, fenomenal, mas não há uma política [sobre isso]. Com toda a arbitrariedade que podem ter de ação e promoção a partir de cima, essas coisas depois podem criar realidades.

PRIMEIRO SE ESTABELECEM DIRETRIZES E DEPOIS SE COMEÇA A CRIAR.
Sim, porque a cultura necessita de certa educação por etapas. Eu me lembro bem o que aconteceu com a música clássica quando era menino. Eu não lhe dava bola. Conheci uma garota, que acabei namorando, que gostava de música e começou a me levar ao Sodre. Depois, a garota ficou pelo caminho, mas eu continuei a gostar de música.

ROSENCOF PÔS ISSO EM PRÁTICA COM O PROGRAMA "ESQUINAS".
Francamente é assim, e é a maneira de popularizá-la. Colocar uma quota de produção nacional na rádio, na televisão. Parece-me que são medidas adequadas, porque começam a criar mercado para a cultura.

E no início não vai ser muito bom, como tudo, mas aí a coisa começa a fluir.

ALÉM DISSO, HÁ UMA TRADIÇÃO DE PROGRAMAÇÃO DE HUMOR NA TELEVISÃO. O HUMOR URUGUAIO É BOM.
É muito bom.

TEM SIDO DEIXADO DE LADO, MAS HÁ GENTE EXCELENTE.
Com certeza que há bons [comediantes] e não há melhores porque têm que ir embora. E digo-lhe uma coisa, a turma jovem que vem chegando tem um horizonte magnífico.

É UMA FONTE INESGOTÁVEL...
É uma fonte inesgotável, uma fonte criativa. Agora, devemos procurar que o mercado abra caminhos.

A cultura pode ser elevada, porque este mundo precisa de economia, precisa do que viver. Caso contrário, tem-se um mundo extremamente anêmico, porque vai depender dos gastos pálidos e pobres que o Estado dedica quando discute a Lei do Orçamento. Isso é lastimável, esse é o fomento da cultura por pena. Para que caminhe, o sistema privado de comunicação é o que tem que dar vida, mas para isso deve-se pressioná-lo.

Porque, se nada for feito, o cara vai e põe os enlatados. Não se complica e é mais barato, mais simples.

OS ATORES TÊM RECLAMADO, MUITAS VEZES, DE IMPLEMENTAR A PRODUÇÃO MASSIVA.

Há um passo mínimo, menor, que é cortar as pernas dessa publicidade que vem de fora, que vem como *standard*. A publicidade deve ser feita no país. Vão gritar, já se sabe.

MAS OS PUBLICITÁRIOS VÃO ABRAÇÁ-LO.

Claro, é uma magnífica fonte de vida.

HÁ PUBLICITÁRIOS MUITO BONS QUE ESTÃO PRODUZINDO PARA OUTROS LUGARES.

Deve-se ampará-los, mas não se pode amparar com o orçamento do Estado, porque não se tem nada para eles. O que se deve é criar medidas para que haja um mercado, e defendê-lo. Depois, se acaso se desenvolverem, como nossos salários são mais baixos, pode-se passar ao oposto, produzir aqui para vender no exterior.

MAS ESTÃO CHEGANDO.

Sei que estão vindo, e vêm até para produzir filmes.

MONTEVIDÉU SE TORNOU UM LUGAR BARATO E ACESSÍVEL PARA PRODUÇÕES.

É um serviço cultural. Movimenta grana aos montes.

SOLILÓQUIO QUATRO

O PROBLEMA DA POBREZA NÃO É SOMENTE UM PROBLEMA DOS POBRES.

—✸—

Corremos o perigo de nos ver diante de uma morsa, cujos dois extremos, por estereótipo, são falsos, mas que respondem a alguma coisa. Por um lado, a apologia de um discurso apenas para os pobres, para a equidade, e nos transformamos em um MIDES político. Por outro, a dicotomia de ser uma expressão da tecnocracia está desenhada em nossa própria sociedade, e nós temos que resolver isso, porque sem a participação dessa tecnocracia, a condução econômica e sociológica do país se torna praticamente impossível. Por um problema de qualificação, de capital intelectual acumulado, que é propriedade da sociedade, essa gente não vai ter nenhuma saída, se não trabalharem para dar-lhe saída. Mas isso, e aqui está o problema, não sei se poderá ser resolvido, porque já não se tende a apoiar este *slogan*: "Trabalhadores e estudantes, unidos e avante", não. Tende-se a traçar um caminho em si e para si. São os anestesistas que querem ganhar muita grana, entendeu? Porque se essa tecnocracia se propõe ao objetivo de ajudar a integrar e impele a integrar, não se tem de rebaixá-la, mas de empurrá-la para cima, porque então temos unidade nacional, temos caminho. Mas se isso se transforma naquilo que quer ser a coisa em si, vai segregar o resto. E o outro lado vai continuar se acumulando e, mais cedo ou mais tarde, ou pela direita ou pela esquerda, vai passar por cima, porque eles serão mais numerosos. Ou vai ser populismo de direita ou não sei, porque uma saída se torna necessária.

O problema da pobreza não é somente um problema dos pobres. Há um problema de integração, porque, quando a pobreza historicamente é suportável, não cria problemas. Mas se torna insuportável, porque a sociedade moderna é insultante quanto aos valores de consumo que expõe. O pobre não quer ser pobre. Aí é que está a questão.

Há uma resposta política que não se coaduna. Estou nessa. Eles me tomaram como símbolo de determinados setores, mas sou uma vítima, e vitimador também, porque essas são coisas que nos excedem, não são coisas que você fabrica ou constrói com um punhado de companheiros, são forças sociais que nos usam.

COLÓQUIO DOZE

"O Estado tem que funcionar porque, caso contrário, acaba zombando dos pobres."

A CONVERSA

Nós nos instalamos no galpão, cada um sentado sobre seu respectivo balde emborcado. Ele se levanta e dá instruções a um rapaz sobre os ramos de flores a cortar: dez flores brancas, quatro lilás e três amarelas. Volta a se sentar. Eu pergunto sobre o tanque australiano e ele diz que o faz de laje de concreto para durar mais tempo, muito mais do que imagina viver.

Hoje, o encontro vai ser mais breve, porque às nove e meia vem um agricultor importante para falar com ele sobre um problema.

—✱—

COMO VAI ARMAR A EQUIPE DE GOVERNO?
De amplo espectro. Vou chamar gente que esteve trabalhando e conhece um monte de coisas. Deve participar desde o início, porque todo mundo tem que pôr a mão na massa. Essa é uma luta com a direita, e tenho que convocar 80 ou 100 sujeitos de diferentes lugares que realmente trabalhem. Por exemplo, você precisa de um exército de advogados que abram o caminho das transformações jurídicas, coisa que não foi feita. Isso é fundamental.

A BANCADA DA FRENTE, EM VEZ DE TER UMA BANCADA DE ADVOGADOS, CADA UM TEM O SEU ADVOGADO. É RIDÍCULO.
Tínhamos advogados, mas chegamos ao governo e ninguém se ocupou deles. A Frente nem sequer lhes deu bola. Não tínhamos advogados de confiança. Todos os advogados que temos na administração pública são inimigos. Estão ali, você não pode dispensá-los e não pode ter seus advogados de confiança.

COMO PODE MANEJAR A ESTRUTURA SEM GENTE DE CONFIANÇA?
É muito difícil. E, acima de tudo, em determinados níveis, você precisa de profissionais capazes, caso contrário, acaba metendo as patas. Não é suficiente que sejam advogados companheiros, têm de ser bons advogados.

COMO SE MUDA A ESTRUTURA DO ESTADO?
Você tem um problema básico em cada órgão do Estado, em cada

ministério. Deve-se pensar nas coisas que precisa mudar para agilizar a operação em cada um desses setores. Algumas são questões jurídicas, e deve-se ver como simplificá-las para tornar o mais simples e viável para o cidadão.

Uma instituição tem uma lógica semelhante a um ser vivo, que tende a crescer e se expandir. Começa a desenvolver um conjunto de necessidades e à luz delas vai-se abrangendo também outras possibilidades.

Então, começa a se desviar da origem primária. Por exemplo, não existe ministério ou órgão do Estado que não faça ação social. A ANCAP dá um saco de cimento a uma quadra de futebol. Todo mundo tem suas coisas e o que tem a ver?

Há um monte de coisas que não tem a ver com nada. Não se encontra lógica nelas, o porquê.

De vez em quando, deve-se revisar esse processo de avanço, porque é quase natural que tenda a ultrapassar os limites. Isso ocorre nas grandes companhias privadas, e daí decorre a doença do envelhecimento que têm. Começa a perder a clareza do objetivo que se persegue, porque coexistem muitas aspirações que não têm nada a ver, mas que começam a consumir energia aos montes.

É VERDADE, OS ÓRGÃOS PÚBLICOS TÊM TIDO ESSA TENDÊNCIA, METEM-SE EM TUDO.

É assim. Essa é uma limitação que há e que vejo por todos os lados. Você vai ao BROU e lhe dizem: "Fique para almoçar conosco", há um restaurante interno lá. E olho para o garçom e penso: "Será que ele ganha um salário de bancário? Por que o BROU precisa ter um restaurante interno para os hierarcas? O que tem a ver isso com o movimento bancário?".

FUNCIONA ASSIM EM TODOS OS LUGARES.

Podemos imaginar que esse sujeito ganhe 30 mil pesos, e quem lava as panelas também, e tudo isso entra no orçamento do BROU.

ACONTECE COM OS SERVIÇOS MÉDICOS QUE CADA ÓRGÃO CRIOU.

Claro, exato. Cada sindicato com sua colônia de férias. Meu pai, é horrível.

No Palácio Legislativo tinham atendimento médico personalizado e uma creche. Se você enviar as crianças ao CRANDON, sai de graça.

HÁ CERTAS NORMAS OU TRADIÇÕES DIFÍCEIS DE COMBATER.

Está instituído. Quando entrei no ministério, a primeira coisa que me pediram foi que resolvesse o problema de umidade do teto, que afetava o local do sindicato. Viu? O local do sindicato na rua Uruguai é do MGAP, que o cedeu, e esses loucos não conseguem nem resolver esse problema do teto.

Outra coisa: me pediram uma van do ministério para levá-los à colônia de férias, lá em La Paloma, para ir ao supermercado e fazer compras.

Foi o primeiro "não" que disse a eles, mas os outros ministros davam-lhes tudo isso. Disse-lhes: "Olhem, companheiros, não tem problema nenhum, vou dar-lhes quatro mil pesos do meu dinheiro, por mês, do meu salário. Eu também contribuo para o sindicato, mas isso não vou dar, porque isso é do povo uruguaio". Como vou dar-lhes uma van para que façam compras no supermercado, em La Paloma, com o emblema do MGAP? Para que o povo veja isso. Mas está tão enraizado, tão instaurado.

É UMA BARRA MUDAR ESSA MENTALIDADE.

Acho que é muito complicado. Desconto que isso é uma mudança cultural, mas deve-se iniciar um processo de reação contra. A começar com um puxão orelhas em nós mesmos, pois temos de fazer tudo isso com um pouco de humor, para evitar um tom dramático, mas temos que puxar as orelhas de nós mesmos, como povo. É uma permissividade que nos manda para o túmulo.

ESTAMOS DESPERDIÇANDO RECURSOS.

Desperdiçamos recursos por todos os lados, e ainda com essa atitude vamos ampliando isso.

EM CUBA HÁ O "RESOLVER". OS CUBANOS GANHAM DEZ PESOS COMO SALÁRIO, MAS AQUELE QUE TRABALHA NA FÁBRICA DE RUM LEVA PARA CASA UMA GARRAFA.

Há uma economia paralela, clandestina.

TODO MUNDO A CONHECE E A USA.

O "sociolismo".

SÃO LUTAS QUE É PRECISO COMEÇAR.

Isso foi abrindo portas para uma injustiça tácita em favor de alguns trabalhadores contra o resto. Esses trabalhadores que estão perto dos locais de poder, e que têm certo grau de influência, estão muito melhor que aqueles que estão locados por aí, fazendo, às vezes, a mesma tarefa. Então, criam-se algumas incongruências que são insustentáveis, e isso mostra uma propensão à injustiça.

Os dirigentes são os primeiros que devem ter essas coisas claras, têm que assumir atitudes que sejam nítidas e manter uma política permanente a respeito. Não é que um dia você tem que brigar por isso, tem sempre que explicar o papel dos bens públicos, evitando que seja visto como um velho miserável. Deve-se fazer uma campanha de reeducação quase sistemática, e esta é uma questão de discussão sindical.

PARA QUE POSSA TER SUCESSO, O SINDICATO É QUE TEM QUE LEVAR ADIANTE A COISA.

Sim, e deve ser discutido em todos os níveis. O sindicato ficou preso a uma visão muito de esquerda que tivemos em certa época. Este Estado pertence à burguesia, e, como tal, não temos que nos preocupar em como anda o Estado, porque o dia em que pegarmos o timão vamos agir de acordo. Queimamos o filme. É verdade que o Estado pode pertencer em sua orientação às classes mais fortes, mas o Estado desempenha uma série de funções, que nada têm a ver com a exploração de classe, e que são [feitas] para que as pessoas possam viver. Entende? O que tem a ver com a exploração de classe a pobre velha que precisa ir à prefeitura para pagar um imposto e está na fila? Não seja malvado! É o oposto, o sujeito que representa a burguesia entra como Perico em sua casa, porque tem todos os mecanismos azeitados ali dentro; e o outro, o trabalhador, engole em seco.

Então, essa concepção que tivemos, e que não é outra coisa senão um esquema incongruente, precisamos começar a desmontá-la, porque, na vida cotidiana, o Estado desempenha um conjunto de funções que é necessário para a convivência de toda a sociedade, e pouco tem a ver com a exploração do homem pelo homem. O Estado tem que funcionar; caso contrário, acaba enrolando os mais fracos. É o oposto.

EM VEZ DE ESCUDO DOS FRACOS, É O QUE OS ESMAGA.

Claro. Porque encarece tudo, dificulta tudo, faz tudo impossível; então é o contrário.

Agora, se não podemos enfrentar os sindicatos, é um fracasso. E como historicamente isso é insustentável, um dia a direita vai resolver isso. Mas vai resolvê-lo com outros métodos e outros caminhos.

DE MODO PESADO.

Vai resolver com mão pesada, privatizando a rodo, desmantelando tudo, terceirizando tudo, entende? Porque a terceirização pode se tornar infinita. Pode-se terceirizar praticamente tudo.

Veja o que fizeram na Nova Zelândia, a reação contra o trabalhismo. O único poder que um prefeito na Nova Zelândia tem é escolher as empresas que vão fazer as coisas, mas não tem poder para fazer nada. São as empresas que vão contratar quem vai produzi-las. Ele escolhe os mecanismos de contratação. Diretamente, não faz nada, não influencia em nada. Essa pode ser uma resposta que a direita inteligente pode lhe dar.

DEVE-SE ENCONTRAR A FORMA DE SOLUCIONAR ISSO.

Porque assim como está, não serve ao capitalismo moderno e tampouco serve para o povo. Se você chega a essa conclusão, diz: “Isso vai ter que saltar”. A questão é para onde pula, se pula para a esquerda e mantém um tom progressista e solidário, ou se pula para a direita, onde vigora a lei do mais forte.

Porque há uma coisa que temos diante de nossos olhos: o problema da segurança. Existe por ora o 222, mas há as empresas privadas que trabalham com custo menor que o 222. Daí para uma polícia privada há um passinho muito curto.

Veja a questão de classe dentro da administração pública. Em qual gabinete os trabalhadores que entraram para limpar estão limpando? Nenhum, está tudo terceirizado, porque os trabalhadores do Estado não querem fazer esse trabalho. Então, os próprios trabalhadores do Estado geram condições para que isso se desenvolva.

É VERDADE.

Agora, como se encontram empresas para fazer limpeza, e empresas de ascensoristas, pode-se encontrar amanhã empresas que se encarregam do gabinete. Não tenha dúvida, é questão de nível por razões técnicas. Acontece no MGAP com o rastreamento. Ele trabalha com uma equipe de técnicos, de engenheiros, que são os que manuseiam o coração do sistema, porque o Estado não tinha pessoal para isso. Essa é uma empresa terceirizada, que, olhe só a casualidade, tem o conhecimento de uma coisa capital para o país. Bem, se há isso, tudo pode ser feito.

A QUESTÃO É O QUE VÃO FAZER OS FUNCIONÁRIOS PÚBLICOS. PORQUE FICA SEM SENTIDO A PRÓPRIA ADMINISTRAÇÃO. É COMO *EL CORREO*, CADA EMPRESA QUER LEVAR SUA FATURA. VOCÊ TEM O SUJEITO QUE LEVA A FATURA E OUTRO QUE PEGA A PAPELADA NO CONTADOR, DOIS CARAS POR MÊS.

Faz quinze anos que vem uma mulher em um carro Nissan com motorista. Ela desce do carro, deixa o boleto de cobrança, [são] 60 pesos de imposto municipal. Não vale a viagem. Isso é para um moleque de moto percorrer esses bairros com pouca gente. Vou a Paris e o carteiro anda de bicicleta com duas sacolas; e os nossos, subdesenvolvidos, vêm com um Nissan. Quando vejo esse espetáculo fico doente, fico com febre. Já propus [a mudança] umas 40 vezes e não tive sorte.

É totalmente ridículo, aqui ninguém pensa.

SOLILÓQUIO CINCO

ESCUTE-ME, TENHO QUE CONTAR ISSO A ALGUÉM, PORQUE PRECISO COMPARTILHAR OS FRACASSOS.

—✷—

De repente, seus olhos brilham. Ele apanha um graveto que estava ao lado e, no chão do galpão, começa a fazer um mapa da área para tornar mais fácil a explicação que quer dar. Durante alguns minutos, aflora-lhe um calor interno por causa de algo que considera um fracasso pessoal. Desenha no chão enquanto, contando, desabafa.

—✷—

Tive fracassos na administração pública, mas o fracasso mais estrepitoso é o Mercado Modelo que pretendem fazer na rodovia 5 e para o qual estão fazendo uma desapropriação. Nunca consegui me fazer entender. Escute-me, tenho de contar isso a alguém, porque preciso compartilhar os fracassos.

Aqui corre a rua Luis Eduardo Pérez e esta é a rodovia 5, aqui há uma rotatória, aqui há um caminho que segue para La Tablada. Esta é a rodovia 5, que segue para o Centro. Eles querem colocar o Mercado neste terreno, para o qual têm de desapropriar vários donos. Estão diante de uma confusão formidável. Do outro lado da rodovia 5, aqui, há um terreno de cem quadras. De quem é? Da ARU. Como sou vizinho e conheço o bairro, sei de tudo. Foi comprado há 80 anos para fazer a futura sede da ARU ali, mas nunca a construíram. Dentro, há novilhos Hereford, um terreno valioso.

Opção um. Digo-lhes: “Para que vão desapropriar? Vão ter problemas, conflitos. Por que não entram em acordo com a ARU? Deixem-lhes o Prado, que nunca mais vão conseguir o Prado nem com ordem judicial, e fiquem com esse terreno”. Não, fracassei. Têm de bancá-los de graça ali, não lhes tiram nada, não vão mais poder tirá-los de lá a esta altura. Primeira opção, fracassei.

Segunda opção. Aqui está La Tablada, a prisão. Aqui há uma usina de estilhaçamento. Esta usina é do MGAP, a prisão é do MGAP, e tudo o que há para baixo, uma centena de quadras. E aqui nasce Propios. Tudo é do MGAP, todo este terreno aqui está livre. Poderiam fazê-lo ali amanhã, porque nada mais é que um comodato, e têm a possibilidade de ficar com tudo. Não tem jeito, não há acordo.

Pelo que sei, bateram pé que é ali, e estão lá. Disse-lhes que com isso não gastam um peso, porque é uma transferência dentro do Estado. Acho que vão ganhar um dinheirão, e têm qualquer uma das duas opções. Não tem jeito, tomaram o caminho mais difícil: desapropriar. Têm disputas, problemas, têm que pagar.

Essa é a prefeitura. Mas olhe que me espatifei com as duas administrações, com a minha e com a de Arana. Aqui vou sucumbindo faz tempo. Porque nasci nesses bairros e os conheço melhor do que eles. Mas não tem jeito. O outro fracasso é o dos recibos. Desde que moro aqui, vivo nervoso. Faz 23 anos que vivo nervoso com esse recibo, porque cada vez que vejo a mulher...

COLÓQUIO TREZE

"O problema
do Uruguai
é que não
sabe em
que aposta."

SALUS

A PRÉVIA

Estamos novamente no galpão. Nós dois sabemos que estamos terminando nossa série de encontros, falta uma semana para as eleições internas. Faz meses que estamos nos encontrando, e ele sempre me viu com dois gravadores. Desta vez, não consegue controlar sua curiosidade e, apontando para um deles, me pergunta: : "Como funciona esse aparelho?".

—✱—

É UM PALM, É UMA AGENDA QUE TAMBÉM GRAVA. TEM UMA RECEPÇÃO MAGNÍFICA, ATÉ DEZ METROS.

Puta que o pariu!

E O CONECTA AO COMPUTADOR...

E você passa tudo para ele.

UTILIZO TRÊS COISAS, PORQUE TEM UM MONTE DE USOS.

Sim, claro, é o que acontece comigo. Tenho que passar um dia inteiro para entender um aparelho, atiro tudo para o caralho. Quanto mais veteranos somos, mais estamos fora disso, e os jovens pegam tudo com uma velocidade que é uma coisa escandalosa. Estou envergonhado.

VOCÊ SE SENTE COMO UM ANALFABETO.

Você se sente como um analfabeto, é uma mudança da civilização. São chaves de outra civilização.

Mas é preciso se dar conta de que vem aqui, não vai para onde nós estamos. Embora eu tenha uma dificuldade horrível, percebo que a coisa vem para cá. Calcula-se que a cada seis meses se duplica o conhecimento que há na Terra.

É uma explosão.

IMPOSSÍVEL ABRANGER TUDO.

O conhecimento estará disponível nas teclas. O problema surge em saber quais são as novas perguntas, as que não estão nas teclas. Aí está...

A CONVERSA

DEIXOU-ME PENSANDO: SE TUDO ESTÁ GRAVADO, PARA QUE ESTUDAR?

A formação científica é para pesquisar e para poder fazer essas perguntas. O resto se encontra com consulta. Vai ser meio estressante para a vida do homem, no que vai desembocar não sei.

A GENTE TEM A TENDÊNCIA A SE FECHAR DIANTE DO QUE NÃO CONHECE.

Claro, por autoproteção. Isso também estabelece que as equipes são cada vez mais importantes. Os indivíduos isolados não são nada. É uma mudança brutal.

A COMPLEMENTAÇÃO DE TIPOS DIFERENTES.

Totalmente interdisciplinares, de tipos que não têm nada a ver um com o outro na formação. É impossível abranger tudo. Na medida em que vai se segmentando cada vez mais, aparecem novas especialidades. Então, deve-se formar equipes. Vou dizer-lhe uma coisa: as grandes discussões que temos no programa já são obsoletas. Não podemos ultrapassar o enunciado de algumas grandes linhas e construir equipes para que continuem trabalhando com essas linhas. Mas deve-se colocar gente, não há outra maneira, porque como pode fazer um congresso de 1.500 companheiros e pretender se expressar em dois dias sobre o curso das coisas? É impossível.

HOJE EM DIA, TUDO ESTÁ MUDANDO.

Claro, mas vai ver que 90% da realidade não está no programa, ficou de fora, e você tem novos desafios. Então, deve-se montar grandes equipes e ficar constantemente trabalhando. E pode-se dizer que um programa nunca está concluído.

Você viu a discussão que tivemos sobre energia atômica. Um russo teve a ideia, e começaram a fazer usinas que montam em barcaças e depois as vendem, para mais ou menos a metade do consumo de uma cidade como Montevidéu. Qual é a tecnologia que aplicam? Aquela que vêm aplicando nos navios quebra-gelo faz anos e nos submarinos. Chegaram até a afundar submarinos e tiraram seus reatores; e os reatores continuam trabalhando. Não tínhamos isso.

Quer dizer que você se envolve em uma coisa dessas, instala-a em uma baía e traz uma usina atômica portátil. É forte, hein?

Estávamos dizendo que precisávamos de vinte anos, vinte anos de quê? Precisamos de sessenta caras. Essas mudanças vão criar novos parâmetros da noite para o dia.

VOCÊ TEM QUE ESTAR ABERTO ÀS POSSIBILIDADES.

Sim, tem que estar aberto. Estou pensando no papel. Com os computadores, ele pode desaparecer.

OS JOVENS ESCREVEM CADA VEZ MENOS, E A LINGUAGEM...

É digital e já há outro idioma. É um rolo compressor.

A QUESTÃO É COMO SE PREPARAM CABEÇAS ABERTAS PARA ISSO. EQUIPES DE PESSOAS QUE ESTEJAM DISPOSTAS A INOVAR; CASO CONTRÁRIO, VOCÊ VAI ESTAR SEMPRE NA DEFENSIVA. AGORA ESTÃO FALANDO DE UMA USINA DE CARVÃO.

Sim, vai dar uma confusão danada.

ALÉM DO QUE O CARVÃO É, TEORICAMENTE, UM DOS MAIS POLUENTES...

Não é dos mais, é o mais poluente. E o carvão vale cada vez menos e é difícil vendê-lo, mas não sei.

NO SETOR ENERGÉTICO TEMOS A ENERGIA EÓLICA.

Está em andamento um projeto para fazer um parque eólico em Durazno. Há uma empresa espanhola que quer fazer um parque eólico, e quer se instalar aqui para fabricar moinhos. É um consórcio que trabalha na Espanha, que nesse campo está bem avançado. Por que se instalar aqui? Porque os caras veem segurança jurídica, estabilidade, e veem o grande mercado no sul da Argentina. Dizem que na Patagônia há vento aos montes, e que existe uma possibilidade futura. E esses dispositivos gastam um absurdo no transporte, é de alto custo.

Têm o projeto bem adiantado e estive falando com eles. Houve uma longa reunião comigo, e já tinha falado com eles quando Tabaré esteve na Venezuela.

Temos uma incisiva linha contrária a qualquer tentativa de desenvolvimento energético: a manifesta resistência e a defesa cerrada e monopolista que faz o pessoal técnico da UTE e também da ANCAP. Eles querem dominar absolutamente tudo, e em um lugar onde deveríamos ser por um bom tempo bem liberais, seria na questão da energia.

A UTE tem o problema de que não pode propiciar demais a explosão da geração porque, se essas fontes falharem, deverá depois arcar com o respaldo. Então, o preço que oferece às geradoras privadas é diminuto, e depois acaba comprando energia no mercado regional, bem cara, porque o preço que lhe cobram é o das fontes de geração mais caras que o sistema tem.

Se comprar do Brasil, não vai fazer uma média do que lhe custam as energias disponíveis. Cobra-lhe a mais cara.

E no biodiesel deveríamos estar muito mais adiantados. Agora estão fazendo uma usina conosco, já instalaram as turbinas, que são das maiores que se fazem no mundo, e já a testaram. Estão fazendo galpões e as outras partes. Essa será uma usina que vai produzir sozinha pelo menos 5% do diesel do Uruguai, talvez mais. É um acordo entre COUSA, ANCAP e CONAPROLE.

QUANDO COMEÇA A FUNCIONAR?

Acho que vai demorar seis meses, um ano, no máximo. Cinco por cento é muito. Se essa usina não entrar em funcionamento, a lei não será cumprida. Essa é a tentativa mais séria, e caminha porque esses loucos estão dando tudo de si.

PORQUE A DE BELLA UNIÓN AINDA ESTÁ NO "VEREMOS".

Não, Bella Unión vai produzir álcool. Esta é de biodiesel, ou seja, com soja. Mas aqui no Uruguai, o mais importante, mais que a produção de biodiesel, é garantir uma produção considerável de resíduos, que é alimento para os animais. Isso nos ajuda a melhorar os custos do frango, do ovo, dos porcos, do leite, e é um escudo contra a seca, embora possa parecer mentira, porque é outra maneira de conseguir ração.

Andamos importando como loucos da Argentina. O Uruguai tem esse problema, mas a Argentina foi construindo, desde a época de Menem, um complexo de azeite dos mais eficientes do mundo. Por ser um grande produtor de soja, produz óleo de soja bruto em larga escala, exporta muito, e depois acaba sendo refinado por aqui e por ali. O Uruguai não tem um mercado interno que justifique investimentos de produção dessa natureza. Mais de 90% dos grãos que produz são vendidos sem o mínimo valor agregado, e depois são importadas grandes quantidades de resíduos de soja para a alimentação dos animais. Percebe? É uma loucura.

Então, para o Uruguai é estratégico, porque essa prensa que trouxeram, agora sim, se justifica pelo volume que o biodiesel significa. Os caras têm trinta prensas antigas, esta supera a todas elas juntas e ainda gasta a metade da energia. Mas não lhes convinha para o mercado interno. Agora sim, porque vão trabalhar em outra escala.

ESSA É UMA INICIATIVA PRIVADA.

Não pedem um peso, nada, nem que lhes facilite as coisas no BROU, nada. Mas olhe que eu comecei esse projeto depois de um mês de estar no MGAP e só agora está se concretizando, viu? Mas por culpa do Estado, e não da fábrica. Imagine se não é para ficar nervoso, porque os primeiros que vieram até mim para falar a respeito foram os do sindicato e ali começamos o relacionamento. Enfrentaram uma luta com a gerência da ANCAP, mas uma luta, não querem nada, é horrível como trancam as coisas.

TUDO O QUE REPRESENTA SAIR DO CONTROLE É QUESTIONADO.

Qual é a vantagem disso? Ouça, faz 70 anos que o velho Gard trabalha com grãos. Eu aprendi no ministério, tinha-o como consultor. Chamava-o por telefone para que me desse sua verssão em assuntos de grãos. É uma biblioteca ambulante, conhece tudo o que aconteceu com os grãos no Rio de la Plata, porque ele começou trabalhando com a Bunge & Born e continua trabalhando lá até agora.

Imagine, os caras têm laboratório para tratamento da água, têm caldeira para produzir energia, produzem-na a lenha, têm tratamento dos efluentes, laboratório para o azeite, experiência de trabalhar com grãos, depósitos, silos, fábrica de azeite, porque, em última análise, para dar o arranque, você começa produzindo azeite. Têm uma série de coisas ao seu redor, que já estão prontas, para trabalhar em grande escala. Além disso, têm dinheiro e solidez...

É PARA MORRER.

E capacidade de direção, porque têm engenheiros especializados nisso. Uma série de problemas resolvidos, é brutal. E, é claro, não vão trabalhar de graça. Ninguém faz isso de graça.

É CLARO.

Mas são sérios, porque, veja só, os dinamarqueses, que se instalaram para fabricar chocolate, escolheram trabalhar com eles.

ELES TÊM A PRIMEIRA FÁBRICA SIMILAR DE CHOCOLATE.

Sim, claro. Têm o monopólio da tecnologia, têm a patente mundial. Essa fábrica trabalha para a América, fizeram parceria com eles.

O SENHOR SE DÁ CONTA DA CAPACIDADE DE DIVERSIFICAÇÃO DE UM EMPRESÁRIO QUE TRABALHOU POR AQUI A VIDA TODA. HÁ GENTE QUE METE A MÃO EM TUDO.

Mas quando você encontra alguém, tem que apoiá-lo e seguir em frente. É muito difícil enfrentar os problemas de direção que tem qualquer coisa dessas, e eles foram montando uma equipe de pessoas para trabalhar junto. Por isso, é um tanto criminosa a situação de quietude burocrática, que leva anos para resolver algo como isso.

Esse é um caso demonstrativo, porque a gente deveria ver os depósitos que estão levantando ali. Estão construindo outra fábrica nova ao lado e a todo vapor.

COMO SE CHAMA ESSE SENHOR?

Gard. Tem 92 anos e segue firme. Sempre que o vejo, pergunto: "Como vai a saúde?" E me diz: "Bem".

ESSAS COISAS SÃO MARAVILHOSAS.

Claro, é maravilhoso. Neste verão, colocaram 14 milhões de dólares no Molino San José que tem ali, um moinho de farinha gigantesco. Levantaram cada galpão... que é uma coisa impressionante. E você diz: "Esse velho de noventa anos toca tudo". E com bom relacionamento com o sindicato, veja só, vou lá e o sindicato me recebe junto com ele. Tem um conceito bem moderno das relações de trabalho.

EM ÚLTIMA ANÁLISE, TEM UM ALIADO PARA TRABALHAR BEM.

Isso é uma questão-chave para a situação concreta do Uruguai. Uma boa margem de biodiesel é o oposto do que diz Fidel. Em nosso caso, é para produzir alimentos. Com a diferença de que a comida é mais cara, porque é proteína animal. Por quê? Porque, veja só, que situação perversa: acho que somos o único país que exporta tanto volume no mundo, tanto percentual de grãos oleaginosos, sem transformá-lo.

O outro são os Estados Unidos, mas veja por quê: os Estados Unidos exportam muito grão de girassol, mas o que exportam é semente para o plantio. É uma multinacional que está na costa, que tem a tecnologia para produzir a melhor semente de girassol. Então, se vai plantar girassol, tem que plantar desse girassol. Mas percebe que esse é outro comércio, um comércio especializado. Em vez disso, nós temos o recorde da venda a granel, grão bruto.

SEM RETIRAR NADA.

Sem retirar nada. E somos ao mesmo tempo um país pecuarista. Para nós, dentro de certos limites, é uma questão estratégica. É mais até, do biodiesel temos de abater o IVA, porque o nosso negócio é que precisamos nos equilibrar com o petróleo, pois vamos ganhar com a ração que damos aos animais. Vamos ganhar do mesmo modo. Porque os resíduos de soja são espetaculares para os animais, muito ricos em proteínas.

ALÉM DISSO, HÁ SUBPRODUTOS QUE SÃO MUITO MAIS VANTAJOSOS QUE EXPORTAR O GRÃO.

Sem dúvida, porque os transforma em leite, em carne.

DAÍ A CONTRADIÇÃO COM FIDEL. O SENHOR PRODUZ ALIMENTO DE MELHOR NÍVEL, ELABORADO.

Certamente. Dou importância enorme a isso, porque as indústrias de energia na situação concreta do Uruguai permitem fazer uma espécie de keynesianismo no meio da crise, em que você se baseia no mercado interno. Mas é um mercado interno real, porque você tem necessidade de energia. Então, aqui você pode investir, e criar postos de trabalho e ter toda uma etapa de expansão. Empenhar-se não somente para resolver um problema, mas agarrar essa oportunidade como uma tábua de salvação. Em um momento de tendência de crise na economia [mundial], qual a vantagem que você leva? Aprendi isso outro dia, e por isso acho que é preciso falar com os caras. Baixaram os custos de instalação da fábrica pela metade, porque a crise no mundo também baixou os custos de obras industriais, das máquinas. O que ia custar em torno de 18 milhões de dólares custa 10 milhões, veja como é. É uma oportunidade para eles, porque estão parados e não podem vender.

NINGUÉM COMPRA.

E com quem se encontram? Encontram-se com equipes que estavam sobrecarregadas, que foram indicadas, que estavam perdidas, que isso e aquilo, que foram relegadas e que precisavam se livrar delas.

ESSES PARADOXOS DA CRISE.

Essas coisas não se aprendem na oficina, se aprendem com os caras que estão envolvidos. Essa prensa que trouxeram tem o coração, a parte industrial da prensa, inglês. É a melhor do mundo que se faz neste momento. A similar argentina tem uma diferença no peso, pesa em torno de 30% dessa, e os caras escolheram a inglesa porque é melhor.

O engenheiro que esteve na Suécia também esteve na fábrica da ALUR e ficou impressionado com a fábrica de álcool. Vendo as bobagens que dizem durante a discussão política, o engenheiro me dizia: "Mas não fazem sentido as coisas que dizem; isso está apenas começando". Contou-me que a caldeira que eles têm na ALUR leva pelo menos um ano para colocá-la em pleno funcionamento, porque têm de aprender e de formar pessoal, é difícil. Será que acreditam que ter uma caldeira dessas é como pôr um novo par de sapatos? O sujeito, como é engenheiro, sabe de que tipo são as dificuldades que tem.

OU SEJA, O BIODIESEL ESTÁ CHEGANDO.

Mas claro. A outra coisa é a produção das pequenas usinas de geração de biomassa. Agora tenho uma reunião com aquele que fabrica caldeiras, um velho de setenta e tantos anos, mas veja que no Uruguai temos a indústria das caldeiras normais, temos a tecnologia e temos a capacidade de fabricá-las. Então, há gente que dispõe de biomassa: as grandes serrarias. Deve-se impulsionar uma política para que os caras produzam um pouco de energia para as próprias necessidades, e isso produz um circuito.

E VAI GERAR INDEPENDÊNCIA ENERGÉTICA.
Claro, e se pode produzir cinco megawatts, vai produzir cinco, não importa. Outra coisa, se eu quiser instalar uma bobina aqui em minha casa e passar um cabo para aquela vizinha, que é viúva, não posso, a UTE não me deixa.

TODO MUNDO TINHA. AGORA VEIO A REGULAMENTAÇÃO DE QUE NÃO SE PODE.
Acho que pode fazê-lo para uso próprio, mas não pode dá-la a outro. Hoje, há uma tecnologia que facilita o uso de certas bobinas grandes, que superam o consumo de uma família normal. Então não pode. Em uma área como esta, dois, três vizinhos, por que não podemos nos organizar para instalar uma bobina? E provavelmente nos custa o mesmo, porque é preciso baterias, isso e mais aquilo. Mas que custe o mesmo, já é um ganho. Mas a UTE não quer, sabe por que diz não? Porque tem que trabalhar na dúvida, tem que ter a capacidade instalada, porque se não houver vento, vai consumir energia da UTE. Sim e qual é o problema?

QUER COMPENSAR OS CUSTOS FIXOS QUE TEM.
Sim, então não se pode fazer nada. E aprendi uma lei da economia. Por exemplo, produzir azeite em pequena escala pode, mas os custos de produção não fecham. Mas há outras coisas que são o oposto, quando se multiplicam muitas coisas pequenas... veja os chineses. Os engenheiros da UTE estão dizendo que não, que isso não é bom. Os chineses, e eu vi isso na Venezuela, estão oferecendo à prefeitura de Montevidéu mudar as lâmpadas. Instalam lâmpadas que são carregadas com energia solar, são carregadas durante o dia e acesas à noite. Não gastam mais luz da UTE, e cobrariam a metade do que a UTE cobra. Entende? É a tecnologia que aplicaram nos Jogos Olímpicos.

QUAL É O ARGUMENTO DA UTE?

Que isso não dá resultado, que isso e aquilo. Vão fazer um teste-piloto e tenho certeza de que dá resultados. É a mente racional diante da inovação, tem que ser contra. Deve-se ficar atento a essas coisas, isso é parte do que falávamos hoje.

É UMA QUESTÃO DE ESTAR ALERTA.

Deve-se estar atento, porque pode acontecer, imagine, que ponham uma lâmpada dessas, mas você se desentende por causa dos cabos, que podem lhe ser roubados.

É VERDADE.

Então, averigue bem, porque de repente está apegado a um método que vai para o inferno.

Eu era moleque, mas ficou gravado na minha cabeça. Antigamente, as debulhadoras eram estáticas. Cortava-se o trigo, que era amarrado em maço, secado no campo e depois agrupado em uma meda com as espigas para dentro. A debulhadora era fixada ao lado. As primeiras funcionavam com motor a vapor que queimava a palha, depois outras funcionavam com um trator velho a querosene. Na realidade, o trator ficava parado e era um sistema de polia que movia a máquina. Aí debulhava o trigo, cuspia a palha e todo o resto. Depois, o outro salto foi a debulhadora atual, que vai andando, recolhe o trigo e já debulha no próprio terreno, sempre andando. Elimina o corte, a meda, todo o resto. Foi uma revolução. Meu avô tinha uma dessas debulhadoras estáticas lá em Carmelo e saía para debulhar. Era um desfile com cerca de 40 sujeitos em suas carroças, e ele levava um cozinheiro para o campo. Disseram-lhe que haviam trazido duas, três máquinas dessas e que estavam trabalhando para Juan Lacaze. Ele pegou um carro que tinha, um Dodge, e foi vê-la. Viu-a trabalhar e, quando voltou, vendeu imediatamente a máquina dele e disse: "Esta vai para o inferno", mas a vendeu no ato. Em outra escala, é a isso que se tem de estar atento, porque a renovação tecnológica é tão rápida que muda tudo. Se essa lâmpada que é carregada com energia solar der resultado, toda a rede de energia elétrica torna-se obsoleta, todo o cobre da rede, e todo o resto. Tchau roubo de cabos. Os técnicos têm que estar atentos.

DEVE-SE TER UMA EQUIPE DE PESSOAS QUE ESTEJA PERMANENTEMENTE OBSERVANDO.

Têm de ficar monitorando o que está acontecendo no mundo e quais são as contribuições, e prever para onde vai a coisa.

MAS NOSSAS EMBAIXADAS DEVERIAM ESTAR DETECTANDO NEGÓCIOS.

Sim, não pode ficar sabendo pelo jornal *El País*, em uma nota curiosa que mostra, no domingo, que os russos estão envolvidos na questão das barcaças.

QUE SE TENHA GENTE PARA PODER DETECTAR AS COISAS QUE SEJAM VANTAJOSAS PARA NÓS COMO PAÍS E NÃO FICAR NA RETAGUARDA.

Certamente, e às vezes o que está surgindo não pode ser agarrado como vem, porque pode não haver capital. Não importa, mas pelo menos se evita cometer o erro de continuar fazendo coisas que são obsoletas. Espere pelo menos um pouco de tempo. O fato de não se envolver em uma solução que está superada também é uma maneira de economizar quando há tal renovação.

Estou quase convencido de que se deve agarrar três ou quatro eixos fundamentais e tratar de utilizá-los para mobilizar a economia, um desses eixos é o que lhe digo, a energia.

QUAIS SÃO OS OUTROS?

A moradia. Aí temos que investir o resto, porque é uma resposta de trabalho muito rápida. Vai haver um problema de recursos, vai ter que conseguir financiamento, mas me parece que se deve envolver. Haverá dificuldades no campo das exportações, mas temos que nos ajustar com os vizinhos, temos ainda de nos agarrar ao Mercosul, ao contrário do que diz um tonto. O velho Panizza veio me visitar desesperado porque tinha 15 milhões de dólares trancados no Brasil. Os brasileiros queriam comprar laticínios, que lhes faziam falta. Os laticínios tendiam a subir no Brasil e empurrar para cima a inflação. Tirei uma fotocópia da carta que Panizza me enviou, explicando a questão, anexei um bilhetinho e a mandei para Marco Aurélio. Às quatro horas ele me respondeu e no outro dia tinham resolvido o problema. Viu? Então, nós temos que falar com o Brasil. O Brasil para nós é um perigo, mas também é uma solução para as dimensões que temos.

É UMA OPORTUNIDADE BRUTAL.

É uma oportunidade brutal, um país vai para frente, uma potência mundial. Este ano, Lula se encontrou em torno de dez vezes com os chineses. Temos jogadores de primeira ao lado e não os estamos usando.

CHINA, ÍNDIA, RÚSSIA E BRASIL SÃO OS EMERGENTES.

Por isso lhe digo, temos um sujeito aí no bairro e nós somos um piolho. Que diabos estamos fazendo? Fui a um almoço com as pessoas da cervejaria AmBev quando estiveram na Envidrio. Eles têm uma fábrica de garrafas no Paraguai, que produzem mais barato que aqui, mas sei qual é o ponto fraco que têm e lhes falei da cevada. Precisam de nossa cevada, e têm o problema de que aqui se expanda a cevada forrageira, porque isso afeta a cervejaria, cria problemas com a cerveja.

SÃO DUAS VARIEDADES?

São totalmente diferentes, a cevada cervejeira tem de ser rica em hidratos de carbono e o mais pobre possível em proteínas; a cevada forrageira [precisa de] muita proteína. Se por acaso se misturam, não se distingue uma da outra, porque por fora são iguais, e se tem, então, um problema tremendo.

ELES PRECISAM DA PRODUÇÃO DE CEVADA URUGUAIA.

Sim, precisam dela para fazer cerveja na região. Eu os apertei por esse lado e, no final, os caras firmaram o compromisso com a Envidrio. São cinco meses de trabalho certo para a Envidrio. Não sei quantos milhões de garrafas de cerveja são, vai custar-lhes um pouco mais caro do que no Paraguai, mas aí está.

A ENVIDRIO ESTÁ APOSTANTO MUITO NAS SÉRIES DE GARRAFAS PEQUENAS.

Sim, claro, o que acontece é que chega um produtor e pede 200 mil garrafas e é um problema, porque você tem que parar, pôr o molde, regular as máquinas. O mercado uruguaio é muito pequeno, e além disso há aqueles teimosos, cada um deles quer sua garrafa, e cada molde custa por volta de 70 mil dólares. Então, quem trabalha com cervejaria diz: "Há meio ano de produção garantido". Depois, é saber como pressionar a Coca-Cola para fabricar, ainda que seja algum tipo de garrafa para a região.

ALÉM DISSO, DEVE-SE VOLTAR AO VIDRO.

Claro que se tem de voltar ao vidro. Estão vendo se podem trazer da China uma máquina de pintar garrafas. Você viu que as garrafas de água são pintadas. E depois precisam de uma máquina para fazer os frascos de conserva.

Deve-se continuar investindo e trabalhando, deve-se melhorar a equação energética. Eles têm um aparelho, um búster, que devem instalar.

O QUE É UM BÚSTER?

É um dispositivo que lhes permite regular a eletricidade e economizar muito. Melhora de 20% a 30% a eficiência do gasto elétrico. Os planos custaram 20 mil dólares na Alemanha, e o equipamento é feito aqui, mas com esses planos. Uma fábrica tem que estar sempre investindo; caso contrário, estagna.

POLÍTICA DE INVESTIMENTO, O QUE VAMOS FAZER?

O país não tem grandes definições. O problema do Uruguai é que não sabe em que apostar. Estamos aí, chega Portucel, os caras se apresentam e pronto, é o primeiro que se apresentou. Não temos uma política de dizer: "Precisamos destas coisas", e ir atrás delas.

IR PROCURÁ-LAS.

Ir buscá-las onde estejam, é óbvio. Então você observa: quem se destaca na indústria farmacêutica no mundo? Os suíços, os alemães, e essas embaixadas são fundamentais. Começa a encher o saco ali, e o embaixador faz recepções, tem que convidar e interagir com todos os caras da indústria farmacêutica. E vamos em frente. Porque, embora possa parecer mentira, isso também influi depois.

SOMOS ATRAENTES DO PONTO DE VISTA DA ESTABILIDADE, DAS REGRAS CLARAS.

Além disso, somos um país habitável. Encanta técnicos e diplomatas estrangeiros, [porque] é um país tranquilo, andam por todo lado com o carro. Se vão a outros lugares da América Latina, ficam com medo de ser sequestrados. Sabe a vantagem disso? Essa é uma coisa que temos de explorar. E não temos políticas para isso. Vem ver o que se passa por aqui e se fixa no bairro.

VIU LUZ E ENTROU. É HORRÍVEL, PORQUE SE PODE OFERECER CONDIÇÕES REALMENTE BOAS E QUE ESTÃO SENDO PERDIDAS POR FALTA DE INICIATIVA.
Certamente. Você tem que ter uma estratégia e dizer: "Isso me convém como país pequeno", e apostar nisso. Agora vieram os chineses para montar carros. Parece-lhe que o Uruguai tem horizonte para uma indústria automobilística? Essa é brava, não acho. Com a crise mundial que há na indústria automobilística, com os investimentos que há por aí... Não vejo por esse lado, porque é um tipo de indústria que está saturada.

Em contrapartida, o assunto dos laboratórios: os produtos que produzem vão ser consumidos sempre mais, porque não se esgotam nunca, vão se renovando permanentemente.

OS LABORATÓRIOS ESTÃO LIGADOS À AGROPECUÁRIA.
Cada vez mais. A medicina veterinária é cada vez mais importante, tem uma abrangência enorme.

E PODE SER UM BOM LUGAR PARA DESENVOLVER ISSO.
Mas claro, o mercado das vacinas é uma coisa de milhões de dólares. Mas há coisas estranhas. Existe uma empresa que produz comida vegetariana para cachorro, a exporta para o Japão, e tem em torno de 60 fulanos que trabalham lá. Há coisas desse tipo aos montes.

DOS EIXOS, VOCÊ CITOU ENERGIA, HABITAÇÃO...
Energia em todas as suas formas, biodiesel, álcool, que é não só a ALUR.

VOCÊ A VÊ POR OUTRO LADO?
Vejo sim, eu a vejo de Cuareim para cima, mas precisa pesquisar um pouco. Há uma área arrozeira de Thomas Gomensoro para lá, que está na mesma latitude de Bella Unión, mas não para produzir açú-

car, e sim álcool extraído de cana e sorgo. É uma área que está muito abandonada, mas tem um clima semelhante ao de Bella Unión.

E A HABITAÇÃO?

O plano de habitação deve abranger quatro, cinco níveis para dar resposta a um fenômeno tão complexo. Há casas que devem ser feitas com retorno zero, principalmente em Montevidéu.

As pessoas que estão em pior situação são as mulheres sozinhas com filhos, que às vezes têm casas que são um desastre. Ali tem que se dar uma resposta, que vai ser humilde, mas tem que se dar uma resposta.

Nesses mesmos bairros, os proletários diminuíram, e estes devem ser apoiados com material e alguma orientação para que eles mesmos melhorem as casas em que moram; é outra história e outro nível, não é você que tem de fazê-lo.

Depois, há as soluções que o mercado tem que dar, os planos que o Estado pode ter, e a questão das cooperativas, mas são todos níveis diferentes, grupos sociais diferentes.

Há uma enorme confusão neste país. Você tem, na mesma área e no mesmo assentamento, tipos de pessoas muito diferentes. Há os trabalhadores que perderam seus empregos e se fixam em um assentamento, porque não podem pagar um aluguel, mas são pessoas com hábito de trabalho. Mas há pessoas de duas ou três gerações que nasceram assim, esses já não são parte do proletariado.

SÃO MARGINALIZADOS.

Vêm e criticam você: "Por que não exigiram que eles mandassem os filhos para a escola?". Mas acha que um sujeito marginalizado pode ser resgatado porque ganhou algum dinheiro para comer? Pensa que o resgata da noite para o dia? Não seja ridículo, é uma cultura. Vai ter que trabalhar muito duro para resgatá-lo. Agora, ele tem filhos, vai deixá-los sem comer? Veja que aqui começa a haver um problema ético.

Esse debate teve lugar na época de Batlle, de Don Pepe, quando instituiu a aposentadoria por velhice. Então o recriminavam: "Como, para aquele vagabundo, que não se importou quando era jovem?". E Batlle sustentava: "Não, não se pode pedir que ele preste contas, é preciso dar a ele aposentadoria para ajudá-lo a viver em sua última etapa da vida, não se pode olhar para trás".

Aqui há uma discussão que é de caráter filosófico: se você tem um lar marginalizado e os fulanos não lhe respondem diretamente à política de inclusão, não se importam, e você não lhes dá nada, a quem está enganando? Aos jovens que estão lá.

Não pense que vai resolver facilmente a vida desse sujeito, vai ter que insistir muito para influenciá-lo, porque ele é um produto do retrocesso. No fundo, é um problema cultural. Aquele que responder a você, é o que tem hábito de trabalho.

Essa é uma grande dicotomia que existe em nossa sociedade, por serem pobres, por estarem no mesmo ambiente, queremos colocá-los no mesmo saco, mas são coisas diferentes.

Sabe qual é a luta? Tratar de apanhar esses jovens e resgatá-los aos poucos, porque com os velhos já se perdeu a partida. Não sonhe.

FALTA ALGUM OUTRO EIXO?

O outro problema é forçar a complementaridade com a região tanto quanto possível e tratar de explorar os acordos com a região. Veja o que lhe disse sobre o leite, talvez tenhamos que tomar certas medidas definitivas, e nós o faremos.

Temos que dizer ao Brasil: "Pare de brincar com os laticínios, dê-me segurança". E sabe de uma coisa? No Uruguai, vou comprar carros brasileiros, os carros que vão entrar aqui são brasileiros e argentinos, e fim, os outros de fora não existem. E vou me incumbir disso de alguma maneira, mas vocês têm que manter a porteira aberta para vender isso, aquilo e aquilo outro. Temos que dar-lhes certa estabilidade, senão vira uma confusão. Estamos comprando carros do Japão, e o que o Japão compra de nós? Não compra um caralho, vamos deixar de nos foder. Toyota é muito bom, é tudo o que você queria, mas pare com isso!

COLÓQUIO CATORZE

"O Estado não leva você pelas mãos ao socialismo."

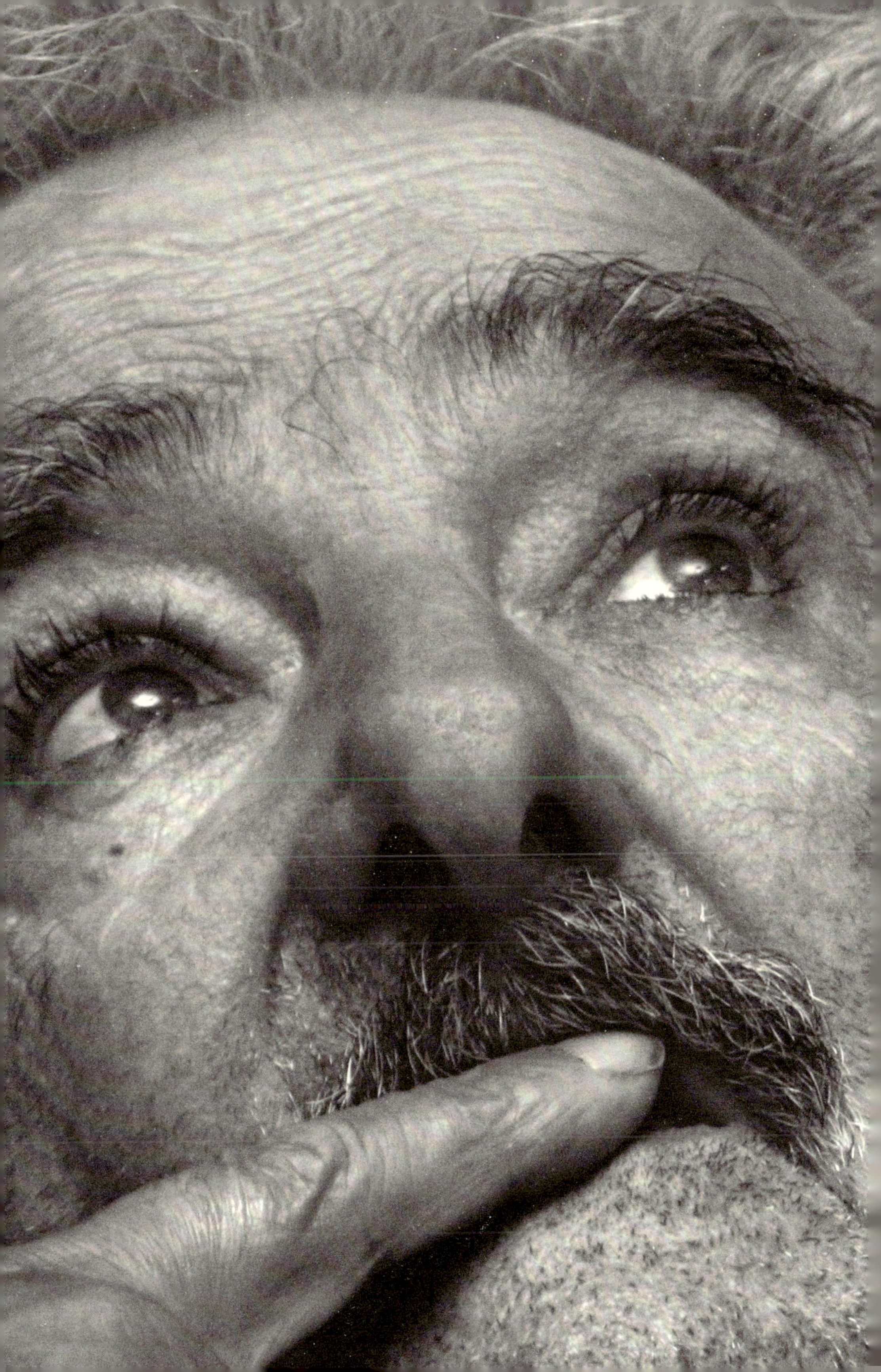

A PRÉVIA

É 6 de julho e chove a cântaros. Caminhando entre as poças d'água, chego e me encosto à porta da casa. Ele sai e, meio nervoso, me pergunta até quando vamos continuar, porque chegou o momento da campanha e ele não tem tempo para um livro.

Não sei se ele se abrandou com o gesto de meu rosto ou de minha constância em enfrentar o temporal para chegar até lá.

O caso é que acabei sentado na frente dele na mesa da cozinha, olhando e analisando os dados das primárias dos partidos.

—✱—

O PARTIDO COLORADO SUBIU.

Subiu um pouco, não são diferenças significativas. Veja os números.

O MAIS ESTRANHO É POR QUE TÃO POUCA GENTE DA FRENTE FOI VOTAR.

Na realidade, a falha foi nossa, eles se movimentaram bem, e pronto. Objetivamente, as pessoas não nos deram bola.

TALVEZ TENHA INFLUENCIADO A QUESTÃO DE QUE TODOS PENSAVAM QUE "JÁ ESTAVA NO PAPO".

Inclino-me a pensar que houve algo assim, mas talvez tenha havido uma combinação de fatores. Parece-me, no entanto, que isso foi o que mais pesou, porque deveríamos ter atingido cinco ou seis pontos mais.

Analisou as zonas eleitorais? Acho que nunca vimos, sem que ninguém o tivesse proposto nem o tivesse procurado, um resultado tão classista como este. Tão definido no Partido Nacional, porque Cuqui vota bem em Carrasco, e bem definido entre nós também. Em Pocitos, Danilo rouba votos, em Malvín também, no Centro estamos parelhos, em Ciudad Vieja, que está favelizada, ganhamos, porque é um subúrbio, e em toda a costa ganhamos de pouco. É um termômetro, um termômetro trágico do que está acontecendo no Uruguai, porque estes são resultados que ninguém propõe, mas apresentam uma dicotomia sociológica que se incrementou no Uruguai. É notório. Estamos diante de outro Uruguai.

DIVIDIDO AO MEIO.

Gostemos ou não. E começa a responder politicamente de maneira diferente, porque historicamente nossa Frente foi uma frente de classe média, intelectual e de operários qualificados, conscientes, e não oligarca. E agora nos encontramos com muita gente dessas zonas que eram tradicionalmente coloradas, e mudaram. Porque não me venham contar balelas, aqui em Cerro o partido Colorado obtinha muitos votos e Pacheco levava-os aos montes. Lembro-me bem, ficava bem nervoso, pois os da Federação da Carne promoveram uma greve monstra e votavam nos colorados, lembro-me muito bem disso, vivemos esse processo.

Essas pessoas passaram, mas ainda vêm com seus pedidos e com suas virtudes e seus defeitos, porque isso não tem nada de poético. E acho que se começa a criar contradições que nós não procuramos, não procuramos esse fenômeno, vamos na onda.

ELAS VEEM O SENHOR COMO SEU REPRESENTANTE.

Elas me veem como seu representante, mas isso tem o perigo de escamoteação. Você não pode brigar com o outro, porque o país se torna inviável, se não conseguir de alguma forma que esse setor lhe dê uma mão e conduza a coisa.

COMO UNIR AS PONTES DOS DOIS LADOS?

Como se unem as pontes? Porque a outra seria uma visão primitiva de que as sociedades podem progredir sem classificação, coisa de que estou a léguas de distância. Isso não funciona. Mais ainda, acho que foi uma das causas dos fracassos.

E AÍ LHE APÕEM ESSA ETIQUETA DO PAUPERISMO.

Claro, e estamos diante de um fenômeno que é muito mais profundo.

Há um fato que já anunciei: nas próximas décadas, essa parte da sociedade será a maioria, se reproduzirão.

É O PROBLEMA DEMOGRÁFICO.

Exato. O problema demográfico. O fato de mais de 50% das crianças nascerem em 20% dos lares mais pobres é indicativo de onde vamos. A arte da política é se antecipar, e esse problema não é nada simples. E o vejo refletido nas folhas dos escrutínios e refletido nos votos. Porque você começa a olhar as folhas e diz: "Esta zona eleitoral de que bairro é? Ah, aqui ganha fulano", sem olhar os números. E ganha tranquilamente.

COMEÇA COM A IDENTIFICAÇÃO DAS CLASSES MAIS BAIXAS COM OS PROJETOS DE ESQUERDA.

Certamente. Mas essa gente pede e quer resposta. Porque não é pobreza resignada como a da Índia, não é pobreza secular. É uma pobreza que está assomando à janela, que está vendo a confeitaria do outro lado, mas a confeitaria está ali. Cuidado, porque se questionam: "Não levo nada nisso tudo?"

É TODA UMA QUESTÃO QUE SÓ COM O MIDES NÃO SE RESOLVE.

Não, nem pensar que vai se ajeitar com o MIDES.

É UM REMENDO QUE SERVE UM POUCO.

Claro, mas isso é uma coisa muito séria. Diria mais, é o problema central que o Uruguai do futuro tem. Não só a questão do crescimento econômico, porque, até certo ponto, tem havido crescimento econômico. Nos primeiros anos da década de 1990, também houve crescimento econômico e esse fenômeno se agravou. Agora está mais mitigado em relação ao modo como crescia. Em 2001, foi explosivo porque muita gente caiu de repente, e a experiência deste governo ajudou a mitigá-lo. Mas não está resolvido. Não está resolvido de modo algum. E se expressa em questões práticas, temos problemas habitacionais por causa de um crescimento desmedido de certos bairros na área metropolitana. Não é tanto que faltem moradias, é que a pobreza obrigou as pessoas a fugir do aluguel e a tratar de resolver o problema como pôde. Isso constitui o que podemos chamar de "os novos pobres", que se desarticula em 2001, mas que cai sobre um estrato de pobreza mais endurecida, que não é pobreza de proletário sem tabalho, porém de marginalizados, de pessoas que não têm hábito de trabalho, e estão na mesma há uma ou duas gerações.

A forma de como vamos resolver essa questão configura a identidade do Uruguai que teremos dentro de alguns anos.

A CONVERSA

QUAIS SÃO PARA O SENHOR AS GRANDES LINHAS QUE O PRÓXIMO GOVERNO TEM QUE SEGUIR?

Uma campanha de habitação que deve ter vários segmentos. Precisamos dela em dois âmbitos: deve movimentar a economia e criar empregos, e deve resolver problemas sociais. Mas não há uma resposta, devem ser várias, porque há lugares onde o mais barato deve ser restaurar e outros lugares onde se tem que construir casas. E haverá lugares onde se deverá usar o BHU e o MIDES.

Acho que precisamos de uma política de transportes. Deve-se resolver o problema de como vamos escoar a madeira, a carga pesada, e fazer funcionar a ferrovia, pelo menos de Rivera a Montevidéu. Mas o ideal é que se possa fazer mais, porque é demasiado o que o país gasta com transporte. É horrível.

Depois, a política da água, que tem vários capítulos. Deve-se baratear a irrigação em Bella Unión e em toda a baixada de Cuareim. Ali há estudos feitos que nunca foram levados adiante. E do ponto de vista territorial, privilegiar o norte, que está muito negligenciado.

Deve-se desencadear uma política por lá, investir, mas com o princípio de que, se o problema for resolvido, a água vai ser usada nas cercanias.

Paralelamente, o capítulo da energia, começando pelas caldeiras que podem ser fabricadas no Uruguai. Fundamentalmente, boa quantidade de pequenas caldeiras, que possam dar possibilidade [de produção] a todas as serrarias e a todos os lugares onde se trabalha a madeira. Por exemplo, aqui você tem usinas de estilhaçamento, e uma parte dele é desperdiçada. Isso pode ser queimado, mas deve-se ter uma caldeira por perto, senão o transporte não se paga.

Martínez vai negociar com a Portucel. Não sei o que vai acontecer, mas talvez a questão tenha que ser direcionada para a produção de energia térmica.

ESTÃO FALANDO QUE HÁ CARVÃO EM RIVERA.

Sim. Em Bagé há.

MAS É RENTÁVEL EXTRAÍ-LO?

O problema sempre está em [saber] se é rentável [ou não]. Não tenho a mínima ideia.

De qualquer forma, está previsto plantar eucaliptos nas montanhas de Minas, que produz mais energia do que o rio Negro. Deve-se dar atenção à energia, e sei que a energia baseada na combustão prejudica o meio ambiente, mas plantar árvores compensa. Além do mais, o meio ambiente foi estragado de uma forma em outros lugares, que nós nem aparecemos no mapa. Os chineses lançam carvão para cima.

COMO O BRASIL.

Claro, a questão não é ficarmos paralisados e os outros vomitarem em nós.

Depois, já lhe apresentei o outro segmento: a política do ensino e as escolas em período integral. Tenho alguns trabalhos a respeito disso, e esse assunto me parece chave. Até porque a política com a universidade vai ter uma disjunção. Ou a universidade vai para o interior, ou desenvolve formas mistas.

Observe o que acabaram de fazer em Bella Unión: há 52 estudantes na graduação em biotecnologia, são cursos que duram três anos. É a partir de pessoas que têm formação em biologia. Por que não se pode fazer essas coisas?

ESSAS COISAS EM OUTRAS ÁREAS.

Se pôde ser feito em Bella Unión, pode ser feito em qualquer lugar. Sem brincadeira, ali se tem uma demonstração bem clara. O ideal seria envolver a universidade e, se a Universidade não dá o passo, é preciso encontrar uma saída. Como o direito comunal, regional, algo desse tipo, mas acho que isso é uma das coisas que pode diferenciar um governo de esquerda. Se a esquerda não o faz, ninguém pode resolvê-lo, porque a história vai resolver, mas pela via das universidades privadas.

COMO COMEÇOU A FAZÊ-LO.

Como começou a fazê-lo. Para onde vai? Para onde há poder aquisitivo. As universidades vão estar em Colonia, em Punta del Este.

Mas não espere que puxem um fio até Belém, nem que isso passe pela cabeça delas.

AS RODOVIAS RENTÁVEIS SÃO AQUELAS QUE COBRAM PEDÁGIO, O RESTO NÃO.
É o contrário, deve-se quebrar essa casca. Acho que nisso nós apostamos a vida.
A esta altura, se um governo de esquerda não entra nisso, não é de esquerda.

É UMA QUESTÃO RELACIONADA COM O TEMA INICIAL, COM A INTEGRAÇÃO E A DIVISÃO DA SOCIEDADE, SE NÃO A TOMAR PELO LADO DA EDUCAÇÃO...
Está frito. Depois, há o que a região pode dar. A única viagem que vou fazer é a que vou falar com o Lula. Propor-lhe o que se pode esperar do Brasil. Porque o Brasil que lhe dá uma piscadela é uma coisa, o Brasil contra ou que não lhe dá bola é outra. É totalmente diferente.

ALÉM DISSO, É UMA JOGADA ESTRATÉGICA MUITO IMPORTANTE.
Certamente que é importante. A outra parte é desenvolver o projeto Colonización. Há análises dos terrenos onde estabelecer colônias de vacas leiteiras e de ovinos, tudo no norte do país. De Paso de los Toros para cima. As terras que estão mais paralelas à rodovia 5, perto da fábrica de laticínios, as que estão mais distantes, nas áreas mais desérticas, destinadas a ovelhas para abate. Porque há como um buraco ali em matéria de sociedade. Temos de garantir para que haja famílias, para que haja desenvolvimento. A área está vazia. As pessoas foram embora em direção à fronteira.

Tenho sinais disso a todo momento, e as pessoas não podem viver dispersas, porque não se pode ter uma casa aqui e trazer a energia elétrica de 30 km de distância. É impossível. Temos de inventar a aldeia, temos que fazer núcleos de pessoas que trabalham no campo, mas vivem mais ou menos agrupadas, e vão trabalhar porque, caso contrário, sociologicamente, a essa altura, como é possível atendê-las?

PORQUE NÃO SE PODE GARANTIR A TODOS UM NÍVEL DE VIDA DIGNO.
Não, porque não se resolve os problemas que têm.

A QUESTÃO DA ALDEIA TINHA SUA LÓGICA.

Claro, a humanidade se povoou assim. Isso é muito velho. A aldeia é filha da agricultura e nós somos criadores de gado. Há poucos homens com áreas enormes, então o sujeito teve que se estabelecer de forma dispersa, mas também a pecuária vai se tornando cada vez mais intensiva, e precisa de muito mais insumos, está mudando, cada vez mais se assemelha a uma agricultura. Um fulano pode produzir, em 100 ou 150 hectares, uma grande quantidade de carne ovina, mas tem que estar preparado para tudo, tem que ter as ovelhas numa pastagem de manhã e em outra à tarde, tem que estar firme em seu trabalho.

Aposto nisso porque é uma maneira de defender o futuro do país.

Ao mesmo tempo, talvez se tenha que fazer algumas mudanças na Lei Florestal. Reduzir o tamanho dos bosques.

ESTAVAM PROPONDO ISSO.

Nós já batemos muito nessa tecla, mas talvez devemos insistir mais.

Para que haja de tudo, para que haja árvores, agricultura, porque o solo não é a grade que alguém poderia pensar, o solo é como é. Você tem um solo rochoso aqui na serra e mais abaixo, a cinco passos, tem um pequeno vale que é maravilhoso. Plante árvores aqui em cima, mas respeite esse vale.

SER MAIS RESPEITOSO, PORQUE É MAIS RENTÁVEL.

Certamente. É mais rentável, mais duradouro, mais consistente, e em longo prazo produz mais valor e permite diversificar. Mas tudo isso vai da decisão da academia. Vou dizer uma coisa, dentro da Reforma do Estado, uma das coisas a fazer é identificar toda a população rural e mantê-la classificada, que é possível hoje pelos métodos do cartão. Mais ainda, acho que todos os pagamentos efetuados pelo Estado devem ser por meio de cartão, deve-se implantar o cartão. Temos de admitir o mais moderno que os países mais modernos fizeram, e não ficar na camada intermediária. Temos que subir. Do atraso para o que está mais adiantado, e não ficar no meio.

ALÉM DISSO, SOMOS PEQUENOS.

Claro que somos pequenos, e sabe o que demonstra isso? O rastreamento das vacas. Se conseguimos fazer o rastreamento das vacas, como não vamos fazê-lo com os humanos?

NISSO SE AVANÇOU POR MEIO DO MINISTÉRIO DO DESENVOLVIMENTO SOCIAL.
Claro. Esse sistema do cartão, que Lucía propunha no ano passado, de dar subsídio explícito, definido, com nome e sobrenome – "a este barateio uma quantidade de arroz" –, posso fazer se tiver esse instrumento; caso contrário, não posso, e me fodem. Porque lhe dou dois quilos de arroz por mês pela metade do preço, não lhe dou vinte quilos.

OS CARTÕES PROMOCIONAIS DOS SUPERMERCADOS SABEM QUEM É QUEM, O QUE CONSOMEM. O CARTÃO É VIÁVEL E SE DÁ UM PASSO A FRENTE.
Esse instrumento não existia antes, se tivesse existido não seria preciso vender a varejo.

Acho que aí há toda uma revolução a fazer. E é muito mais importante do que parece, porque ajuda também a uma distribuição mais equitativa de renda e a ter políticas que sejam relativamente diferenciadas.

DISTRIBUI RECURSOS DE FORMA INTELIGENTE.
Se decido dar dois mil pesos por mês a uma mulher que tem três filhos, que está sozinha e em situação de pobreza, e se der esse dinheiro em coisas que têm a ver com armazém e despesas, não posso desviar grana para outra coisa, ou é mais difícil desviar. Se lhe der dinheiro na mão, não sei o que acontece, mas o cartão permite orientar os gastos. Não incentivo o consumo de celulares ou de vinho.

INDICA O RUMO PARA QUAL FINALIDADE VAI O GASTO.
Vai por aí. Parece-me que essa é uma medida a ser trabalhada, e é tão ou mais importante que o governo eletrônico. Porque o governo eletrônico tem a ver com o expediente, mas não tem a ver com a vida das pessoas.

E É VIÁVEL FAZÊ-LO, PORQUE O PLANO CEIBAL INDICOU QUE SOMOS UM PAÍS PEQUENO, ONDE PODEM SER FEITAS DETERMINADAS COISAS.
Sim, não tenho nenhuma dúvida.

QUE OUTROS NÃO PODEM POR SEU TAMANHO.

Em um país como o Brasil fica-se louco. É o que me diziam: o rastreamento em países como a Argentina não pode ser feito. Há lugares onde as vacas ficam dois meses na montanha, é inútil procurá-las. Deve-se esperar que haja uma seca para que saiam desesperadas por água; caso contrário, não se consegue vê-las.

Impossível fazer o rastreamento! Contam-nas de vez em quando e mais ou menos. Acha que no Pantanal vão colocar adereços nas vacas?

As dimensões têm uma importância formidável, e o Uruguai tem que tirar proveito disso. Eu as coloco naquilo que tem a ver com a reforma do Estado. Na realidade, deve ser o capítulo da reforma de procedimentos, e uma forma de combater a evasão fiscal, pois, se o quadro de funcionários recebe tudo e já tem os descontos, já está feito. Os países nórdicos fazem isso e, se o fazem, é porque se pode e porque é melhor, tchau. Não comece a dar uma de inventor de coisas que já foram inventadas. Tem que copiar, e copie os melhores.

A QUESTÃO DO CARTÕES, DOS PAGAMENTOS, A PERDA DE TEMPO.

E veja o que eu digo, sou um velho atrasado que não uso cartão para nada, nem quero saber de nada, porque tenho bronca dos bancos, por causa da maneira que tiram dinheiro dos clientes. Tudo isso me parece foda, mas é uma ferramenta potencial, como o computador. É espetacular.

E A POLÍTICA INTERNACIONAL?

Uma política internacional muito aberta e ativa, temos de nos meter em todos os pactos de integração que há na América Latina. Devemos nos envolver em tudo, e onde não for possível, ser observador, mas estar em toda parte.

NESSE ASPECTO, NUNCA TIVEMOS UMA POLÍTICA MUITO...

Não, tem que ter. A diplomacia fica geralmente restrita às esferas do que fazem os Estados, e você tem que criar “diplomacia” entre as universidades, entre os serviços do próprio Estado. Os estados são tão grandes que têm buracos por todos os lados. E se tiver uma política inteligente e juntar recursos, vai obter resultados. Aqui tínhamos um problema com os morcegos que apareciam aos montes e não sabíamos nada a respeito deles. Vieram três veterinários de Rio Grande, deram alguns cursos, prepararam as pessoas, não houve nenhum problema e os envolvidos ficaram muito contentes. Entendeu? Quem nos deu uma mão? O estado do Rio Grande nos deu uma mão, mas mãos dessas há de montão, há outra diplomacia. Há um intercâmbio, porque os sujeitos que são especialistas, ou que estão envolvidos em uma coisa, têm propensão a interagir com seus homólogos que estão do outro lado, porque compõem uma cultura. Portanto, não deixemos que a diplomacia seja uma coisa exclusiva das chancelarias. A política de relacionamento é um capital, e deve-se dar-lhe asas para que toda a sociedade se mova.

HOJE HÁ MUITOS JOVENS QUE FAZEM PÓS-GRADUAÇÃO E ESTUDOS NO EXTERIOR.

Claro. Essas são formas de capital.

ALÉM DISSO, SÃO CONTATOS HUMANOS QUE NÃO SE PERDEM NUNCA. ESSAS REDES QUE NÃO SÃO VERTICAIS, SÃO TRANSVERSAIS, DEVERIAM SER UTILIZADAS. AS ONGS AS USAM, PORQUE NÃO USÁ-LAS COMO GOVERNO?

Fizemos muito pouco uso disso. E acho que podemos receber benefícios aleatórios, mas também deve ser uma atitude dos empresários, um empresário tem que sair. O fator externo é cada vez mais determinante, cada vez mais importante, para o bem e para o mal. Agora, se alguém permanece passivo e deixa que o fenômeno externo atue por si, não se queixe depois.

Deve-se assumir uma atitude ativa para tratar de conduzir esse fenômeno, senão ele vai conduzir a gente. Porque, no final de tudo, os de Portucel descobrem o Uruguai. Consultaram o mapa? Não, somos nós que temos de fazer isso.

Os diplomatas que estão na Alemanha têm que ser amigos do pessoal qualificado da Bayer, da BASF e de todos. Se a Bayer faz alguma coisa em tal lugar, vai o diplomata lá e entabula relações pessoais.

O que fez Paco Casal para vender jogadores? Tornou-se amigo daqueles que dirigem o futebol. Por que coloca jogadores [nos clubes] e outros não? Ah, coloca porque tem os contatos com esses caras, ora bolas. Depois vem um sujeito desses e lhe dá uma lição sobre como fazer negócios.

DE POLÍTICA EXTERNA.

É assim. Todo mundo lhe diz que é amigo dos donos da Fiat, mais isso e mais aquilo. Claro, são os donos do futebol também.

E NOSSO CORPO DIPLOMÁTICO NÃO SABE A QUE SE DEDICA, E TEM UMA DESVINCULAÇÃO DA VIDA EMPRESARIAL. MUITAS VEZES, OS DIPLOMATAS DE OUTROS PAÍSES SÃO EX-EMPRESÁRIOS OU COM VIDA EMPRESARIAL.

Quase todos. Um cara que tem um par de milhões de dólares e mais de 60 anos, é provável que o que lhe interessa seja um pouco mais de glória. Se for o caso, pode ser um bom diplomata. Se acumulou muita grana, é porque tem muitos contatos e não é nenhum idiota. Esse cara já teria condições. Aqui você tem que brigar com o ministério e com os funcionários de carreira.

Veja quais são os cônsules honorários que se pode ter por aí, que não custam dinheiro, que devem ser eleitos como ricos de outras sociedades, e que têm contatos. A eles se dá a bandeira, a parafernália, mas esses caras podem servi-lo muito mais que um diplomata. E é possível ter uma rede de pessoas desse tipo. Não custa no orçamento e é feito com pessoas da nação. Pode-se ter um na Califórnia, por exemplo, porque em um país como os Estados Unidos, de dimensões enormes, o que se vai fazer com um embaixador e dez sujeitos em uma embaixada em Washington?

ALÉM DISSO, OS NEGÓCIOS NÃO PASSAM POR LÁ.

Não passam por lá. Em um país como o nosso, deve-se ter uma política assim, porque, em última análise, convém distribuir títulos e bandeiras.

DEVE-SE ESCOLHER AS PESSOAS ADEQUADAS.

Deve-se escolher, sim. Às vezes, os caras são fundamentais. Veja, nós fizemos uma experiência no mercado russo de carne: na época de Gargano, o INAC enviou um funcionário para residir na embaixada uruguaia na Rússia, mas que se dedicasse a fazer contatos com coisas relativas à carne. O sujeito era bom funcionário. Sabe o que aconteceu com a carne? Um sucesso, e por causa dos contatos feitos por ele.

UTILIZAR OS RECURSOS ADEQUADAMENTE É UMA QUESTÃO INTELIGENTE.

Isso é fundamental. É uma reavaliação de como um pequeno país com poucos recursos tem de procurar multiplicar suas formas de chegada sem que isso signifique um orçamento que não pode bancar. Porque aqui estamos acostumados a ter um orçamento e dinheiro para todas as coisas que precisamos fazer; caso contrário, não se pode fazer nada. Não, esse é o caminho mais fácil. Na vida, é muito bom ter consciência dos próprios limites. Quando a gente tem consciência, propõem-se caminhos alternativos para atingir os objetivos. Os outros vão resolver isso de modo diferente, mas são os outros.

QUAL É A SUA UTOPIA?

Tudo isso se chama ser funcional ao capitalismo. Minha utopia tem a ver com o socialismo. É outra coisa, é o desenvolvimento de uma frente, tanto quanto possível, de caráter autogerido. Que não entre em luta, mas que participe da sociedade de mercado. Que vá criando gente que não abdica do socialismo, que viva numa economia de mercado, e que leve adiante projetos geradores de riqueza, mas que não entre na exploração do homem pelo homem. Exatamente isso. Nada mais, nada menos. O único que vai se preocupar com isso em todo o cenário político sou eu. Porque não abdico disso e também porque acho que é a maneira de garantir prosperidade e paz no futuro para o país.

Há gente que é socialista e sempre será socialista, e vai estar inserida no capitalismo para atacar o que não funciona no capitalismo, porque o capitalismo o vê como insalubre e com razão. Eu sou parte dessa gente.

Mas, além disso, o que aconteceu? Não creio que se possa criar socialismo em sociedades pobres ou malandras, frívolas ou analfabetas. A questão da multiplicação da riqueza e do poder cultural me parece que é condição básica. Então, parece-me que se deve acumular força nessa área e que o poder está na gestão. O capitalismo existe porque manobra a gestão e dirige os motores que impulsionam a gestão. E o socialismo fracassou porque não sabe gerir. Demonstrou paralisia.

AO PASSO QUE O CAPITALISMO DEMONSTROU SE ADAPTAR ÀS NOVAS CIRCUNSTÂNCIAS.

Sim, teve uma flexibilidade brutal. Acho que há toda uma frente de trabalho aí, e depois o futuro fará a sua parte. Não tenho a pretensão de impor minha utopia, de que o mundo vai ser como o antevejo. Para mim, já era, e estou curado do medo.

Mas essa foi a discussão que tive com os companheiros da pesca, não me peçam um SOYP, porque vamos fazer uma coisa burocrática que, Deus me livre, em vinte anos, os que virão vão arrancar os cabelos. Já vimos esse filme. Agora, se me pedem, vamos jogar na água um par de barquinhos de pesca, vamos montar uma coisa e suar até a alma para aprender. Ahhh, gosto disso. Porque, aqui, o Estado não tira de suas mãos o socialismo. Por ora, demonstrou que conduz à burocracia, conduz ao burocratismo. Vamos propor outros desafios. São perigosos? Sim, já sei, sei que o perigo é que se pode desviar para o capitalismo às vezes.

DEPENDE MUITO DA QUESTÃO DE AUTOGESTÃO.

Sim, sim. Deve-se criar uma frente, um instituto de ensino mínimo, uma engrenagem financeira, não necessariamente um banco, porque é caro, mas "algo" financeiro que se mova e que vá trabalhando a partir de menos para mais. Há um ponto de arranque, e deve-se trabalhar nisso para o futuro.

E dizer aos socialistas: "Veja, aqui você tem uma frente".

APOSTAR NESSE LADO.

Isso não quer dizer que você não vá cair na utopia de que vai transformar a sociedade. Isso é o futuro que vai dizê-lo, não sei muito bem. Mas o que está claro é que se deve apostar em obter algo positivo das contradições essenciais. Porque, em última análise, isso significa não ficar na posição de sabotador da economia, mas fazer a sua parte de outras maneiras, que também é uma maneira de construir.

Se eu sou empregado de uma fábrica com a única ambição de complicar a vida do patrão, de quebrar as coisas e tudo mais, do ponto de vista do progresso material da sociedade não estou fazendo nada de muito positivo. Não é?

Imagine que tenha no semanário alguém que esteja o dia todo preocupado com seu carro, com isso, com aquilo, e se diz socialista, mais isso e aquilo, e lhe torna tudo inviável... essa contradição está em todos os lugares.

Creio que é por aí que se deve trabalhar. Trabalhar sem presentear, mas é uma enorme frente de trabalho, e aspiro dar vida a isso, para que isso caminhe, se eu pegar o cabo.

ESTÁ CIENTE DE QUE O SENHOR É O ÚNICO QUE VAI COLOCAR ESSAS QUESTÕES SOBRE A MESA.

Sim, bem claro, bem definido.

PORQUE, POR DIFERENTES MOTIVOS, CADA UM APOSTA EM OUTROS PARTIDOS.

Sim, sim, não me bandeio para o lado do capitalismo, mas tampouco passo para o outro lado. Preciso do capitalismo, porque vivo nele e com ele. E mudá-lo já foi visto que não é brincadeira. Aqui estamos lutando em uma sociedade liberal, onde as pessoas votam, e você pode pedir a elas: sue até a alma, faça sacrifícios.

Mas podem não votar em você, mandar-lhe para o inferno, e assim acaba-se o poder político. E mandam-lhe embora com um pontapé. E você acaba dando aula em um lugar qualquer, com seus pares, mas não faz nem constrói uma questão de massa. Então, aceito as regras de jogo do capitalismo e percebo como devo agir, mas não posso ficar nisso, tenho de abrir outra porta.

Posso estar errado, mas pelo menos acho que tenho um horizonte para onde vou. Essa questão não se discute mais. Quero dizer aos companheiros: "Sim, companheiros, socialista sim, temos aí a frente de empresas recuperadas, as pessoas autogeridas", e precisamos constituir melhor isso. Tentei dar uma ajuda no que pude, mas foi o que disse aos bolcheviques: "Temos a JUNAE, temos um instituto pago para formar trabalhadores que vão trabalhar no capitalismo, mas vamos formar alguns para gerenciar botequins dos companheiros".

Às vezes, os trabalhadores, quando se metem nisso, põem os pés pelas mãos, há coisas que não sabem. Além disso, devem promover o desenvolvimento cultural, exaltar o que significa o capital. Não confundir o que é lucro bruto com o que é lucro líquido. O que significa renovação permanente, necessidade de investir. E para poder enfrentar esse desafio, deve-se entender que é necessário abrir mão de gastar em determinadas coisas para que se possa investir. No fundo, é o que faz o capitalista. Não podemos escapar dessas leis do progresso humano.

É INEXORÁVEL.
Os companheiros têm que entender isso, é parte da formação. Caso contrário, a única coisa que existe é a reivindicação, e não existiria responsabilidade.

O SENHOR PROPÕE A QUESTÃO DOS TRABALHADORES CAPAZES DE ADMINISTRAR. É FUNDAMENTAL, PORQUE SENÃO O SENHOR CEDE UM PODER MUITO GRANDE A OUTROS SEGMENTOS.
Claro, isso é o que os trabalhadores não entenderam e se deixam aturdir. Quando se posicionam, oscilam e acabam se bandeando para o lado do capitalismo ou ficam perdidos.

Qual perspectiva tem um pequeno capitalista, se não se defender com unhas e dentes? Outros o devoram. O capitalismo conserta tudo, não tem piedade. Aquele que dá uma de poeta, leva a pior, leva a pior implacavelmente. E essas são leis que se deve entender.

—✹—

Saímos da cozinha e ele me acompanha até a porta. São 10h30. Dentro de uma hora, virão buscá-lo para ir à sede central da Frente, onde vai se encontrar com Danilo pela primeira vez, depois das eleições internas. Chove a cântaros e ele me diz:

– Você vai se afogar com tanta água.

– Está tudo bem, e chuva faz falta.

– Sim, que acumule água debaixo [do solo].

– Às 14h30, o senhor vai estar com Danilo, vão fazer coletiva de imprensa depois?

– É provável, é provável.

– Bem, nos vemos Pepe.

Cruzo o portão pela última vez. O tanque australiano já está pronto.

COLÓQUIO QUINZE

"Eu acredito em um mundo essencialmente de igualdade do diferente."

A PRÉVIA

Quatro anos, um mês e 15 dias haviam se passado desde a última vez que cruzei o portão da chácara, aos pés da colina de Montevidéu. Tempo mais que suficiente para pensar em perguntas para uma entrevista que – sabíamos – mais cedo ou mais tarde iria se concretizar. Desta vez, tinha a companhia de Rodrigo López, nosso fotógrafo, que nunca havia levado comigo aos encontros.

Chegamos 10 minutos antes da hora marcada e nos anunciamos. Depois de cinco minutos nos deram o sinal positivo e caminhamos até a casa. Ele abriu a porta, levou-nos até a cozinha e nos ofereceu um rum com gelo. Assim começaram as três horas e meia de bate-papo com o companheiro presidente.

O SENHOR FALOU MUITO COM FIDEL?

Sim, estive com ele três horas e pouco. Eles o controlam e cuidam muito dele. Depois me disseram que queria continuar conversando comigo, e vou ter de ir a Cuba só para conversar com ele.

É HISTÓRIA VIVA.

Claro, mas também é velho como eu, multiplicado por dez. O que quer dizer é que esse louco sabe de tudo.

É UM ANIMAL.

É um animal e é um prazer. Porque você não fala com um homem de esquerda que a única coisa que tem na cabeça é um esqueminha. Não, fala com um cara que é "arborescente". Ele se entusiasma como uma criança, tem esse entusiasmo juvenil que é uma coisa legal, apesar de ser um homem velho, fragilizado.

SÃO ESSAS PERSONALIDADES MARAVILHOSAS, CHEIAS DE CURIOSIDADE.

Mas é claro! Não é um daqueles caras que estão por aí e que não se importam com nada. Está o tempo todo aprendendo coisas, manda procurar sementes e trazer coisas, olha para essa leguminosa tropical e para alguns *pellets*. Está preocupado com a comida do povo.

E COMO O SENHOR VIU CUBA?
Melhor que da última vez que havia estado lá, notoriamente melhor.

E AS REFORMAS ESTÃO FUNCIONANDO?
Acho que estão funcionando, vi Cuba com mais cor. Mas cuidado com as impressões de viajante, porque estive lá somente por uma semana. Você também bebe, não? *(Diz a Rodrigo, enquanto serve rum cubano).*

NÃO É ESTRANHO O SENHOR ESTAR AQUI A ESTA HORA?
Tinha uma coisa [a fazer] que suspendi, e disse a mim mesmo: "Vamos usar o tempo". Saúde! Dinheiro não há muito, porque você é de esquerda, mas oxalá que o amor perdure. Você lembra que se dizia "saúde, dinheiro e amor"?

O SENHOR CONTINUA COM UM RITMO DURO DE TRABALHO, NÃO? A QUE HORAS SE LEVANTA?
Ontem fui me deitar muito tarde e me levantei às seis e quinze.

QUE DELÍCIA É ESTE RUM, QUEM O DEU AO SENHOR?
O irmão...

RAÚL CASTRO? ESTE DEVE SER DOS BONS.
O rum é bom, eu o adoro. Gosto mais de rum que de uísque.

O SENHOR ESTÁ SE CUIDANDO? DEIXAM O SENHOR TOMAR ÁLCOOL?
Tomo um pouco, e levo vida normal. Como normalmente. O médico me disse: "Você está curado, mas não fui eu [que o curei], foi a genética. Porque o que você teve não se cura normalmente, é crônico. Mas está curado, não sei o que aconteceu".

O SENHOR SOBREVIVEU A TANTAS COISAS.
Eu disse a mim mesmo: "Vai saber o que eu tinha". Vai saber o que foi...

O SENHOR DÁ BOLA PARA RAQUEL OU NÃO?
Dou bola, sim... Tenho de me cuidar muito mais quando viajo.

Tenho de autoaplicar uma injeção para diluir o sangue e colocar meias de descanso.

O PROBLEMA SÃO OS COÁGULOS QUE PODEM SE FORMAR.
Já tive um, e passei por dois achaques.

O SENHOR NÃO PODE FICAR MUITO TEMPO QUIETO.
Sabe o que me mata? As longas esperas. As esperas são horríveis e todas essas cerimônias em que você tem de ficar em pé e escutar o hino inteiro.

E OS HINOS SÃO LONGOS.
Nosso hino é longo demais. Em alguns lugares, é tocado como se fosse um samba, em outros, um ritmo tropical. Na Bolívia, durante uma manhã, tocaram o hino seis vezes em lugares diferentes, lembro-me bem disso. Mas tinha que fazer um esforço para reconhecê-lo.

E COMO O SENHOR VAI LEVANDO TUDO ISSO?
Como posso.

FOI MAIS COMPLICADO DO QUE O SENHOR PENSAVA, NÃO É?
É complicado, sim. É complicado, porque é um país de direitos, com muitas tradições culturais, com uma enorme resistência à mudança, com alguns problemas que se tornam intratáveis. Dois anos e meio para aprovar o Estatuto do Funcionário Público, que é epidérmico. Nada mais que uma pequena linha.

Eu, filosoficamente, lhe digo, revendo a história, que a evolução histórica é perversa pelas armadilhas que tem. Este país teve o Estado de 1900, que já tinha raízes anteriores, porque o Banco Hipotecário, o Banco República foram fundados por Batlle, certo? Mas foram respostas adequadas para sua época. Você tinha um Estado que ia para frente, que fazia coisas, fundava e abria campos em um país obtuso que não queria nada. Um Estado que teve de inventar a [Seção] Feminina [de Ensino Secundário] para que mandassem as meninas estudar, porque não se animavam a tanto.

Deve-se ler o poeta do país, Zorrilla de San Martín, as coisas que dizia sobre o ensino da mulher. Você sabe as coisas que dizia: "Vão perder a doçura do lar" e tudo o mais. Um Estado que concedeu o divórcio, nacionalizou a energia elétrica e o telefone, e foi em frente. Depois, acabou por fundar a ANCAP e a quantidade de coisas que foi fazendo. O segundo batllismo começa com o clientelismo, a hipertrofia do Estado e um monte de concessões no âmbito do direito público, que são simpáticas, que deram vantagens ao funcionalismo público, foram notáveis, certo? Mas como [o batllismo] operou a longo prazo... o que começou como uma reforma, que tinha caráter simpático e humanista, acabou favorecendo a atividade privada.

POR QUÊ?

Porque o Estado foi se tornando cada vez mais ineficiente, pesado e tortuoso, e isso favorecia para que não se atropelasse a atividade privada. E agora se conseguiu o desiderato, esse *status quo* que se mantém, que todos criticam o Estado, que favorece para que o Estado não empreenda a aventura de fundar coisas novas. Mas tem a vantagem de que os dirigentes sindicais da própria esquerda defendem esse *status quo,* com o qual conquistam o poder do setor privado. Veja a volta que a história deu. O que uma vez parecia progressista, do ponto de vista humanístico, se transformou em uma defesa da atividade privada. E agora dizem: "Não privatizar as ferrovias". Mas, meu pai, o que é que você vai privatizar? Quem vai pegar esse cascalho? Já estão privatizadas. Há mais de 30 mil caminhões com dois motoristas cada um. Há 60 mil sujeitos trabalhando no transporte em caminhões, que é dos mais caros, não me encha a paciência! Essa é a privatização que está aí. E acho que a esquerda não analisou como as mudanças históricas foram acontecendo. É uma situação perversa, a exemplo do que aconteceu na história da Inglaterra.

A QUE SE REFERE?

Foi a primeira potência escravagista que construiu uma cidade como Liverpool que vendia escravos e, quando ocorreu a libertação das sete colônias, compreendeu que o negócio dos escravos pendia a favor da potência emergente e então se tornou abolicionista. E saiu afundando os navios depois de ter fundado Liverpool para comercializar escravos. Nós não temos essa sutileza de mudar.

E acho que um país pequeno como o nosso precisa de um Estado vigoroso, que vá em frente e funde coisas. Porque, caso contrário, não se tem outra via a não ser acudir à empresa estrangeira. Não se tem nada, porque não se pode fazer porcaria nenhuma, entende? Você não tem capacidade, porque não desenvolve pessoas, não lhes dá oportunidade. Porque na vida você se desenvolve trabalhando e fazendo coisas. É paradoxal, é um fenômeno muito profundo.

O SENHOR NÃO FALOU SOBRE ISSO COM OS LÍDERES DO PIT-CNT? O QUE LHE DISSERAM?

Eles me dão razão. Mas estão como que em uma inércia, porque, para se manter como dirigente sindical, você precisa dos votos da massa. E, para a massa, não se pode falar toda a verdade, caso contrário, você está frito.

COMO O SENHOR ENCARA ISSO?

Estou falando com a UDELAR, porque você tem que desenvolver uma cadeira que dê cursos de um par de anos para eventuais dirigentes da classe operária, que possam vir a ser dirigentes em empresas públicas. Pois veja só o que fazem: dissemos que os trabalhadores devem participar, e depois é nomeado um louco como esse da saúde, um catavento. Administrar uma coisa que tem 27 mil trabalhadores, somos loucos, estamos dando um tiro no pé. A primeira coisa que a direita vai dizer é: "Como é que vamos colocar trabalhadores, veja só o que isso virou". Você desprestigia o critério de aprofundamento democrático.

É VERDADE.

Temos que escolher gente que não vá representar a agremiação, que vá representar os trabalhadores de modo geral, que lute pelos interesses dos trabalhadores em todo o país. Não fique olhando para quantos votos tenho no sindicato, porque, senão, estamos fritos. E enviamos a todos para a berlinda, porque vão com um palito de dentes, vão com sua formação sindical, e não têm capacidade, como dirigentes de empresas são um desastre. E caem em todas as deformações que podem existir, é o que acontece. Temos de fazer um acordo com a universidade e instaurar uma cadeira para formar um monte de sujeitos, e depois escolher alguns desse monte. Isso parece um sistema aristocrático.

MAS NÃO HÁ OUTRO JEITO.

Os trabalhadores estão em desvantagem por sua subordinação histórica, porque sempre trabalharam sob as ordens de outros. Pedir-lhes para que sejam capazes de dirigir empresas complexas como as do Estado é pedir demais. De vez em quando, você pode encontrar um, mas em geral são mandados à luta, e o conceito é desativado. Temos que passá-los por uma peneira, dar-lhes alguns elementos, é o que me parece. Vi isso em empresas autogeridas, não se pode criar gatos e pássaros juntos na mesma gaiola, é loucura!

TUDO SE COMPLICA.

Damos ótimas oportunidades à oposição. Como defender esse louco da saúde?

É DIFÍCIL ENCONTRAR GENTE, E ISSO DEVE TER UM CUSTO. O SENHOR JÁ FEZ TENTATIVAS E ERROU.

É que não há outro jeito. Eu não estou aqui para cultivar amigos na administração do Estado, é complicado. O Uruguai é um problema global, com dificuldades para poder administrar. É lógico, porque exprime a estagnação histórica: para que vamos ter engenheiros ferroviários? Quem iria sonhar em ser engenheiro ferroviário neste país? Só um louco. Então, agora que queremos reconstruir o trem, ninguém sabe porcaria nenhuma. Fomos para a China, tínhamos todas as portas abertas, mas não tínhamos um projeto. É necessário tanto disso e tanto daquilo, mas não tínhamos. Sabe por quê? Porque não temos capacidade [de produzir].

OS CHINESES ESTAVAM DISPOSTOS A INVESTIR GRANA?

Os chineses querem se infiltrar na reconstrução ferroviária do Brasil, e o Uruguai pode ser uma vitrine para mostrar o que podem fazer. Em dois ou três anos, nós não conseguimos fazer um projeto, agora uma empresa chinesa, a maior, em 60 dias nos traz um projeto. Sem compromisso com qualquer coisa, mas pelo menos vamos ter algo em papel: são tantos dormentes, tantos quilômetros de ferrovia, entende? Quer seja feito ou não, mas pelo menos se tem uma realidade física. Deve ser feito e tchau. Depois houve um erro.

QUAL?

Um grande erro. Pretendeu-se que se tivesse assegurado um mercado em matéria de transporte para justificar economicamente a reconstrução das vias. E esta é uma discusão como a do ovo e da galinha. Aqueles que fizeram as rodovias, fizeram-nas, e depois veio o tráfego. E essa é uma responsabilidade que o Estado tem de encarar. Tem que reconstruir as ferrovias e não fazer as contas de quanto isso custa. Custe o que custar, não é um cálculo para ganhar dinheiro. Porque se conseguirmos resolver um pouco a questão das ferrovias, pode-se trabalhar em três pontas. Primeiro, ao estabelecer uma concorrência ao transporte rodoviário, você tende a moderar um pouco os preços do frete. Em segundo lugar, vai conseguir manter melhor as rodovias e, em terceiro, consegue-se deter a onda importadora de caminhões e tudo mais. Contemporizará um pouco. Então, você está ganhando em todos os lados, globalmente tenderá a diminuir um pouco o custo país em uma questão-chave, porque o transporte tem uma incidência em todos os custos. Essa parte deve ser feita pelo Estado e não tem volta. Dizem que não se deve privatizar, mas quem vai ser o idiota que vai querer lidar com esses ferros-velhos?

O PESSOAL DA AFE PARECE QUE ESTÁ VIVENDO EM OUTRA ÉPOCA.

Eles estão defendendo o lado deles. Se você é um funcionário público, eu respeito seus direitos de funcionário público até que você morra, mas deixe-me trabalhar no direito privado. Para comprar alguns parafusos, tenho de pedir permissão ao Tribunal de Contas, e mais isso e mais aquilo. Não se pode [fazer isso], é antigo. Pois bem, aí estamos e custou-nos dois ou três anos para desmantelarmos isso e não convencemos. Estamos impondo, o que não equivale a convencer.

O SENHOR DIZIA QUE GOVERNAR É CONVENCER, MAS FRACASSOU.

Fracassei em tantas coisas..., mas se vou esperar para que se convençam... vou chegar ao dia de São Nunca.

BLOQUEARAM-LHE UM MONTE COISAS, CERTO?
O maior bloqueio foi o do ensino, para não dar-lhe autonomia. Estamos defendendo a lei de Sanguinetti, e a esquerda é que a defende. Meu projeto da questão tecnológica era que a UTU desenvolvesse três ou quatro polos no país, e esses polos teriam liberdade para se transformar em universidades tecnológicas de caráter local. Mas, para isso, você tem que lhes dar iniciativa e liberdade. Não, nãoooo! Então, estamos defendendo a reforma de Sanguinetti na época da descoberta da América. O CODICEN é um funil, tudo tem que ir para lá. Tive de fazer o inverso, dar um golpe de Estado e pôr a UTU à frente do ensino para poder fazer algo com ela. E a batata-doce saiu da UTEC, mas é uma transação.

O SENHOR JÁ HAVIA PROPOSTO QUE A UTU COMPETISSE COM A UNIVERSIDADE.
Claro, que fosse desenvolvendo passos tecnológicos, porque há uma inovação tecnológica no mundo e você precisa de profissionais por dois ou três anos, especialistas em algo pontual. Mas não infinitamente. Precisa de cinquenta ou oitenta. Quando isso estiver resolvido, pode passar a outra coisa. Você não vai ter um sujeito que estudou durante 10 anos para que depois tenha de reaprender o trabalho que tocou, porque há algumas mudanças tecnológicas que são brutais. E custa para o Uruguai se atualizar nisso. A UTEC vai instaurar quatro carreiras por ora, está montando os programas. Uma de produção de leite, tecnólogo de produção de leite no tambo; outra na indústria de laticínios; outra que vai estar vinculada ao que se pode chamar de bioeletrônica, a aplicação da eletrônica a todas as tecnologias de caráter agropecuário, que aumentam sempre mais. E outra ainda, que não sei qual, porque faz alguns dias que não falo com eles. Mas desenvolver uma universidade custa.

VAI CHEGAR DEPOIS DE VOCÊ.
Vai levar uma década, pelo menos.

A UDELAR ESTÁ FAZENDO MUITA COISA NO INTERIOR, NÃO?
Está ótimo, porque sentem a pressão. Digo-lhe que vai ser feito mais pelo desenvolvimento da UDELAR, porque [a universidade] sente a ameaça.

É COMO O BANCO DE SEGUROS QUANDO LHE TIRARAM O MONOPÓLIO.
Não é uma ameaça privada, é também do Estado, mas deve existir. Deve existir para que se movimentem um pouco.

QUE POSSAM COMPETIR E TENTEM MELHORAR, PORQUE, ALÉM DO MAIS, FOI-LHES REPASSADO DINHEIRO COMO NUNCA.
Isso é o que deixa você nervoso, porque pedem grana e depois o criticam. E, apesar da grana, o ensino não melhorou. Devemos dar mais grana, sei que devemos dar mais grana, mas você não percebeu que votamos uma lei de mineração e parte do cânone vai para o ensino e para a questão intergeracional. Não é para o bolo da Receita Geral, esse cânone tem pontaria certeira.

ISSO SAI MESMO, NÃO É? PORQUE ANDARAM DANDO VOLTAS COM ISSO.
Sai, sim. Mas é difícil, porque são contratos muito complicados, e você está lutando com tigres.

NÃO SÃO BEBÊS DE COLO.
Que sejam o que são, e nossa burocracia é complicada, mas sai.

E O PORTO?
Se montarmos esse projeto, vai estar incluída a parte do porto, porque é necessário um dique, ou seja, um quebra-mar, que é metade da alma do porto, para assentar uma espécie de esteira para carregar os navios. É provável que acabemos fazendo algo com o Brasil, pelo menos estamos discutindo [essa questão]. Esse também é um projeto de longo prazo, que vai levar anos. Acho que podemos ter o primeiro carregamento de ferro em setembro ou outubro, pouco antes das eleições.

É TÃO OTIMISTA ASSIM? ENTÃO, ACONTECERÁ RAPIDAMENTE.
Sim, sim, e vai haver muito barulho.

ACUSAM O SENHOR DE TER COMPLETADO TRÊS ANOS DE GOVERNO E NÃO TER CONSEGUIDO COISAS CONCRETAS.
Sim, reconheço que existem problemas, mas não me diga que nada foi feito. Agora vai ser reinaugurada a usina de dessulfurização. Se o país não tivesse feito isso, deveria ser ateado fogo à ANCAP, por-

que a ANCAP não serve mais, os motores modernos não consomem enxofre, não o toleram. Então, isso ficava para nós como um ferro-velho, e não foram poucos pesos que foram injetados ali. Mas tínhamos de fazer, e o fizemos. E não poucos – inclusive pessoas dentro da esquerda – não queriam fazê-lo. Iríamos acabar importando combustível como o Paraguai, e retroceder.

ESTÃO SE QUEIXANDO POR CAUSA DA REGASEIFICADORA.

Acho que esta semana assinamos, estão chegando os chefes europeus que devem assinar. O que andam dizendo é coisa de louco: "Vai ver que a presidente argentina anunciará que vai comprar um monte de metros cúbicos diários de gás da regaseificadora do Uruguai". Eles têm um déficit de 40 mil, até zerar esse déficit, vai passar muito tempo. E o dia em que o zerarem, nós aumentamos o consumo interno, vamos aumentá-lo de 5% a 6% ao ano. Digo mais, oxalá tivéssemos mais, porque há uma usina de geração de energia elétrica de 500 megawatts, acima de Bella Unión, construída pelo Brasil para consumir gás argentino, e nunca lhe deram nem um metro sequer de gás, e lá está ela parada. Se o Uruguai pudesse fazer um gasoduto para as cidades do litoral e desembocar ali, imagine que salto daria. E aqui discutem que a Argentina vai tê-lo. Claro que vai, mas só dentro dez anos vai começar a extrair algo, entende? E o aumento do consumo argentino e tudo o mais? Em energia, deve-se caminhar com cinco anos de antecedência. O Uruguai vai ter excesso de energia. Você verá que o próximo governo vai vender eletricidade e gás para a Argentina. Entre os moinhos de vento, a interconexão com o Brasil de 500 megas, a regaseificadora, a usina que está sendo construída, localizada em Hyundai, que eventualmente vai funcionar com gás, mais todo o resto, o Uruguai vai ficar com um superávit de energia daqui para frente. Tudo isso é um pacote energético que dá ao país um superávit de energia por dez anos.

ERA UM DOS NOSSOS GRANDES DÉFICITS PARA PODERMOS DESENVOLVER.

Estávamos sempre correndo atrás. A energia térmica, a mais barata, deve custar 250 dólares por mega. A energia eólica mais cara nos vai custar 85 dólares, e alguma vai cair para 65 dólares, percebe? Nem queria falar [sobre esse assunto], mas surgem aqueles que dizem que altera a vida dos pássaros, que contamina a visão, que desnorteia os morcegos, e sei lá mais o quê.

GENTE CONTRA SEMPRE VAI HAVER, E O SENHOR NÃO SE CARACTERIZA COMO ALGUÉM QUE FICA DE BOCA CALADA. E OLHE QUE O SENHOR JÁ METEU OS PÉS PELAS MÃOS MAIS DE UMA VEZ.

Pois bem, gênio e figura até a sepultura. O que é que você quer? Mas eu vejo as coisas e digo o que penso, e tchau.

FORA DO PAÍS ESTÃO IDEALIZANDO O SENHOR, ESTÃO CRIANDO UMA IMAGEM DE QUE O SENHOR É UM POUCO MENOS QUE O NOVO MANDELA, E AQUI ESTÃO CONSTANTEMENTE BATENDO NO SENHOR DE TODOS OS LADOS.

Mas você não viu como é o Uruguai? Viu algum bom jogador uruguaio que tivesse reconhecimento aqui, se não tivesse vencido no exterior? Estaria frito. Lembro-me de Schiaffino. Diziam: "Não, o irmão jogava muito mais que ele. Era melhor. Este é um frio, não se entusiasma por nada, não tem sangue". Até que os italianos o levaram e fez história no Milan. Percebe? O Uruguai é um pouco assim. É claro que não quero comparar, fazemos o que podemos e temos limitações, mas estamos comprometidos com a coisa e, do ponto de vista ético, damos um exemplo ao país. Quando eu deixar o governo, terei contribuído com quase meio milhão de dólares de meu salário para construir casas para mulheres pobres.

POR QUE O PLANO JUNTOS NÃO FUNCIONA?

Como não funciona! Não se vê porque não se faz propaganda. A questão é fazer casas, e não propaganda.

OS CUBANOS TÊM MUITA EXPERIÊNCIA EM CONSTRUÇÃO DE CASAS COM BRIGADAS. POR QUE NÃO FORAM TRAZIDOS TRABALHADORES DE LÁ COMO FORAM OS OFTALMOLOGISTAS CUBANOS?

O Plano Juntos está fazendo casas de 15 mil dólares, de 50 m^2, com todos os cômodos e banheiro. Não se encontra nenhuma proposta que pode fazer isso com esse dinheiro. Nenhuma empresa nem qualquer coisa desse tipo. Casas de alvenaria, com um telhado de uma caída, com aberturas de alumínio e um banheiro que não tem azulejos, mas é revestido com massa fina. Há fotos dessas casas. O que acontece é que se topa com situações que são terríveis. Por exemplo, aqueles de *Um Teto para meu País* fazem casinhas com qualquer material, mas menos mal, porque se fazem presentes. Mas não têm banheiro, então nós vamos e construímos um. Fomos ao bairro López de Tacuarembó, e lá o problema eram as latrinas. Ali, tínhamos que consertar o banheiro e construir uma rede sanitária, você tem de se adaptar ao que existe. Mas veja que se deve caminhar para ver o que foi feito. Eu lhes disse para não fazer nenhum barulho, porque, caso contrário, não se dá conta da demanda. Porque você pode atender um caso, mas há dez que estão pleiteando [por melhorias].

DE UM ÚNICO PISO?

Exatamente, de um só piso. Em alguns lugares, onde se pode erguer um bairro, como aqueles que estão próximos à rodovia, é diferente. Mas ali você já gastou o dinheiro para arrumar o terreno.

AGORA DERAM PUBLICIDADE AO PLANO JUNTOS PORQUE ESTAVAM AFANANDO MATERIAIS.

E em todos esses bairros afanam tudo, porque não são pombinhas mansas que moram ali, há de tudo. Há bocas de fumo na frente, há delinquência no bairro ao lado... o que se vai fazer com eles?

O SENHOR ESCOLHEU AS PESSOAS CERTAS? FOI ACERTADO ESCOLHER POR COTA POLÍTICA? NÃO TEVE DE ENGOLIR ALGUNS SAPOS UM TANTO COMPLICADOS?

Não, em geral pedi critérios e me mandaram uma lista. Não sei se poderia haver alguns melhores. Mas, em geral, concordo com os ministros.

O SENHOR LHES DEU BASTANTE LIBERDADE DE AÇÃO.

Sim, de vez em quando posso discordar de algum deles por isso ou por aquilo, mas depois cada um expressa seu parecer e expõe as dificuldades do meio em que está, não é fácil. Mas não dá muito resultado ir mudando a todo momento. Tive o caso do Venegas, que não tinha mais remédio. E essa mulher trabalha, tem peito e mete a cara.

MAS O SENHOR NÃO A CONHECIA.

Não.

O SENHOR É OUSADO, POR QUE DISSE AO PARTIDO COMUNISTA: "ESCOLHAM UMA PESSOA".
Não, pedi critérios e averiguei. Ela havia trabalhado muito na coordenação dos hospitais do interior, conhecia bastante o interior, e é muito sensata.

COMO SE ENTENDE COM BRIOZZO?
Bem, admiravelmente bem, o que não acontecia com o outro.

ALI HAVIA DESENTENDIMENTOS.
Tive desentendimentos, e agora tudo anda muito bem.

ARMOU-SE CADA CONFUSÃO, ÀS VEZES NOS MINISTÉRIOS COM AS NOMEAÇÕES CRUZADAS QUE O SENHOR FEZ. ALÉM DISSO, O SENHOR É UM INCOERENTE, PORQUE ESSA COISA DE QUE, SE IA UM, IA TAMBÉM O DOIS, FICOU PELO CAMINHO. O SENHOR MUDOU DE POSIÇÃO CATORZE VEZES.
Sim, porque medi outros fatores, não pode haver uma regra fixa nisso. Às vezes, você tem que sopesar o que é mais conveniente, principalmente para o país, depois para a força política. Por exemplo, tinha um amigo de quem eu gostava pra caramba, que não dava certo com Aguerre, e eu o substituí. Depois pensei, repensei, dei voltas, e achei que talvez fosse o caso de substituir Aguerre, porque estava com a mesma doença de Ratón Rosadilla. Mas este país é agroexportador e, durante muito tempo, vai depender da agroexportação. E o defeito que Aguerre pode ter, do ponto de vista da esquerda, é que é meio empresário. E dele não gostam muito os da esquerda-esquerda. Mas é muito mais suportável para aqueles que têm de recolher as divisas no interior que um protótipo de esquerda que eu ponha nesse ministério. Então, privilegiei o progresso do país e sacrifiquei meu setor e meu pessoal, assim, sem problemas, abertamente. Ele me propôs seu subsecretário, que já conhecia, e lhe disse: "Está bem. Se eles se derem bem". Era um caso diferente.

E MUSLERA?
Muslera era como uma tigresa para trabalhar, fez todo o esqueleto do que está sendo feito agora. Mas era uma pessoa que se enerva-

va e brigava com todos, embora tenha deixado o esqueleto formado. Pancho, com mais preparo, está levando admiravelmente bem, mas está colhendo os frutos do sacrifício feito em grande medida pela outra [ministra]. O que acontece é que Muslera era uma típica batalhadora.

NÃO FUNCIONAVA COM PATRONE.
Não funcionava tampouco com Patrone.

E ISSO É COMPLICADO.
Tudo começa a andar mal. Pancho é mais tranquilo.

EXPLIQUE, POR FAVOR, A QUESTÃO DA EQUIPE ECONÔMICA E A PARALELA. O SENHOR DÁ PESO À OPP, DEPOIS O RETIRA E O REPASSA AO MINISTÉRIO.
Não dou peso a ninguém. São vocês que fabricam textos, porque têm que preencher espaço. São vocês, jornalistas, que equipe daqui e que equipe dali, coisa nenhuma! Discutimos, e às vezes têm razão alguns e às vezes, outros, e nada mais. Não é questão de dogma.

TENHO A IMPRESSÃO DE QUE, POR VEZES, SÃO MAIS PROBLEMAS PESSOAIS QUE QUESTÕES POLÍTICAS.
Há isso também, porque as personalidades também correm a partir do ponto de vista prático. Lorenzo é um cara muito valioso, resmunga, fica sério, não fala e fica com raiva.

É ESQUENTADO.
É esquentado e Frugoni também é. Mas não tenho críticas de caráter ético para fazer aos companheiros. O que é a Frente? A Frente não é um partido e por não ser um partido chegou ao governo. A Frente é um diálogo e uma discrepância de caráter permanente, histórico, e continuará sendo estrategicamente. O dia em que não houver isso, perderemos alguns pontos e perderemos o governo. Na Frente, todos precisamos de todos. Então, não há por que se assustar se alguns de nós pensarmos mais para cá e outros mais para lá, porque o resultado é o todo. Ninguém monta seu programa por inteiro como havia pensado, mas se apoia em algo e tem que ajustar alguma coisa, é assim [que funciona]. Essa é a história da Fren-

te. Lamento que as novas gerações não vejam isso, porque alguns de nós vivemos uma outra etapa da esquerda, perfeita, definida, em que o Comitê Central mandava, e não incomodávamos ninguém.

É VERDADE.

Não chegávamos nunca em algum lugar, éramos um testemunho com patas. Então, quando há diferenças, há crepitação.

A LUTA DE IDEIAS SEMPRE GERA CREPITAÇÃO.

Há luta ideológica, as classes sociais se expressam. As classes sociais são muito mais sutis que a análise que nós víamos. Eu estava no hospital quando houve aquelas eleições em que estava em batalha a prefeitura. Eu queria colocar Rosadilla, mas Ratón era um pobre padeiro, como vão elegê-lo para a prefeitura? Finalmente escolhi Ehrlich, um graduado... ah! é diferente! Porque está consagrado pela cátedra. Como se alguém que é graduado fosse garantia de que vai ser bom governante. Quem disse isso? É como discutir sobre quem ganha as meninas no bairro. Este é engenheiro, mas quem ganha mais é aquele magro; não tem nada a ver. Eu conhecia Ratón, por alguma razão tem o apelido de Ratón, é um doente quando se põe a trabalhar, com senso comum, algo que não existe em abundância, e não pude apresentá-lo como candidato, não tive sorte. Tive de apresentar um graduado. Quando me apresentei como candidado, votaram cinco candidatos. Como se expressa a academia e a não academia? Como se, para saber, você tem de ser precisamente acadêmico.

O SENHOR QUEBROU ESSE PARADIGMA.

Porque os desafiei. Finalmente, aceitei me candidatar porque percebi que o mais perigoso era o segundo turno. Era provável que iríamos ao segundo turno, e eu sabia que Astori perderia no segundo turno. Porque aí alguns Blancos iam definir, uma vez que não apoiam Cuqui, como de fato não votaram nele. Era o que ia fazer diferença.

O SENHOR TEM UMA APROXIMAÇÃO COM OS BLANCOS QUE ASTORI NÃO TEM.

Não tinha essa aproximação e era isso que ia definir, porque, infelizmente, as eleições são ganhas com votos. Mas, apesar disso, não é uma crítica que faço à Frente. A Frente precisa lidar com tudo isso, precisa da academia, da universidade. Precisa como tem necessidade de pão. Mas o outro também precisa.

CRITICAM O SENHOR, MAS, EM ÚLTIMA ANÁLISE, O SENHOR SE CERCOU DE GENTE FORMADA.

Você acha que sou idiota? Posso ser louco, mas não sou idiota. Não é a mesma coisa.

HÁ ALGUM TEMPO, O SENHOR DISSE QUE HARVARD O CONQUISTOU, MAS O SENHOR TEM A HARVARD QUE O RODEIA.

E deve-se manobrar Harvard, isso aprendi com os empresários. O velho Apariquian administrava um império, tinha uma van grande com sete ou oito lugares e aproveitava, quando ia para o interior, para levar um engenheiro desse setor, outro de outro, e mais outro, e ia conversando durante a viagem para não perder tempo. Quem manobrava tudo era o velho Apariquian, mas tinha todos eles ali ao seu lado.

APROVEITANDO.

Essa é outra coisa. Tenho um amigo aqui no bairro, Barlocco, que frequentou a escola somente por quatro anos. É ele quem produz os legumes para a Tienda Inglesa e para o McDonald's. Movimenta mais de 200 pessoas todas as manhãs. Transplanta 150 mil pés de alface por semana, tem uma escala de plantação de alface. Lê pouco, viaja. Vai a Alicante para ver o vale hortícola de Alicante, vai para Israel. Agora vai para a China, porque quer comprar ferramentas. O sujeito vem e adapta algumas coisas, é um louco de guerra. Certa manhã, ouço um ruído – veja só que senso comum –, um ruído infernal, levanto e lhe digo: "Que está fazendo?". "Comprei esta máquina de fazer canteiros e estou aprendendo a lidar com ela, porque se não souber manejá-la, como vou mandar depois?"

SE NÃO SABE, NÃO TEM AUTORIDADE.

Isso não se compra nos livros. Alguns caras o trazem, o desenvolvem e outros não se dão conta. Na discussão que tivemos sobre quanto tempo leva para fazer a interligação com o Brasil me diziam: "Muito tempo, só para 2014 ou 2015". Eu dizia: "De jeito nenhum. Quantas frentes de trabalho há? Pode-se começar com duas ou três frentes de trabalho, alguns vão para lá, outros vêm para cá". "Não sei se tecnicamente isso pode ser feito", me diziam. "Como não pode ser feito? Vão averiguar", disse-lhes. Podia ser feito. É a mesma coisa quando se faz um grande alambrado: você começa [a construção] em vários pontos e depois vai juntando-os. Então, ocorrem essas genialidades ao engenheiro Mujica! Os caras são educados de uma forma que...

NÃO OS TIRE DOS TRILHOS.

Com a regaseificadora aconteceu o mesmo, diziam que era para 2020. O quê? São loucos. Temos que fazer uma coisa menor no início e que comece a trabalhar [logo], e depois vamos ampliá-la aos poucos. "Não sei se é possível", diziam. Por que não? Viajamos para a Noruega para isso, fomos ver se era possível fazer módulos. "Sim, senhor, pode-se fazer módulos." Percebe? Mas me disseram que não se podia.

SEMPRE [A EXPRESSÃO] "NÃO SE PODE".

Você tem que desconfiar disso. Mas temos esse problema em tudo. No caso do ensino da construção, teríamos que dispensar todos os arquitetos do CODICEN e contatar esses velhos pedreiros aposentados, esses construtores de bairro que erguem casas. Trazê-los, entende? Isso me custou discussões com os companheiros. Não pode ser que a esta altura não tenhamos tipificada uma classe, ou dois tipos de classe, ou três, se quiser. Um tipo de banheiro padrão para as escolas, e vamos levar adiante isso com módulos: pa, pim, pum. Não, senhor. Cada projeto é independente, e vem o senhor arquiteto que quer realizar essa obra, que julga que vai passar para a história. Depois olho as fábricas, o que estão fazendo, e tudo é pré-fabricado, e em 15 dias está pronto um galpão.

CADA UM QUER DEIXAR SUA MARCA.

Você aprende falando com as pessoas. Fui para Colonia e comecei a averiguar, porque é preciso ver como fazem aqueles que têm mais dinheiro. Não vi nenhuma fábrica moderna feita pelos métodos tradicionais, com alvenaria e isso tudo, não. É tudo pré-fabricado, vêm até com as vigas em caminhões. Fazem assim porque são idiotas? Não brinque comigo! Veja o jornal *El País*, construíram a sede em dois meses, tudo pré-fabricado. Isso é o que temos de fazer para tudo, porque é a forma mais barata, e sabe por quê? Não é que o material sai mais barato por metro quadrado, mas se aumenta a produtividade do trabalho e se paga menos leis sociais e menos diárias, que é o componente principal do custo que a construção tem.

Fui para Conchillas e vi as casas que estavam fazendo em Colonia, e me encontrei com o russo que tem uma empresa que estava trabalhando por lá. Erguiam uma casa por dia. É um sistema de placas aparafusadas de determinada maneira, tudo padronizado, já tem o local por onde passam as tubulações, e depois é só encostar um caminhão de cimento e preencher [as estruturas] como se fosse creme. No dia seguinte, removem os suportes e está pronto todo o esqueleto da casa. Venho e falo com *el Bicho,* porque no Comcar construíram a prisão com tijolos. Você quebra isso com as unhas, não tem firmeza! Digo-lhe para falar com esse sujeito. Ele tinha 20 milhões para gastar, custou-lhe 13 milhões, e fez tudo em um instante. Com o excedente, fez outras coisas. Eles têm uma tecnologia diferente, mas isso não é Pepe Mujica que tem que descobrir, por favor!

AS PESSOAS FALAM "SEMPRE SE FEZ ASSIM".

A única coisa permanente é a mudança. Quando Mercedes Sosa canta que tudo muda é lindo, mas depois não se faz caso.

É MUITO DIFÍCIL. E SE VÊ ISSO NAS NOVAS GERAÇÕES.

É muito rotineiro, acreditamos que aquilo que fizemos uma vez e foi bem-feito continua por tempo indefinido. O que é uma mentira. Não é indefinido, porque há uma evolução constante. E na administração do Estado também. As coisas podem ser feitas de melhor maneira? Acho que sempre se pode fazer melhor. Não dou por concluída a batalha pelo ensino.

AH, NÃO? ESTÃO LHE COBRANDO ISSO COMO UM FRACASSO.

Isso é o que eles pensam, eu tenho outra maneira de pensar.

A QUESTÃO DO ENSINO É QUE ALGUNS DOS SINDICATOS DOCENTES ESTÃO...
Estão loucos.

E HÁ MUITOS DOCENTES QUE FICAM À MARGEM E NÃO PARTICIPAM.
Na sociedade moderna, as pessoas se isolam cada vez mais no âmbito pessoal, [sofrem de] falta de tempo, e a participação tem muito mais teoria e boas intenções que realidade. Às vezes, há assembleias sindicais que, para as dimensões de uma agremiação, são uma tristeza.

NÃO REPRESENTAM NADA. E NO SUNCA, AO CONTRÁRIO, TEM-SE UMA PARTICIPAÇÃO MACIÇA.
Porque o Sunca tem um caudilho. O Sunca tem um senhor caudilho e dizer estas palavras fere a cultura da esquerda, mas deve-se incorporar certas coisas, como o peso da personalidade. Um senhor dirigente, é uma figura.

O PARTIDO COMUNISTA O ESTÁ DESPERDIÇANDO.
O Partido não tem outro homem de massas como esse, é um presente dos deuses que a história lhe deu. Tenho a melhor impressão do sujeito.

ESTUDOU CIÊNCIAS HUMANAS E PASSOU A TRABALHAR NA CONSTRUÇÃO.
Um cara sensacional.

ESSES SUJEITOS SÃO A ESPERANÇA DA MUDANÇA GERACIONAL QUE VAI SURGINDO.
Claro que está surgindo. A substituição vem e não há por que se assustar neste país, um país de velhos. Não se deve ter medo, porque 40 anos é um menino para nós. Na guerra de El Salvador, tínhamos um companheiro de 38 anos, que era chamado de "el Viejo" (o Velho).

SÃO PARÂMETROS DIFERENTES, E CUSTA A NOSSOS DIRIGENTES LARGAR O POSTO, NÃO?
Custa largar a teta. E há outra coisa: custa a coragem de desafiar o que significam as responsabilidades. É mais cômodo se colocar sob as asas de alguém que o proteja. Porque a resistência à mudança na parte de cima é também consequência da covardia que há na par-

te de baixo. Aquele que vem de baixo tem que desafiar e deve ter a coragem de peitar, e pouco importa, é assim. A mudança vai acontecendo por meio das leis da biologia.

O QUE ACONTECE É QUE AQUI SOMOS MUITO LONGEVOS.
Sim, somos longevos e tanto.

QUEM LHE DIZ NÃO? QUEM LHE DIZ: "PEPE, VOCÊ ERROU"? A QUEM O SENHOR DÁ BOLA?
A Lucía [Topolansky, mulher do presidente], que é quem me banca. E, às vezes, um velho companheiro em uma discussão. Quando você tem muito poder, [as pessoas] o temem, não se atrevem a dizer-lhe as coisas como são.

ALÉM DISSO, O SENHOR É ESQUENTADO.
Sim, sou esquentado, mas não sou vingativo e não passo a vida toda cobrando contas antigas.

ISSO CUSTA PARA A ESQUERDA.
A vida é futuro, a única coisa que importa é o futuro. O passado conta para aprender alguma coisa, mas o passado já não decide nada. A decisão está sempre direcionada para frente, embora haja uma espécie de memória fotográfica que continua circulando em torno de tudo o que aconteceu e não pode ser esquecida. Para mim, o que passou é importante, porque pode ensinar alguma coisa. Hoje, a maior crítica que o governo merece é ter sido tão banana e de boa-fé com o orçamento. Deveria ter sido mais batllista, mais que o segundo batllismo, porque o país é assim. Deve dar pouco no início e depois ir soltando um pouquinho, dando a sensação de que eles conquistaram o governo, de que lhe torceram as mãos, para assim ficarem mais contentes.

O SENHOR ERROU AO DAR TUDO DESDE O INÍCIO.
Usei subterfúgios, reconheço isso hoje. Agora, vá ensinar a fazer isso. Os técnicos de economia vão vir ao meu encontro dizendo que fizemos bem e que agimos de boa-fé. Não, não, deve-se ter um pouco mais de habilidade, entende?

A POLÍTICA CONTINUA SENDO DOMINANTE.

Você tem que fazer política, não só receitas econômicas. Porque demos tanto de início e não temos nada para dar agora no ano eleitoral. Claro que isso poderia ter sido encoberto, tirando do governo que virá, mas não vou fazer isso.

E O PRÓXIMO É NOSSO.

É nosso e vou fazer com que entre com um ajuste fiscal. Banco o que tenho de bancar agora, e tchau.

ESTÃO TORNANDO A SUA VIDA IMPOSSÍVEL.

Estão por aí como loucos, e não acreditam na verdade. O pior é que você lhes diz: "Olhe que não há, que não vai haver", e começam a importunar. Não faz diferença.

O SENHOR TOMOU O MODELO DO ANTIGO CONSELHO NACIONAL DE ADMINISTRAÇÃO E O PRESIDENTE COM DEFESA, INTERIOR E RELAÇÕES EXTERIORES E COLOCOU GENTE DE CONFIANÇA.

De total confiança, aqueles em quem confio totalmente. A esquerda não tem pessoas para a Defesa, salvo alguns velhos tupamaros, não há outros para lidar com os milicos.

PARA ÑATO É COMO UM SONHO DE GAROTO ESTAR ALI.

E para os soldados também, pois o respeitam como um general.

É UM GENERAL.

Claro que é, precisamente, porque os soldados funcionam com determinados canais, que não são os dos outros. Aprendemos isso na vida de quartel, as coisas podem ser feitas bem, mal, e à moda de milico. É outra lógica, porque é a lógica da educação para a guerra. Não é para rir, porque, em um campo de batalha, se a gente não for educado de determinada maneira, quando o bicho pega, vem a debandada. Então, tem uma lógica em relação à vida que é chocante, mas deve-se entender isso porque é parte da educação. Não é por acaso que todos os exércitos do mundo são assim. E se há uma coisa que o homem tem experiência é em matéria de guerra. Bem, a esquerda tem dificuldades.

E NO INTERIOR?

Com *el Bicho* está feito... Quem vou nomear? Qualquer um?

BONOMI É DURO.

El Bicho é um cão.

E TEM O OUTRO PERRO AO LADO...

Tem o outro Perro ao lado e é um cara duro, e fim de papo! O que vou mudar, se todos os ministérios do Interior sempre foram um desastre! Para que pegue fogo, alguém tem que ir para o sacrifício, esse ministério não é brincadeira.

E HÁ UMA QUESTÃO ALARMISTA COM RELAÇÃO À SEGURANÇA.

Todas as direitas do mundo se apavoram com isso. Apesar de termos regredido em relação à nossa história, no contexto da América Latina somos campeões do mundo. Porque a doença é coletiva, é da humanidade.

A CORRUPÇÃO POLICIAL FOI ATACADA COM TODA A INTENSIDADE.

Quero ver outro ministro que tenha destituído 300 sujeitos por ano. Lembro-me de uma discussão que tive na casa de Batalla com Marchesano; eu era deputado e Marchesano me disse textualmente: “O que você quer, que eu fique de guarda no meio da rua?”.

PORQUE ELE NÃO TINHA NINGUÉM.

Nem um sequer. Havia uma espécie de consenso tácito de que isso era assim mesmo, e que [ele] era intocável. E talvez o fosse. Mas aqueles têm uma tremenda batalha para isso e seria bom que o país começasse a reconhecê-lo, tratar de ter uma polícia digna.

ESTÁ SE DIGNIFICANDO.

Sim, mas falta muito ainda.

QUEM QUER SER POLICIAL? NÃO TEM ATRATIVOS.

O único atrativo é o soldo. São aproveitadores que querem passar para o outro lado porque ganham mais. É complicado, mas se há ocupação importante no país, são profissões que vão sendo deixadas de lado, porque as pessoas, se podem escolher, escolhem melhor.

DE IGUAL MODO, CONTINUA PESANDO A MENTALIDADE DE MANTER O EMPREGO PÚBLICO, PORQUE MUITA GENTE PERMANECE NO EXÉRCITO, AINDA QUE GANHE POUCO.

É a segurança. Este é um problema que temos com o direito público e vamos ter de transformá-lo. Porque começa a ser aristocrático, tenho os trabalhadores privados com um regime, os públicos com outro. Penso como ideia programática que o país deve instaurar um regime em que o funcionário público fique nesse emprego cinco ou dez anos, não mais. E escolher, principalmente, as pessoas pobres que querem fazer uma carreira, que durante esse tempo seja funcionário público para resolver seus problemas básicos. Mas, depois, para fora e fim de papo, para não ter uma administração de velhos. Que esteja em constante renovação. Além disso, há um sentido democrático, se os uruguaios querem ser funcionários públicos, por que só alguns [podem ser]? Por que não abrir a porteira para que todos possam sê-lo por um tempo? Que entrem com a mentalidade de que não é para sempre, porque o cara entra e... daqui a 40 anos me aposento. É brincadeira! Estagnou, fica aí, para que vai lutar? É até uma vida triste, porque uma vida sem risco, sem desafios... perde-se a aventura da vida.

A SEGURANÇA PESA. É COMO NA POLÍTICA, ESTAR SOB AS ASAS DE ALGUÉM TAMBÉM PESA.

Como se não soubesse, irmão. Não querem desafiar a vaca sagrada. Andam brincando com uma candidatura alternativa, que a retirem e que vão embora!

SEI QUE COM TABARÉ PESA O RESPALDO QUE TEM, MAS FAZ SENTIDO SE BALDEAR PARA ESSE LADO?

Como lógica, sim, mas a história não é só lógica, é realidade também. Não há ninguém que desafie.

MAS COMO VÃO DESAFIAR, SE TODAS AS FORÇAS MAIS IMPORTANTES ESTÃO INDO PEDIR-LHE: "VOLTE, TABARÉ". ENTRE ELES, ESTÃO OS SEUS, PEPE.

Certamente, porque não tinham ninguém para promover. O que se pode fazer? Para promover uma alternativa deve-se ter, pelo menos, um candidato, e os candidatos que se tem não decolam. São realidades da natureza humana.

NÃO VINGAM?

Não vingam, e humanamente os entendo. Sabe por quê? Não surgiu um rapaz, como o filho de Lacalle, que, claro, tem o pai como conselheiro. Na realidade, vai a uma campanha eleitoral que sabe que vai perder, mas está preparando a candidatura para a eleição seguinte.

ESTÁ SE ACOSTUMANDO.

Está se acostumando, lógico, e assim são as coisas.

MAS AQUI NINGUÉM SE ANIMA.

Ninguém. Aqui há dois caras que poderiam tê-lo feito, dos que vejo, e são De los Santos e Sendic. Qualquer um dos dois, mas não entram nessa por nada.

NÃO QUEREM.

Não se animam, e nisso há uma primeira coisa a colocar. O outro é Astori, mas ele tem contra si o peso dos anos. Se Astori tivesse se apresentado, eu lhe teria dado uma mão. Tenho divergências com ele, mas também reconheço seus méritos. Astori merece ser presidente, certo?

A TURMA QUE O SENHOR IRIA DEIXAR, ONDE ESTÁ? O SENHOR NÃO DISSE QUE O MELHOR DIRIGENTE É AQUELE QUE DEIXA UMA TURMA PARA SUBSTITUÍ-LO?

Acho que vão ficar vários. Eles estão em toda parte, estão se processando. Há uns tantos. Aposto em Berterreche, por exemplo. Vou tirá-lo do Instituto de Colonização e colocá-lo para brigar na política. É um jovem que tem enorme chegada e capacidade [de realização].

É CORRETO EM TODOS OS SENTIDOS.

É um ótimo sujeito, eu o conheço desde menino. É uma das figuras que se deve promover. Acho que vai por aí, e há outros que estão se processando. Raúl [Sendic] tem o caminho totalmente aberto, se quiser se lançar... mas tem que ter um pingo de coragem. Ninguém vai lhe dar essa pitada de coragem, você tem que sair desafiando [os outros] e marcar território. Nesse ato de marcar território, às vezes se perde. Mas se quiser viver na segurança, vai viver na sombra. A sombra vai dar-lhe segurança, mas vai estar na sombra. Esse é um problema que as novas gerações vão ter. O que você quer? Tabaré vem com velhos, Danilo também, e eu estou prestes a sair.

NÃO BRINQUE, FAZ DEZ ANOS QUE ESTÁ PRESTES A SAIR.
Pois é.

ESTÁ SE REPRODUZINDO O MODELO DE SE COLOCAR SOB AS LIDERANÇAS.
Porque é cômodo e mais seguro, mas não cria cabeças, não cria a visão de que as pessoas precisam. Porque a aceitação da opinião pública, os programas e tudo o que discutimos se resumem, em última análise, a uma figura ou a outra. E toda essa papelada que fazemos é para nós, é para as pessoas que leem jornais, a minoria de uma minoria, um mundo pequenino. E as eleições são definidas pela massa, pelas pessoas que estão do lado de fora [desse mundo pequenino].

É O POVO A QUE SE CHEGA COM UMA MENSAGEM DIRETA E QUE SE SENTE IDENTIFICADA. FOI SEU CASO, O SENHOR É CONFIÁVEL, PODE SER LOUCO OU ESTABANADO, MAS É CONFIÁVEL, E NINGUÉM LHE TIRA ESSA FORÇA.
Sim, sim, eu coloco a alma em campo e não brinco com as pessoas. Talvez eu passe dos limites porque digo as verdades que penso, e às vezes é melhor calar a boca.

O QUE O SENHOR VAI FAZER COM A MACONHA?
Tenho que trabalhar muito com a maconha, será [um trabalho] lento, porque quero discutir mais o assunto no país, para que as pessoas entendam que o fenômeno das drogas é uma doença contemporânea que não tem similar. São muito mais graves as vítimas do narcotráfico que as vítimas que a droga faz. Quando morrem 100 por ajustes de contas, morrem três ou quatro por *overdose*. O narcotráfico é muito pior que a droga, e não estou defendendo a droga nem caio na poesia de que a maconha é boa. É como se dissesse que o fumo é bom, pare com isso! Seria banalizar a discussão. A droga é uma praga, mas quais são as margens que posso aceitar da

praga e administrá-la? Acho que é onde está a batalha. O país deve desenvolver dois ou três clones, não mais [que isso]. Isso supõe reprodução vegetativa para controlar as plantas, e não quer dizer que vou distribuir sementes para plantar, não, não. Se eu pegar alguém fora desse clone, arranco-lhe a cabeça. Qual é a ideia? Tratar de arrebatar o mercado do narcotráfico. A maconha é a principal [droga], entre uma quantidade de coisas, que o uruguaio consome, e trataremos de tirá-la do narcotráfico, para que não continue sendo um negócio. É [uma jogada] bem de mercado: para derrubar o narcotráfico, se arrebata o mercado.

PODE-SE FRACASSAR?

Sim, claro, e se fracassarmos, vamos reconhecê-lo, mas vamos experimentar. Porque o que estamos fazendo já sabemos que é um fracasso. Peço licença para tentar outro caminho. E peço à humanidade para que não me critique, para que me dê uma mão. Esse é um laboratório em decorrência das características do Uruguai, que é um país pequeno, é controlável. Há sempre mais droga, apesar de fazer cem anos que estamos reprimindo-a. Digo mais, sou pessimista em relação à droga, porque o que está vindo agora são drogas sintéticas, produzidas num quartinho em Pocitos. Com o que se vai combatê-las?

A QUESTÃO É A DISCUSSÃO IDEOLÓGICA RELACIONADA À DROGA. DARIO PÉREZ TEM RAZÃO.

Tem razão superlativa. Falo aos companheiros: nada de dizer que a maconha é menos ruim! É uma porcaria de droga, seria melhor que não a tivéssemos, vamos começar por aí. Mas o único bicho da natureza capaz de ir contra si mesmo é o homem, porque uma vaca talvez coma uma erva-de-bicho por engano, mas se deu uma mordida uma vez, nunca mais, acabou. O único que se prejudica, e conscientemente, é o homem. É o animal mais estúpido desse ponto de vista, porque todos os outros animais não vão contra a vida, vão em defesa da vida. E tratam de comer o melhor para a vida, é quase uma lei. Então, vamos dizer às pessoas as coisas como elas são, senão as enganamos. Se cairmos na permissividade com a maconha, vamos mal. Essa questão dos clubes não me convence em absoluto. Nada de clube, uma turma de traficantes de drogas que se junta e se droga.

EM NÍVEL INTERNACIONAL, A QUESTÃO ESTÁ TENDO MUITA REPERCUSSÃO.

Porque não sabem o que fazer. Na Guatemala, que já não aguenta mais ver as mortes por narcotráfico, me contaram que estão prestes a propor um patrulheiro para acompanhar as pessoas até a fronteira com o México, conceder-lhes livre trânsito, [formar] um corredor com todas as garantias, porque o narcotráfico está se difundindo por todos os lados, está apodrecendo toda a sociedade. Honduras tem uma taxa de assassinatos sem comparação. Toda a América Central é um gigantesco corredor para ir aos Estados Unidos.

LÁ É O GRANDE CENTRO DE CONSUMO.

Esta informação foi trazida por Insulza. A matéria-prima para [produzir] um quilo de cocaína é paga a um camponês da Colômbia por um valor que varia de 500 a 700 dólares, depois esse valor começa a subir. Quando chega ao consumidor americano em pequenas doses, pode valer 350 mil dólares. Mas o mais curioso é que a maior parte do valor é atingida depois que ultrapassa a fronteira americana. Ali, é o lugar onde explode cada vez mais, e essa grana fica dando voltas dentro dos Estados Unidos. Isso significa que nós colocamos o sangue, o serviço e todo o resto, e a lã ainda é feita por lá. Isso – falando em termos meramente econômicos – é uma coisa de louco. E não há nenhum morto nos Estados Unidos, a não ser por *overdose*.

MAS NO NARCOTRÁFICO SE MATA DO LADO DE CÁ DA FRONTEIRA.

Mata-se fora dos Estados Unidos. É terrível o papel da América, nós somos cobaias. Tem um pouco de audácia dizer que a maconha já está liberada. Na Califórnia, você entra numa loja e há um bloco de receitas com assinaturas de diferentes médicos. Então, se quiser comprar 100 ou 200 gramas, apanha uma receita dessas e assinala o que quer. Esse sistema é hipócrita, cínico.

COMO VÊ A QUESTÃO DA INTEGRAÇÃO LATINO-AMERICANA? O QUE VAMOS FAZER COM O MERCOSUL?

O Mercosul tem uma enorme crise de identidade, e fundamentalmente as dificuldades e as inconsistências do modelo argentino se estabelecem como elementos determinantes. Outro elemento determinante é que o Brasil não se decide nem para um lado nem para o outro. Custa para o Brasil o papel de liderança que necessariamente tem de assumir. Como todos os países muito grandes – isso aconteceu na história dos Estados Unidos –, o Brasil tem dificuldade em assumir suas responsabilidades com o exterior. Há uma corrente dentro do Brasil, que passa pelo Itamarati, que afirma que a integração é importante, mas a primeira integração do Brasil é consigo mesmo. O Brasil é um espaço com dificuldades para a sua própria integração, e uma parte da burguesia paulista, que é determinante, tende a pensar assim. Isso entra em choque com o pessoal do PT, que se dá conta que tem que assumir [a responsabilidade]. Falta um caudilho para a integração latino-americana, um caudilho que seja aceitável. Esse líder deveria ser Lula, mas não o é nem vai ser, porque, como ele mesmo diz, "sou brasileiro", e então o que vão ver é o tacão do imperialismo brasileiro. Não pode ser, entende? A integração não é uma questão de esquerda, de direita ou de centro. É ser ou não ser, que é diferente. E essa é uma luta com a visão de esquerda tradicional. Se eu quiser me integrar com aqueles que se parecem comigo, ou pensam como eu, não há integração. Não, a integração é com todos, independentemente de qualquer outra coisa. Isso significa um grau de abertura muito grande.

NÃO É FÁCIL CONSEGUIR ISSO.

Claro que não vai ser! Mas, caso contrário, não há integração. Por isso, o Uruguai foi como observador na Aliança do Pacífico, para dizer ao Brasil que isso pode ser uma jogada dos Estados Unidos, mas há duas maneiras de perder o terreno: uma, porque o ganharam, e outra, porque você o abandonou. Não, não vamos abandonar esse terreno, devemos continuar nele.

PORQUE O SENHOR NÃO PODE SABER QUEM SERÁ GOVERNO NESSES PAÍSES AMANHÃ.

Que sei eu o que vai acontecer amanhã? Talvez Capriles ganhe as eleições na Venezuela. Agora, Bachelet vai ganhar no Chile, viu! Então, não posso ter uma questão ideológica e tirar uma fotografia. Aqui são países e não ideologias que se deve integrar.

VOCÊ DIZIA QUE SE DEVIA INTEGRAR A ACADEMIA.

Claro, as universidades, a inteligência, que é minúscula em comparação com as sociedades, mas tem um poder multiplicador no campo do pensamento, da educação e da formação das pessoas. Então, dentro do Mercosul, nós tendemos a desenvolver uma relação bilateral com o Brasil, onde temos uma série de depoimentos positivos. Sempre que temos problemas, o governo central resolve a questão. O Brasil é um macroespaço com uma organização federal, os Estados pesam e podem colocar entraves na engrenagem do comércio ou de outra coisa. Aquele que sempre nos defende é o governo federal, e nisso houve consequências no governo Lula e neste governo. Detecto esse apoio por todos os lados. Daí minha definição de que temos de nos agarrar ao estribo do Brasil. Porque os uruguaios não se veem como um bairro de São Paulo, temos ares de potência.

SOMOS OS CAMPEÕES DO MUNDO.

Somos pardal de lixão e inflamos o peito, pare com isso! Temos que ter consciência do que somos. Pedem que desafiemos a Argentina. Conheço a história do Uruguai. A melhor maneira de ter problemas, e sem saída, com a Argentina é enfrentá-la. Se enfrentar a Argentina, já sabe que perdeu! Não se consegue mais nada.

VOCÊ DEMONSTROU ISSO COM AS PONTES.

E agora tenho que resolver outro problema. O pessoal da UPM me pressiona, porque podem produzir 20% a mais na fábrica, mas pelos acordos que temos com a Argentina não podem produzir mais. Isso é fundamental para o Uruguai, mas tenho que fazê-lo com prudência. É bem possível que a UPM erga outra fábrica no rio Negro, perto de Cerro Largo, e aí ficamos com o circuito fechado. Em vez de exportar toras, que corresponde à exportação de gado, pelo menos temos a celulose.

NÃO VAI SAIR A FÁBRICA DE PAPEL?

Não, parece que na indústria mundial é inconveniente vender papel, vende-se celulose. Mas inconveniente por ora, não sei amanhã, porque sua majestade o computador gasta papel aos montes.

COMO O SENHOR VÊ AS ELEIÇÕES NA ARGENTINA?

Não tenho ideia do que pode acontecer, mas o que sei é que o próximo governo é peronista, não sei de que lado. Porque se não for peronista, não o deixam governar. Vai ser peronista, mas dizer peronismo é um grande sentimento. Dentro desse sentimento há de tudo.

O QUE CRISTINA PLANEJA COM VOCÊ?

Eu lhe enviei uma carta pessoal. Ela tem habilidade e eu não posso renunciar ao que sou. Tenho uma linguagem simples, estive preso tantos anos... falo como os meninos do bairro, mas não é uma impostação, viu?

O SENHOR LEMBRA QUE DIZIAM QUE O SENHOR TINHA UM ASSESSOR DE IMAGEM?

Não entendem nada, e você não pode disfarçar essas coisas quando está falando naturalmente. E lá sabia eu que estavam me escutando?

O QUE O SENHOR VAI FAZER COM OS CANAIS DE TELEVISÃO?

Devem me apresentar todos os relatórios.

POR QUE O SENHOR DEIXOU OS TRÊS CANAIS HISTÓRICOS SEM COMPETIR?

Porque é um terremoto neste país, seria acusado de tudo. Minha primeira intenção era não decidir nada agora, mas como a Frente Ampla se caracteriza por dar tiro no pé, os companheiros me enrolaram. Queria decidir isso algumas semanas depois das eleições, porque sou louco, mas não besta. Pensava que seria muito melhor do que fazê-lo após as eleições, no período de transição, mas a Frente foi genial, enviou no último momento na legislatura passada – eu tinha esquecido – uma disposição pela qual, depois das eleições, por seis ou oito meses não pode ser concedida. Então não posso adjudicar nem antes nem depois e deixo o problema para aquele que me substituir. Vou ter de fazer algo meio salomônico, na medida do possível. Bombardearam-me dizendo que no Uruguai não há mercado e talvez não haja.

É UMA BOA DESCULPA PARA NÃO MUDAR NADA, NÃO?

O futebol uruguaio tampouco tem mercado e há 14 mil times, surgem jogadores, mas não há mercado. Quando estive na Espanha, o presidente do Real Madrid veio me encontrar e me mostrou o estádio e tudo o mais. Perguntei de quanto era o orçamento e ele me disse que atinge 400 milhões de dólares por ano. O futebol uruguaio não gastou 400 milhões em toda a sua existência. Esse é o Real Madrid, e o Barcelona deve ser da mesma maneira. No entanto, de repente, joga uma partida contra eles, são essas coisas incompreensíveis. Bem, temos que tomar essa decisão, não sei o que vão me mandar.

ENTÃO, O SENHOR NÃO SABE AINDA O QUE VAI FAZER.
Não tenho nem ideia.

E YOCCA?
Yocca, que sei eu?

O SENHOR O TROUXE OU NÃO?
Não, não, trouxeram-no aqui para mim, nem o conhecia. Ele andava com a turma dos peronistas na Argentina. Não tenho nada a ver [com isso]. Não sei como isso termina com Fasano, porque entendi que o compromisso [dele] é que assumia as dívidas [do jornal]. Esse é um negócio de ciganos, nenhum dos dois tem muito [dinheiro]. Mas tampouco é um negócio. Amanhã, você compra uma mansão em Shangrilá e lhe dizem: "Aprontou de tudo". Vá passear, teve de fazer magia para imprimir um jornal a cada semana.

O QUE SEMPRE FALAMOS É QUE NÃO SE CONSEGUIU TER UM MEIO DE ESQUERDA.
Não se pode tê-lo, vão discutir o editorial, vão discutir tudo, por que fez isso, por que deu a este ou àquele outro. Já sei, eu vivi a 44, já sei qual é a música. O proprietário de um meio de esquerda é uma vítima, vive pressionado por todos os lados.

O SENHOR VAI AO SENADO?
Sim, vou.

ESTÁ CLARO PARA O SENHOR QUE O MPP PERDE A HEGEMONIA DA FRENTE, CERTO?
Não tenho certeza. As pesquisas que vimos dizem que as coisas vão por aí.

EM VEZ DE SER MAIORIA, VAI SER UM TERÇO, COMO OS OUTROS.

Sim.

OS SOCIALISTAS VOLTAM PARA OS TRILHOS.

Voltam aos trilhos. Houve um divórcio com o Partido Socialista que, ideologicamente, é incompreensível. Historicamente, o Partido Socialista tinha que andar conosco e nós com o Partido Socialista, não me enrole. São essas coisas dolorosas que acontecem. Viu que ideologia é relativa, não é? Isso me doeu realmente.

QUE "DÉBITO" VAI LHE FICAR DA PRESIDÊNCIA?

Uh! Qualquer quantidade de "débito", vão ficar vários. Mas vão ficar algumas coisas em projeto. Os grandes projetos vão estar lá e vão condicionar todo o próximo governo. Devem ser levados adiante, porque a obra da ferrovia já estará iniciada, a regaseificadora e o porto de águas profundas, e Aratiri também. E depois que vão discutir em russo. Não vão resolver a realidade, mas vão contribuir para uma infinidade de coisas menores ao redor delas. Essas são as coisas importantes, as que ocupam as pessoas. Vai sobrar um problema com o ensino, que não se concluiu. Mas deve-se concluir essa etapa.

POR QUE NÃO FORAM FEITAS MAIS ESCOLAS DE PERÍODO INTEGRAL?

O plano é chegar a 300 escolas de período integral, e depois continuar [a construção delas]. E se pudermos alcançar o objetivo, vamos fazê-las. Mas, primeiro, precisamos passar por essa avalanche de reclamações sindicais, e depois vir a contraofensiva, para ver até onde vamos. O problema do ensino não vai ser resolvido, mas tampouco vai ficar assim. Sou conceitualmente inimigo da centralização excessiva. Poderão dizer que sou anarquista. Sim, sim, tudo o que quiserem, mas acho que as pessoas, para render, precisam de aventura, de desafio, de competição e de liberdade. E isso vai estabelecer coisas diferenciadas, mas aqui querem a uniformidade do cemitério, que nada aconteça. Não quero a concorrência no sentido capitalista, quero a emulação, que é outra história. Quero que o diretor da escola com sua equipe de pessoas tenha uma grande liberdade para levar adiante a escola, e se essa escola sobressair, teremos coisas a aprender. Mas há uma mentalidade de funcionário público que tem de ser tudo assim, tudo plano, tudo igual. Pois bem, essa batalha tem de ser feita. Para mim, é uma batalha aberta. E há dinheiro do cânone Aratiri que vai para o ensino.

QUEM VAI ADMINISTRAR ISSO?
Essa é a questão, esse problema tem de ser resolvido, quem vai administrar.

TODO MUNDO VAI DIZER QUE A QUER.
Sim, dê-me o dinheiro e não presto contas a ninguém, porque o ensino é autônomo, é como o Espírito Santo, não presta contas a ninguém. É como a lei de imprensa, não querem que exista. Está bem, concordo que não seja o Executivo, que seja o Parlamento ou que seja a justiça, mas deve haver alguém que, em algum momento, possa dar ordens. E talvez o Executivo não deva ser porque tem tendência a exagerar, mas deve haver alguém que ponha um limite e diga: "Você está exagerando, não é?".

É UMA QUESTÃO MUITO PECULIAR.
Bem peculiar, é de chorar. Os professores relaxaram, mas não devo me irritar com eles, porque a justiça é outro problema. Banquei quando fui ministro e éramos dois ou três caras que íamos e cobrávamos o salário como ministro, que é menor do que o salário de senador, e havia outros que cobravam o salário no Senado. Quando cheguei ao governo, disse que se devia corrigir isso, que os ministros tinham de ganhar o mesmo que os senadores, porque ficava horrível. Por que me meti nisso? Enviamos o decreto e aí desenterraram a argumentação jurídica, há cerca de 700 ministros no país. Queriam colocar contra mim toda a justiça, a Suprema Corte. Em vez de resolverr a situação de doze caras, devia-se resolver a de 700. Uma coisa impressionante, tivemos que retroceder.

Uma vez mais ficou demonstrado: o órgão humano mais sensível é o bolso. Poderá encontrar alguns loucos como eu, que não dão bola, mas são exceções. A maioria das pessoas não tem nada a ver, vi isso com os médicos, os anestesistas, os cirurgiões, os juízes. Por isso, não posso me irritar quando uma massa me pede o que não tenho. Dos pais da pátria, nenhum ganha 30 mil pesos. Você tem um monte de anos, está prestes a sair, por que [as pessoas] vêm me provocar com dinheiro nesta fase do jogo? Na vida, as coisas têm escala, é lógico que, quando você tem 30 anos, se preocupa muito com dinheiro, mas quando você chega à minha idade, que sentido faz? Vai levá-lo com você? Não consigo entender. Estou somaticamente divorciado deste mundo.

NÃO ESQUEÇO MAIS A FRASE DE ÑATO: "PODEM DAR A VIDA, MAS NÃO EMPRESTAM 50 PESOS".

Não emprestan o carro, dizia Ñato, talvez lhe dão a vida, mas não o carro. É incrível.

E ISSO SE DÁ NA ESQUERDA.

Há deles aos montes. Temos problema com os médicos e a maioria dos médicos é de esquerda, é uma discussão entre nós. E um dirigente dos anestesistas, formado em Cuba, militante comunista, era um colaborador, não consigo entendê-lo. E tem que ver como é isso no dia a dia.

COMO VÊ A OPOSIÇÃO?

Vejo-a muito fraca, é a maior ajuda que temos. O Partido Colorado fez migalhas do batllismo de fato. Bordaberry quer disfarçar, mas não pode, é um disfarce que não se encaixa, se nota facilmente. E o Partido Nacional tem seu lado interno, com Abreu crescendo, e acho que Larrañaga atingiu o teto do que pode dar.

E COM A CANDIDATURA DE LACALLE POU, JÁ NÃO É MAIS A RENOVAÇÃO.

É mais do mesmo naipe. É um jovem envelhecido. É jovem, bom rapaz, com uma aparência de inovação, mas que está tocando cordas mais velhas... já são conhecidas. Por mais que as disfarce, é difícil. Não deixa de ser pequeno. Pequeno pelo porte, por onde mora e tudo mais, não pode deixar de sê-lo. Não é que o faça de má-fé, não pode renunciar ao que é. Isso está limitando bastante o Partido Nacional, e nós lhe demos uma mão bastante grande.

E A FRENTE?

O problema da Frente, paradoxalmente, subsiste em seu principal reduto, que é Montevidéu. Acho que, teoricamente, tem de aumentar muito o quadro, e o ideal é que participe com todos os candidatos que possa, se o máximo for três, que sejam três. Que trate de cobrir todo o espectro.

FOI UM TIRO NO PÉ A CANDIDATURA NA ÚLTIMA VEZ, NÃO?

Não sei, tenho minhas dúvidas, sabe? Vi muita egolatria. Acho que teria sido pior, porque há uma espécie de passado sindical pecaminoso, que tende a sublimar a questão dos sindicatos e a dos companheiros trabalhadores. E a prefeitura está perdendo o jogo por não saber ser patrão quando precisa ser patrão. Deixou-se passar para trás por ADEOM mais de uma vez. Isso vem do passado, e o [problema] foi servido na bandeja. Eu era a favor de deixar Montevidéu feito uma entrada de jaspe, por isso me ofereci para tirar os soldados e limpar tudo, mostrar ao Uruguai que era possível. Mas precisava da decisão política para ir adiante. Porque, às vezes, para que as pessoas aprendam, têm de sofrer uma derrota, para depois medir as coisas. Não acho que seja papel dos soldados limpar a cidade, mas há momentos em que [é preciso], pare, pare! Governar significa que, inevitavelmente, há momentos em que você tem que exercer a autoridade. Não se trata de autoritarismo a todo momento, mas o que tem faltado, o que nos faltou, é isso. Vamos ver o que o futuro há de dar.

MUITAS VEZES O ACUSAM DISSO, DE QUE NÃO EXERCEU A AUTORIDADE.

Sim, claro, é possível, eu não quero ser autoritário.

NÃO SE TRATA DE SER AUTORITÁRIO, MAS DIZER "NÃO".

No ensino lhes disse que era de três por cento [de reajuste salarial] e não havia mais. Eu não faço barulho, mas quando decidi, decidi. Quando digo "fulano vai embora", vai e tchau, que vá chorar no quarto. Se querem que ande com a faca fazendo estardalhaço, não [vou fazer isso]. Não gosto de exercer a autoridade, mas há momentos em que não há outro jeito, e então tenho que ter coragem de decidir. Dispensar os soldados, não acredite que é fácil. Que olhem para trás e vejam os antececentes de quantos governos dispensaram os soldados, que se animem. Você arruma inimigos no sindicato armado, não é brincadeira.

QUAIS FORAM OS MOMENTOS DE MAIOR FRUSTRAÇÃO NA PRESIDÊNCIA? A LEI DA CADUCIDADE?

Não, a lei de caducidade foi um momento terrível pela falta de visão dos companheiros, que pretendiam resolver um problema que é muito difícil, que nunca tem solução total, com o jogo de leizinhas. Não importa, não se resolve dessa forma. Mas certamente expressa que temos pontos de vista diferentes. Não me interessa a justiça no sentido histórico do termo, porque a justiça é impossível, não existe. Estou interessado no futuro, e o que acontece é que as mulheres e os filhos dos soldados que nos trataram a pauladas, e que cometeram absurdos, vão continuar a viver nesta sociedade com os filhos dos outros. E esse é o mundo do futuro, e não quero que esse mundo esteja ferido e magoado com os erros que tivemos no passado, entende? Não é que eu queira amenizar os erros do passado, mas acho que há coisas que ninguém vai restituir, que não têm compensação, e há gente que acredita que sim. Há coisas que são a maneira de pensar e não podem ser discutidas. Sabe o que é ter um velho de setenta ou oitenta anos na prisão? Não quero ser carrasco dos que foram carrascos comigo.

ESSA NINGUÉM TIRA DO SENHOR

Sei que não tiram.

O SENHOR É CALMO QUANDO DIZ ISSO.

Sou calmo porque coloquei uma [pistola] 45 na cintura. Lutei por uma mudança social, não para cobrar contas de fulano ou sicrano, isso é outra história. E as vítimas, algumas eram pombinhas brancas, mas [havia] outros [que] não éramos pombinhas brancas, éramos pátria ou morte. Éramos aqueles que gritávamos: "Paredão!". Não éramos crianças de colo, ora bolas! Não me transforme agora em Chapeuzinho Vermelho!

A MÃO QUE CHEGAVA, SE ERA PARA LIMPAR, LIMPAVA.

Claro, e você matava ou morria, que loucura! Isso me dói. Dizem que tenho códigos com os milicos, não tenho código de coisa nenhuma. Lembro bem, gritávamos: "Paredão!" como loucos, um *slogan* terrível, bestial! Mas deve-se ter honradez intelectual, reconhecer como pensávamos, como raciocinávamos.

ERAM CIRCUNSTÂNCIAS ESPECÍFICAS.
Vivíamos assim e criávamos uma contrapartida desse tipo. Sei que vou perder essa, do ponto de vista prático vou perdê-la, mas não muda minha maneira de pensar.

DIGA-ME UMA COISA, POR QUE EDITAM A REVISTA *POLÍTICAS*?
É publicada por esses caras dali, que sei eu, para concorrer com vocês. Para mim, pouco interessa.

MAS É GRANA. O SENHOR SEMPRE FALA DE AUSTERIDADE, MAS É LÓGICO FAZER A ANTEL ARENA?
Não sei se é lógico, parece-me uma obra interessante para o país.

SIM, COMO FOI O SODRE. MAS TEM DE FAZER A ANTEL?
Se não fizer a Antel, alguém que tenha grana deve fazê-la, [até porque] a prefeitura não tem grana. Em última análise, fica para o país. O Banco República tinha que ter feito o Palácio Legislativo? Não.

MAS EMBARGARAM O NOVO PRÉDIO QUE O BANCO REPÚBLICA QUERIA CONSTRUIR.
Embargaram.

E ELES TÊM DINHEIRO.
Tinham grana.

E POR QUE FAZER A ANTEL E NÃO, POR EXEMPLO, A CORPORAÇÃO PARA O DESENVOLVIMENTO, QUE TEM MUITAS OBRAS E PROVOU SER EFICIENTE?
É eficiente porque está no direito privado. Você chama por telefone e o atendem, enquanto no direito público você dá voltas e mais voltas e não tem jeito. Então, a eficiência comprovada é porque usa o direito privado, é uma demonstração a mais do que acontece, e não faz sentido a impotência que temos para transformar o direito público. Tacitamente, o Uruguai está construindo um Estado paralelo no direito privado até que este arrebente, tenha uma eclosão, e o país vai ter que definir. Por ora, o direito público é como uma religião, não se pode tocar. Para mim, deve-se caminhar para um só direito: aquele que aplico a Juan Pérez, que caminha pela rua,

deve ser o mesmo que o direito público e acabou. Deve-se controlar o dinheiro público, sim, mas existem também métodos de controle. Além disso, o controle do Estado tem de vir depois. Deve-se deixar governar, que decida, e se decidir mal, arranco-lhe a cabeça. Se possível, vai para a cadeia. Mas quando tem de fazer as coisas, que faça.

UM CONTROLE POSTERIOR.

Controlar resultados. E não é essa mania de que queremos prever tudo e não prevemos porcaria nenhuma. Aquele que quer trapacear, trapaceia. Aquele que está na clandestinidade, tem documentos para passar e sempre vai inventar de tudo. Muitas vezes, enrolamos o cidadão comum. Eu fui clandestino e nunca tive documentos mais legais do que quando estava na clandestinidade. Tinha vinte documentos, a carta de motorista, a carteira do Peñarol e tudo o que você me pedisse. Tinha uma ficha perfeita. Então, o que fazem muitos dos controles do Estado é complicar a vida. Você pode acreditar que para vender uma tonelada de carne tem que fazer vinte tramitações? Não me encha a paciência!

PLUNA É VIÁVEL, PEPE?

Não, Pluna não, e isso é difícil.

NÃO SE ESTÁ TRATANDO DE SALVAR POSTOS DE TRABALHO? ALI NÃO PESA A CORPORAÇÃO SINDICAL?

O que acontece é que não é ruim que o Uruguai tenha uma linha que esteja ligada a interesses nacionais. Isso não é ruim, mas não pode ser uma coisa eternamente subsidiada pelo Estado. Tem que ser algo que funcione por si mesmo. Se podem tirá-la ou não, tenho as mesmas dúvidas que você tem. Mas sou de esquerda e no final tenho de apostar e acreditar nos trabalhadores, até por preconceito.

PARE! A ENVIDRIO FUNCIONOU, RECEBEU MUITO APOIO E ESTÁ FUNCIONANDO.

E outras também, há mais de trinta.

FUNSA, MAIS OU MENOS.

Tem seus problemas.

NÃO SEI COMO VAI FUNCIONAR METZEN Y SENA, PARECE QUE COMEÇOU BEM.

É a que tinha mais possibilidades por causa do *boom* que a construção interna teve. Mas, vamos ver, não é simples.

O CASO DA PLUNA É QUE TINHA MUITOS FUNCIONÁRIOS COM BONS SALÁRIO, NÃO É FÁCIL UMA COOPERATIVA FUNCIONAR DESSE MODO.

Com toda essa gente não funciona. Além disso, não vai ter mais que três aeronaves, e reconheço que é difícil. Mas não está totalmente decidido, porque houve uma reclamação dos pilotos contra o Estado e os pilotos estão trabalhando por aí, ganhando um bom dinheiro, melhor que ninguém. E essa [questão] não posso resolver. Posso apoiar os trabalhadores, mas os trabalhadores têm que dar uma contrapartida. Para o Estado, é uma aventura pôr 15 milhões de dólares e dar os aviões [à empresa] para que sejam pagos quando puder. No final das contas, é dinheiro público e, se você vem reclamar por outra coisa, vamos conversar. Concordo que é um desafio difícil, tão difícil que nenhuma empresa privada topa o negócio.

É COMO A FERROVIA.

Dizem-me para privatizar, por favor! A única privatização de ferrovia pode ser feita por algum comprador de sucata em larga escala e que leve o ferro-velho.

E QUE TAL O PAPA?

É um personagem e uma surpresa. Se eu tivesse que defini-lo ideologicamente: é um peronista à moda antiga, de militância de base. Com toda a grosseria que uma definição desse tipo pode ter. Tem jeito popular. A Igreja não é boba.

O QUE VAI ACONTECER? DOIS MIL ANOS DE HISTÓRIA NÃO FORAM EM VÃO.

A Igreja é brilhante, porque percebeu que com a linha que tinha não podia [continuar].

ESTÃO MORDENDO OS CALCANHARES POR TODOS OS LADOS.

Elegeu um personagem de virada na imagem histórica da Igreja. Não sou crente, mas tenho uma admiração política pela Igreja Católica, sempre tive. Concordo com alguns pensadores que dizem que as coisas que os latino-americanos têm em comum são a língua, pensamos em castelhano (o português é um castelhano mais doce), e depois Roma, a Igreja Católica. Essas são as duas colunas vertebrais de nossa cultura. Tenho admiração e respeito político pela Igreja como instituição. Acho que ela é importante, é uma contribuição. Não esperemos milagres, mas temos uma Igreja mais consubstanciada com a luta pela igualdade entre os semelhantes. Acho que a partir desse ponto de vista vai colaborar. A partir do nome que [o papa Francisco] escolheu, a maneira de ele pensar, é um senhor personagem para mim. Tive uma longa conversa com ele, quase por uma hora, e pedi para ir [à Roma] por minha própria conta, porque, senão, íamos acabar jogando uma partida de truco. Ele é bem como eu, não é difícil, é um tipo totalmente acessível, com uma consciência dramática do lugar onde está: "Esta é a última corte que permanece no mundo, e isso não é fácil".

A ADEOM ESTÁ METIDA AÍ DENTRO.
Mover isso é difícil.

DOEU MUITO O CASO CHÁVEZ? PEGOU PESADO?
Sim, pegou, porque era um grande amigo, uma ave rara, um louco genial e com uma generosidade que não é própria dos estadistas deste mundo. Também quebrou o molde e a Venezuela está em um drama, não vai ser fácil. Tínhamos um amigo no canto da esquina. O governo da Frente teve um amigo. Quando um banco estava para ir à falência, com um telefonema eles nos deram uma mão, e [nos deram] muito mais do que pedimos sempre, e não costumamos esquecer. Fizeram isso por solidariedade, não com o sentido de lucro, porque tiveram perdas permanentes. Oxalá a Venezuela possa continuar sendo parte deste grupo e ajudando.

VAI SER PRÊMIO NOBEL DA PAZ?
Eu?

ESTÃO POSTULANDO.
Sim, mas dizem qualquer bobagem, vê-se que não há nada, há uma escassez no mundo que é incrível. Não vai me tirar o sono.

VAI DEIXAR A PRESIDÊNCIA E VAI FAZER A ESCOLA AGRÍCOLA NA CHÁCARA?
Sim, vou fazê-la, é inevitável, estou fazendo coisas para isso.

O SENHOR NÃO VAI VOLTAR AO SENADO, VAI SER CANDIDATO, MAS NÃO...
Pode ser que vá alguns dias, não vou cobrar o salário. Sempre se deve deixar uma porta aberta, porque talvez o governo de repente precise. Pode perceber que se o governo for da Frente Ampla, vou apoiá-lo até a morte, como deve ser. E nunca se sabe. Do ponto de vista prático, vou estar às ordens, como está o Exército da reserva. Quando precisarem, estarei presente. Mas ciente de que estou com oitenta anos e não faz sentido.

VAI CONTINUAR COM O PROGRAMA DE RÁDIO?
Não tenho ideia, daqui até lá...

O SENHOR SE DÁ BEM REALMENTE COM TABARÉ? HOUVE MUITAS DISCORDÂNCIAS COM ELE.
Nunca tive discordância. Apenas uma vez discordei sobre a questão da dívida agrária, nada mais, por defender os camponeses quando eu era ministro. E em todos esses anos tenho sido amigo. Quando vai pescar, trato de vê-lo por aí, conversar um pouco com ele.

COMPARTILHAM EXPERIÊNCIAS, CONVERSAM MUITO?
Sim, horas, e sem avisar a imprensa. Se ele é o governante, vou tentar ajudá-lo da maneira que puder e, se um dia discordo do que está fazendo, calo a boca. Se discordo, tchau, calo a boca e trato de apoiá-lo em tudo o que puder. Porque, em última instância, quando se pertence ao quadro, se a gente está na luta política, tem-se que funcionar como um militante. Mas, claro, venho de um passado militante, em toda a minha vida tenho sido militante e tenho sabido estar em maioria e em minoria.

VAI SER DIFÍCIL O SENHOR CALAR A BOCA. NÃO ACREDITO NISSO. O SENHOR É IRREQUIETO PARA CALAR A BOCA.
Calo, sim. Já me calei! Sempre me calei nas coisas mais dramáticas. E, ao contrário, sobre as coisas graves, mais importantes, mantenho o silêncio. Levo segredos para o túmulo.

NÃO TENHO NENHUMA DÚVIDA.

Não tenha dúvida de que calei muitas coisas. Mas me parece que o governo, como frentista, não há outra alternativa a não ser apoiá-lo. A Frente não é perfeita. Não há nenhuma máquina humana que seja perfeita, menos ainda a Frente. Tenho a interpretação que lhe disse: a Frente expressa um monte de contradições, vai tê-las até o juízo final, e no dia que não as tiver, perdeu. Perdeu, porque passou a ser uma colcha de retalhos. Agora, a gente tem de se localizar. Em última instância, ao povo uruguaio convém a administração da Frente em sentido histórico.

POR QUÊ?

Porque a grande diferença entre a esquerda e a direita, não a única, mas a grande diferença é a sensibilidade social. Se eu cortar mais espesso o toucinho desse lado, vai ficar mais fino do outro lado e esse é um problema de distribuição. Os fracos sempre saem prejudicados. Ai da Frente se não estiver no governo! E depois que se envolvam como quiserem e que discutam em russo. Certamente que a Frente tem diferenças no tamanho do corte que rasga para um lado e para o outro, e haverá sempre discussões internamente. Há razões muito válidas de que se deve atender o social, mas se eu matar o espírito empresarial e o empreendedorismo, tenho menos para distribuir. E essa discussão também é válida, e essa é a grande contradição da Frente.

PARA ONDE VAMOS? EM ÚLTIMA ANÁLISE, É O CASO DO GOVERNO EM DISPUTA.

É um terreno de disputa sempre. Estou tratando de contribuir para elaborar os parâmetros de uma economia social, mas essa economia social tem que se mover no mercado, por isso está sujeita ao calvário de ganhos e perdas. Não se deve confundir, o mercado terá que se mover, e aí o grande regulador é o sucesso ou o fracasso. Sou contra a exploração do homem pelo homem, mas não é simples, não se supera por decreto. Não renuncio ao socialismo, essa é a grande diferença; não renuncio ao socialismo, ao contrário. Todo o desenvolvimento do FONDES serve aos trabalhadores e lhes dá a mensagem de que podem se autogovernar e ser patrões de si mesmos. Mas isso é difícil também, não?

É MUITO DIFÍCIL.

Fulano não veio trabalhar porque sua mulher sentia dor nos quadris... Essa cultura também tem que mudar. Deve-se mudar isso pela responsabilidade, e não é simples. Os companheiros da Envidrio, que estão aí do lado, são um exemplo. Não há nenhuma empresa capitalista que suporte o regulamento que a Envidrio tem.

É MUITO DURO?

Nenhuma empresa capitalista tem algo desse tipo. E está bem, se não punham essas unhas de fora, não lutavam. E dispensaram companheiros, não pense que é simples. Mas deve-se entender isso, é parte da vida. Deve-se romper a tendência de idealizar que somos todos trabalhadores e que somos todos perfeitos, que os trabalhadores nunca se enganam, nada disso! Os trabalhadores levam cada puxão de orelhas de capitalistas sem a menor cerimônia, e se nos derem oportunidade, comemos o fígado de qualquer um. A coisa não é tão simples.

NA PRÓPRIA ESQUERDA ESTAMOS CRIANDO UMA CAMADA DE GENTE COMPLICADA E QUE TRANSCENDE OS PARTIDOS.

É complicada e está por todos os lados, estou de acordo, é uma luta difícil. Vou fazer uma pergunta: por que deram tanta importância no mundo ao discurso do Rio?

PORQUE NINGUÉM DIZ ISSO NO MUNDO, AQUI O SENHOR O DIZ A TODO MOMENTO E NÃO NOS CHAMA ATENÇÃO.

Faz vinte anos que digo isso, sei lá. Foi um discurso totalmente improvisado porque estava farto. Fazia dois dias que vinham desfilando discursos, e como o Uruguay está na letra U, porque segue-se a ordem alfabética, ficou para o fim. Enfrentei todos os discursos, você não sabe o que eram, e então me saiu isso, que não é outra coisa se não uma repetição de lugares-comuns de coisas que venho dizendo faz muitos anos. Fiquei espantado, veja que novidade! Mas também me perguntando por onde anda o mundo. O que pensa a esquerda? Como vou defender a ecologia? Como se fosse o cuidado da natureza ou da foto? O primeiro agressor da ecologia é o sistema civilizatório que nós montamos. O que vamos falar da ecologia e da natureza se temos uma sociedade do esbanjamento! Tenho de mudar de carro a cada dois anos, se tiver dinheiro, e o celular não pode durar mais de três meses. Isso é a ecologia! Você quer resolver as consequências, mas a causa é o mundo do desperdício, temos que ter uma montanha de coisas. Mas a esquerda não quer assumir a discussão civilizatória, porque no fundo é a luta pela liberdade e pela felicidade humana. O que me importa o crescimento econômico? Sim, é claro, eu não proponho o homem das cavernas, mas que tenha que ter dois ou três empregos e tenha que rebolar para resistir aos trabalhos, tomando remédios para render mais.

ISSO NÃO É VIDA.

Não é vida. Porque a coisa mais maravilhosa é que estar vivo já é um milagre, é uma chance no universo, e é um parênteses que logo se fecha. O que se deve adorar é isso, a oportunidade de estar vivo, esse pedaço de tempo. A vida não pode ser sofrer obrigações. A esquerda não entra nessa discussão.

O SENHOR FALOU MUITAS VEZES DO AMOR.

Mas, claro! Um bando de velhos amolecidos, parece que não querem falar sobre o amor, porque é uma coisa de pecado juvenil, mas pelo menos que tenham memória. Lembre-se como era lindo. Se tirar isso da vida, para que viver? E a esquerda tem a decência de colocar a vida como objetivo, e essa é a grande diferença que temos com a direita. Porque a direita está aí para a acumulação capitalista e por aí vai. Montam sociedades como as americanas, que é uma coisa de louco. Deixe que fiquem com o progresso material.

A COISA DEVE SER VISTA POR OUTRO LADO.

Claro que deve ser vista por outro lado. Estamos vivos apenas por um momento, e a vida se envereda para um inferno. E há outro problema na esquerda, que temos de corrigir, porque foi um erro.

QUAL É?

Nós pensávamos como o discurso típico dos cubanos nas primeiras horas da revolução, vamos fazer um país assim e assim. Sacrifico uma geração ou duas gerações, morrem todos para que um dia...

não, pare por aí! A vida é curta, é essa de hoje, vou ter esses condenados ao sacrifício em favor dos outros que virão? Isso podiam fazê-lo os egípcios construindo as pirâmides. Quero que aqueles que estão vivos hoje vivam tranquilos, de barriga para cima todos que puderem, da melhor forma possível.

AS NOVAS GERAÇÕES VEEM A VIDA COMO DIREITO ADQUIRIDO E NÃO A VALORIZAM.

Não a valorizam. Não quero sacrificar as pessoas que estão vivendo.

AQUI FOI DADA A PASSAGEM GRATUITA PARA OS ESTUDANTES...

Nada a dizer.

PESSOAS MORRERAM PARA CONSEGUI-LA.

Morreram estudantes. Creio que o governo central gasta 20 milhões de dólares e cinco a prefeitura, e ninguém dá bola. Para ir ao colégio, às vezes, eu ia ao padeiro e pedia um real, o transporte custava um vintém, e no dia seguinte voltava e pagava o real. Não sabem o que é, não lhe dão valor, porque só dão valor na vida ao que custa. O que vem de cima é de cima.

ACONTECIA NOS PAÍSES SOCIALISTAS.

Aconteceu comigo na União Soviética. Fui com algumas camisas Porex que havia por aqui, que eram insuportáveis quando fazia calor, e os russos queriam comprar minhas camisas.

QUAL FOI A MAIOR SATISFAÇÃO DE SER PRESIDENTE?

Não sei, não posso dizer. Para mim, a maior satisfação que há é cada amanhecer, a presidência passa. Não posso deixar minha alma de camponês, de homem da natureza. Cada amanhecer é lindo. A presidência me trouxe algumas dores de cabeça, um pouco de satisfação, algumas coisas como a carta de uma menina do interior, que me escreveu de uma escola rural: "Eu queria que você fosse meu pai". Satisfações muito mais ligadas às pequenas coisas da vida e não às grandes coisas. Mas o Uruguai está na moda no mundo, muito além das dimensões que temos, pelos direitos sociais, a agenda alternativa, por um monte de coisas.

O SENHOR SE TORNOU UMA ESTRELA.

Percebo o reconhecimento. Na realidade, acho que o Uruguai agarrou um pouco do que teve. Este país chamado de "Suíça da América", que não era nenhuma Suíça nem qualquer coisa desse tipo, agarrou um pouquinho disso neste momento e não é obra do governo, é obra do Uruguai, o Uruguai o construiu. O governo é levado por isso, navega nessa onda, não é o autor dessa onda, a onda é mais profunda. O problema que o Uruguai tem é a falta de autoestima. Assim como os portenhos, não os argentinos, alguns portenhos de Palermo costumam ser grandiloquentes, engrandecidos, os uruguaios são apequenados, hipercríticos, cinza, sempre parecem pálidos, não é? E para gostar do Uruguai, você tem que ir para fora e olhar para ele de fora, e então você faz comparações. E ao comparar, percebe que é um país extraordinário! Não perfeito, mas é um país extraordinário. Em outros países, tiram a foto do voto nas eleições e com essa foto vão cobrar [você mais tarde]. Juntam esses indígenas como gado, não é?

(O TELEFONE TOCA, ELE RESPONDE DIZENDO QUE ESTÁ OCUPADO E QUE VAI CHAMAR DE VOLTA EM UMA HORA E MEIA. ANUNCIA QUE NÃO SABE SE VAI A UM LUGAR X. ESPONTANEAMENTE SURGE A PERGUNTA A SEGUIR.) ENLOUQUECEM MUITO O SENHOR?

Não, não, este telefone é usado pelos ministros apenas. Não dou mais bola para ninguém, só aos ministros para me manter em dia. O telefone de casa toca e toca. Ave, Maria! Me chamam da Argentina, da Colômbia, chega! Se começo a responder às rádios da Argentina, fico louco, é insuportável, são países grandes e chamam de todos os lados.

POR QUE TODA QUARTA-FEIRA DÁ INFORMAÇÕES A *BÚSQUEDA*? O SENHOR USOU O JORNAL PRATICAMENTE COMO MEIO OFICIAL.

Não tenho nada com *Búsqueda*. *Com* algum jornalista de *Búsqueda* pode ser, mas não com *Búsqueda*.

É SEU PRÓPRIO PORTA-VOZ, O SENHOR O ADOTOU.

Não o adotei, é o que se lê, o que quer que eu faça?

É A INVEJA DE TODOS, TODA QUARTA-FEIRA UMA PRIMÍCIA. NÃO É JUSTO, ISSO NÃO É DEMOCRÁTICO.

Não será democrático. Às vezes, dou algo para Monte Carlo. Por quê?

NÃO SEI, O SENHOR É QUEM DEVE SABER.

Aqui está seu disco! Continua sendo o número um, de longe, e use-o como quiser. É como digo a Lucía: "Vá aos programas bobos, que são esses que as pessoas veem, [já que] os bons programas somos nós que os assistimos. As pessoas normais, as que votam, veem programas populares. Você tem que ir a esses. Não se preocupe em ir aos outros, porque é exatamente o oposto. Vá aos populares, aos que estão relacionados com o entretenimento, e ali trate de deixar uma mensagem".

NINGUÉM DUVIDA QUE O SENHOR É MUITO HÁBIL EM LIDAR COM A MÍDIA.

Sou um comunicador.

O SENHOR FOI CAPAZ DE PROVOCAR UMA MANCHETE TODOS OS DIAS, VELHA RAPOSA.

Todos os dias não, de vez em quando. Eu as elaborei para utilizar os grandes meios, caso contrário, estou perdido. Infelizmente, isso tem a ver com as sociedades modernas que são muito mediáticas, e deve-se reconhecer que a força da mídia está nas mãos da direita. Então, deve-se ter alma de contrabandista. Como chegar lá? Não é fácil, você tem que ter certo *glamour*, tem que ter o inesperado, o diferente.

O SENHOR LANÇA UMA FRASE E ARMA-SE A CONFUSÃO.

Os cientistas políticos me disseram, na época da campanha eleitoral, que eu tinha que ter racionalidade, que não podia sair sempre, isso e aquilo. Nunca lhes dei bola. Nem dei bola à tese de Valenti de que isso vai queimá-lo. Continuei como fazia e tchau. Se algo lhe dá resultado, para que mudar? Se não der resultado, mude. Não é que Maquiavel sente-se para pensar, não. Tenho uma forma de dizer que em partes dá para ser atraente, é diferente. Não é um discurso que começa a explicar a economia, nem Mandrake o suporta, todos vão embora. Dou uma tirada jocosa e o sujeito se liga. É diferente, mais que o conteúdo, a forma. Dizia Tolstói em *A sonata a Kreutzer*: "Se tivesse conhecido minha mulher vestida com um barril, não me teria apaixonado". É que a forma passa a ser parte do conteúdo. Aprendi isso com don José Bergamín, a arte da composição. A discussão *forma e conteúdo,* a forma passa a ser parte do conteúdo. Às vezes, explico aos companheiros que não se pode fazer esses longos raciocínios que ninguém entende, não se pode. Tem que ser pa, pim, pum!

IDEIAS QUE SEJAM FORTES.

Ideias que o sujeito possa gravar [na memória]. O homem comum não tem tempo. Embora pareça mentira, é uma técnica militar. Em um documento militar, a primeira coisa que se define é qual é o objetivo, viu? A primeira frase tem que definir o objetivo que se persegue, não pode ser enredado. Primeiro se delimita o objetivo e depois se fundamenta. Nós começamos pelo contrário, começamos a propor razões e aí embaraçamos o sujeito, e quando definimos o objetivo, o cara já está perdido. A esquerda tem um problema para transmitir [ideias], a direita também, é claro, mas a esquerda não deveria se dar a esse luxo.

HÁ POUCOS COMUNICADORES REAIS.

Muito poucos. Há muita gente que fala, mas não diz nada, não se entende, não atinge [o outro], é confusa. E a comunicação é parte da política. A política é em grande parte a arte da comunicação, não quero reduzi-la a isso, mas você não pode captar vontades se não se fizer entender.

ONDE ESTÁ LUCÍA?

No Parlamento, onde poderia estar? Quebrando a cabeça com a prestação de contas. É a presidente da Comissão de Orçamento do Senado. Pobre Lucía!

QUEM O SENHOR VÊ SE PERFILANDO NO MPP? PORQUE BERTERRECHE ESTÁ FORA DO ORGÂNICO, NÃO?

Não, não, ele está no orgânico.

O SENHOR NÃO TEM MUITAS PESSOAS EM VOLTA, PORQUE AGAZZI JÁ ESTÁ VELHO.

Vai-se o Flaco, e o Flaco Agazzi é um cientista.

VEJO MUITO BEM ALEJANDRO SÁNCHEZ, NÃO SEI COMO O SENHOR SE RELACIONA COM ELE.

Tudo bem, e o outro é Sabini. Esses três jovens, ao que parece, engrenam.

TRABALHAM, MAS NÃO SE ACREDITAVA NELES.

Do que conheço, é o de quem mais gosto. Berterreche é um pouco mais maduro que eles, e depois pode ser que haja mais alguém por aí. Falam de mim, mas eu às quintas-feiras me levantava de madrugada e ia para onde o diabo perdeu o poncho, percorria todo o país. O político deve estar ativo.

E ORSI?

Yamandú é bom, é outro tipo, sim. E o outro é Anibal Pereyra, de Rocha, que teve um progresso que eu nunca tinha pensado. Deve-se ajudá-lo, mas é um sujeito que promete bem. Vai ser candidato à prefeitura de Rocha e depois o tempo dirá. Por isso, não posso dizer-lhe categoricamente: são estes. Mas vejo que há possibilidades e imagino que nos outros setores acontece o mesmo. Deve haver pessoas em todos os setores. Estivemos falando do Partido Comunista, eles têm um personagem como Andrade, que é brutal.

HÁ PESSOAS INTERESSANTES CERCANDO RAÚL SENDIC.

Há. Eram todos da juventude do MLN, que passaram para a Frente Juvenil. Há vários dos bons por lá.

O QUE ACONTECE É QUE NÃO SE ANIMAM A SE ENFRENTAR.

É o problema de Raúl, não sabe brigar a descoberto. E tem voo, promete, tem um sobrenome ilustre, não é nenhum banana, tem boa formação intelectual, tem condições. Outro tipo notável é o de Maldonado, *el Flaco* De los Santos. Não sei como está colocado politicamente, onde está, acho que tem um sentido de fidelidade setorial muito forte, que não deixa de ser um mérito. Mas o Flaco é mais de esquerda do que do lugar onde está, e é um tipo notável. Trato de observar todo o panorama.

DEIXARAM PATRICIA AYALA MUITO SOZINHA.
Em Artigas é uma confusão bárbara, é complicado, e ninguém tem mais de 30%. Tudo pode acontecer, não sei o que vai acontecer por lá.

EM CANELONES OS CANDIDATOS SÃO ORSI E MAHÍA.
Conde também vai se candidatar, [está] quase inscrito, porque o Partido Socialista tem que colocar alguém, digo eu.

A FIGURA QUE ME PARECE INTERESSANTE COMO RENOVAÇÃO DO PARTIDO SOCIALISTA É ÁLVARO GARCÍA.
É um cara muito sensato, muito sensato, oxalá!

ESTÁ SE ESPALHANDO O BOATO DE QUE QUEREM TIRAR PUNTIGLIANO DE ARATIRI.
Quem?

O GOVERNO.
Não, não, como vou me meter com uma empresa privada. Aratiri sabe o que faz. Pode haver contradições que surgem por aí, mas a relação com Puntigliano tem andado bem. Agora, esses hindus ou ingleses, você não sabe o que são, e trabalhando para os chineses... vá interpretar isso. Não podemos ser tão idiotas de ter uma riqueza aí e não explorar, isso é ser idiota.

É PRECISO TIRAR DELES TODO O POSSÍVEL PARA QUE NÃO LEVEM TUDO E DEIXEM CRISTAIS COLORIDOS.
Exatamente, discuta comigo como gastamos e onde pusemos [o dinheiro], brigue comigo sobre tudo o que quiser, mas não brinque comigo.

É COMO O PETRÓLEO: SE VOCÊ O TEM, USE-O. MAS SURGE A FAMOSA QUESTÃO DA ECOLOGIA. CLARO, QUANDO O SENHOR FALOU SOBRE AS DUNAS DE CABO POLONIO, FOI COM TUDO...
Há 300 casas em terrenos públicos, Richard Read tem um chalé lá. Nenhuma paga contribuição. Fazem um poço negro e, quando está

cheio, fazem outro ao lado, e tudo vai para a praia, então não enrolem. Entramos com uma ação judicial, e a justiça se pronuncia em favor do governo, mas para demolir a casa, deve-se pagar por ela, veja que negócio. E depois há casas por lá que são alugadas a 100 dólares por dia. Cem dólares por dia em Cabo Polonio, nas costas do Estado! Foi quando eu disse: "Vamos lotear, vender, e que recolham a contribuição ao município de Rocha. Com isso, compramos terra para os camponeses que vão trabalhar a terra. E aqueles que quiserem vir se estabelecer, que paguem e tchau". Me mataram [por causa disso], me bateram como se eu fosse um carrasco. Eles fazem uma cabana, depois outra, e depois constroem um chalé. Aquele que fez a cabana, depois que se estabeleceu, vende a cabana para aquele que faz o chalé. E isso é o que a Colonización tem para vender. A outra alternativa é encaixar os milicos e que façam outro Santa Teresa.

SANTA TERESA É UM SANTUÁRIO E É O MAIS DEMOCRÁTICO. POR DOIS PESOS, VOCÊ TEM AS MELHORES PRAIAS DO URUGUAI.

É brutal, e alguns dizem: "Mas estão aí os milicos". Ainda bem que os soldados estão aí, caso contrário, ocupam tudo e adeus. Santa Teresa é divino.

O SENHOR VAI MUITO A ANCHORENA?

Vou, a cada 15 dias vou por um fim de semana.

O SENHOR SE DESLIGA UM POUCO.

Durmo como os deuses. Anchorena é bonito, mas não fico na casa grande, há uma pequena ao lado, e é onde ficamos.

QUAL A IMPRESSÃO QUE TEVE DA CHINA?

Que cada esquina parece a saída do Estádio Centenário quando jogam Nacional e Peñarol. Você dizia no início: "O que aconteceu?". E não aconteceu nada, isso é a China. É outra dimensão.

HÁ A FAMOSA HISTÓRIA DO CHEFE CHINÊS QUE, QUANDO VISITOU O URUGUAI, COMEÇOU A CHORAR NO MEIO DO CAMPO, PORQUE NUNCA TINHA VISTO TANTO ESPAÇO SEM GENTE.

Aconteceu o mesmo com Almagro quando chegou lá como embaixador. Mandou os filhos para a escola, e contava com uma babá chinesa, que ele pediu ao Partido Comunista. Quando voltou para cá, como os filhos já falavam chinês, e para que não estranhassem muito, trouxe a babá chinesa. Dois meses depois, a babá voltou para casa, e disse: "Aqui não há ninguém, neste país não há gente". Era outro mundo. A primeira coisa que cria impacto é isso, saem chineses por todos os lados. E depois há outras coisas. As pessoas que estavam na delegação comigo não viram, porque não estavam no momento. Há um trem-bala que vai de Pequim ao porto [de Tianjin], e um dia nos levaram e fiquei impressionado, porque ao longo do caminho está cheio de arvorezinhas "repicadas".

O QUE É ISSO?

O repique é quando você apanha as mudas das árvores e põe as plantas pequenas em um lugar maior, que não é definitivo. Daí as arranca e as levas ao lugar definitivo. Eram aproximadamente 150 quilômetros, e dos dois lados da ferrovia havia um trecho de cento e tantos metros que estava cheio de árvores "repicadas". Quando estávamos na Grande Muralha, viam-se todas as curvas de nível nas montanhas com árvores transplantadas. Os loucos se puseram a plantar árvores para o meio ambiente e o fizeram à moda chinesa, há milhões e milhões de árvores. Isso é o que a sociedade chinesa tem, toma uma decisão e vai em frente, e pronto.

NÃO SEI QUANTAS CENTENAS DE MILHARES DE ESTUDANTES TÊM NO EXTERIOR.

Meio milhão de engenheiros se forma por ano. Em meio milhão, há dez gênios, desses que mudam a história da tecnologia, viu? Ninguém consegue pará-los. Uma tômbola se espalhou por lá e ninguém vai detê-los.

AS CONTRADIÇÕES ENTRE O SISTEMA POLÍTICO E O ECONÔMICO SÃO DIFÍCEIS DE ENTENDER PARA NÓS. A PRÓPRIA DINÂMICA VAI MUDAR ESSA SOCIEDADE.

Vai mudá-la. Hoje, se tivesse que defini-la do ponto de vista governamental, é uma meritocracia. Provavelmente, é o que mais está se aproximando da ideia de Platão. Estão colocando os tipos mais qualificados na direção. Não é uma democracia, não é *demos* aquele que manda, mas é a inteligência qualificada que manda. Pode surpreender que aqueles que estão no alto escalão tenham duas profissões, muitas vezes duas carreiras. São engenheiros e são isso e mais aquilo. Uma elevada qualificação. Se há um lugar onde chamaram a universidade para governar é ali. As pessoas confundem, dizem que é o Partido Comunista. O Partido Comunista é o filtro, é como se o partido tivesse reunido a nata, mas dentro da nata vai escolher um rebento, o mais qualificado que existe.

E O COLOCAM NA DIREÇÃO.

Essa é a impressão que ficou em mim. Para definir isso, devemos utilizar termos novos, eu o chamo meritocracia, ou seja, uma espécie de currículo em que pesa o mérito profissional que os caras tiveram. Outra coisa é que os chineses têm um senso de respeito muito profundo pela autoridade, uma tendência de cultura de colmeia. Se o governo decidir que é lá, vamos para lá, mas não por subserviência, como poderiam pensar os ocidentais, mas por esse hábito de colmeia que eles têm, porque não são cristãos, no fundo são confucionistas. Confúcio pregava que a maioria dos governos deseja o bem-estar das pessoas. De vez em quando, aparece um governo que não é assim, mas a tendência geral é que os governos querem o melhor para as pessoas. E o mais racional é acompanhar as decisões do governo. O chinês médio está imbuído dessa filosofia, não o faz por puxa-saquismo nem por subserviência, ele o faz por uma conformação filosófica, que é construída. Então, isso também lhe mostra como se move a sociedade. Pode-se dizer que lá [na China] é o único lugar onde os governos mandam, mas não mandam porque são autoritários, mandam porque são obedecidos, algo diferente.

É O SONHO DE QUALQUER PRESIDENTE. MAS É UMA TRADIÇÃO MILENAR, O MARXISMO É APENAS UM EPISÓDIO.

É como Mao disse a Kissinger, de acordo com suas memórias: "Este é um país milenar, as nossas reformas recém chegaram às cercanias de Pequim". É isso aí. No Chile, quando tivemos a reunião para a qual veio Merkel, fizeram as contas de que ali estava representada a quarta parte da economia mundial, e alguns se vangloriavam disso. Eu disse a Merkel: "Mas do outro lado do Pacífico está pelo menos outra quarta parte da economia mundial, não são 60 parlamentos que têm de discutir [isso], 60 governos, 60 ministros. Serão oito ou nove tipos, no máximo, discutindo". Isso passa por cima de nós. [Na China,] Eles têm uma unidade de comando, de direção, é uma coisa incomensurável. Que, com o tempo, vai mudar, vamos ver. Com o tempo vai mudar, mas enquanto isso eles caminham no topo. Vejo Obama quebrando a cabeça para a reforma da saúde, aprova, não aprova, tira isso ou aquilo, e por aí vai! E do outro lado...

[NA CHINA] DEFINEM E FAZEM.

Dois anos antes, dizem ao sujeito que ele deverá ir para o Comitê Central, que vai ser o próximo líder. Vá competir com isso. Há sistemas viários que os fizeram e não os tocam; eles os têm para quando precisarem.

Levaram-me para um estaleiro que tinha várias estruturas. A maior era um galpão com quase 500 metros de comprimento por 40 de largura. Pode imaginar que barquinhos montam ali, não? Tinham os navios pendurados com algumas tiras de guindastes gigantescos. O que encontro? Estavam fazendo perto de meia dúzia de destróieres para a marinha ianque, para a marinha militar. Estavam fazendo a parte de aço, o casco. Depois, os ianques poderiam pôr o armamento sofisticado e técnico. Mas o trabalho de ferraria e tudo, pedem aos chineses? Por quê? Porque é mais barato, e tchau. Eles me deram de presente uma maquete, que dei à escolta da marinha. Estavam fazendo um porta-aviões chinês, e lhes perguntei se iam mudar de política militar, porque porta-aviões é uma arma ofensiva, é como colocar uma base militar debaixo de seu nariz. É uma base militar flutuante. Esses são os chineses.

ESTÃO SE EXPANDINDO EM GRANDE PARTE NA ÁFRICA.

E aqui na América? Não, são incontroláveis.

O SENHOR VAI SE ENCONTRAR COM OBAMA?

É possível, já estive com ele em Cartagena por um bom tempo.

CONVERSANDO CARA A CARA?

Sim, é um cara simpático. Não é nenhum idiota, é um tipo *brillantote*. Mas é um dado da realidade, nem é o governo dos Estados Unidos, é apenas parte do governo.

LÁ, SIM, É QUE HÁ UMA CORPORAÇÃO MUITO FORTE.

Quero ver enfrentar essa corporação. E, provavelmente, o governo é o melhor que os Estados Unidos poderiam ter do ponto de vista progressista, porque, sendo um negro, para chegar a ser presidente, tem de ser brilhante. De início, deve-se reconhecer isso. Tampouco é uma pombinha branca, é um erro ignorá-lo e não dar uma oportunidade ao Uruguai. Meu discurso para a Alemanha e para os Estados Unidos é o mesmo: ajudem-nos a preparar gente e não a roubem de nós. Não nos emprestem dinheiro, o que precisamos é de inteligência, mas não roubem nossa inteligência. Assim se pode resumir o programa: não nos roubem a nossa inteligência. Isso é o que temos que pedir como ajuda e colaboração. Preparem-me gente de escol em muitas coisas e deixe-a trabalhar no país. Em suma, o subdesenvolvimento é um problema mental.

OCORRE QUE MUITA GENTE ESTÁ INDO ESTUDAR NO EXTERIOR.

E vai aumentar sempre mais, porque o mundo se internacionaliza e nesse contexto deve ser entendido. O problema é não ter como retê-los, mas que voltem e tragam seu aporte. Toda a vida foi assim. Quando o velho Batlle fundou a Faculdade de Agronomia, disse: "Vão buscar o melhor agrônomo que houver no mundo" e trouxeram um prussiano. Perguntem, um dia, a *el Flaco* Agazzi, ele se dedicou a pesquisar isso. O primeiro regulamento da Faculdade de Agronomia, você não sabe o que era, um quartel era fichinha. E quando fundaram a Faculdade de Veterinária, trouxeram um veterinário americano, sim senhor. O país ia procurar inteligência e a trazia, e também a mandava para fora. Alguns dos primeiros engenheiros agrônomos foram formados na Alemanha, como o engenheiro Capurro. Não é nenhum pecado; ao contrário, temos que ir onde está a inteligência e onde podem dar-lhe trabalho. O problema é mantê-los depois, e é isso que se tem que trabalhar.

É VERDADE QUE O SENHOR RESPONDEU AO PRESIDENTE ALEMÃO [JOACHIM GAUCK], QUANDO ELE DISSE QUE GOSTARIA DE TER O SENHOR COMO MODELO PARA O AFEGANISTÃO: "QUANDO APRENDEREM QUE HÁ MODELOS DE EXPORTAÇÃO"?

Claro que não há nenhum modelo e não sei o que a Europa está esperando para sair do Oriente Médio; quanto mais se mete, pior fica. Veja a Líbia de Gaddafi, que bolo era a Líbia de Gadafi ao lado do que ficou. Veja o que é o Iraque. Veja o que está sendo o Egito, a Primavera Árabe, ai, socorro! O Ocidente tem uma impotência, mete o dedo e multiplica os erros. Deixe que eles façam a revolução e respeite-os. Respeite o que é diferente, o diverso. A democracia ocidental não pode ser imposta à força, deixe que os caras a amadureçam aos poucos, porque é como um elefante em um bazar. Você vem com a ideia de democracia que lhe ocorre, que é sua tradição, e quer impô-la aos caras. Não tem nada a ver.

FUNCIONAM DE OUTRA MANEIRA.

Deve-se aprender a aceitar o que é diferente, o que é diverso, e respeitar suas regras. Que você não compartilhe com isso é outra história, mas não queira impor seu modelo, porque isso cria uma confusão interminável.

E, EM ÚLTIMA ANÁLISE, CRIA RESISTÊNCIA.

E não muda nada. Acreditam que a democracia se exporta aos tiros e que a democracia vai nos pés dos exércitos. Veja os monstrinhos que surgem.

OS GRANDES MONSTROS FORAM CRIADOS PELO OCIDENTE.

Ele os criou. E a civilização ocidental fica como hipotecada, uma coisa agressiva que nos divorcia cada vez mais, e além disso cria ressentimento. E, ao causar ressentimento, gera fanatismo. Por trás do ressentimento não vem outra coisa senão a resposta fanática. E do que o mundo menos precisa é fanatismo. Precisa de tolerância gigantesca para harmonizar as coisas que são diferentes e que são diversas. Caso contrário, o que fica? O mundo nivelado.

SIM, OS CANHÕES.

Entre em guerra e despeje bombas. Podemos fazer um balanço dos últimos 25 anos, dos resultados. Veja o Iraque: qual foi o progresso por ter derrubado [Saddam] Hussein? Estão se degolando sunitas e xiitas. Veja a guerra na Síria. Há uma ditadura? Sim, senhor, há uma ditadura de muitos sírios, e daí? Quer substituí-la por uma democracia que pretende impor a tiros de canhão? Veja o caso da

Líbia, que resultado deu. Veja a democracia egípcia. Que [Hosni] Mubarak era um ditador não discuto, mas veja a confusão que há agora. Para que se meter nisso?

A EXPERIÊNCIA HISTÓRICA MUNDIAL MOSTRA QUE, CADA VEZ QUE SE QUER IMPOR ALGO, FRACASSA-SE.
Fracassa-se.

O BLOCO SOCIALISTA PARECIA SER ETERNO.
O bloco socialista não deixou nem a poesia de um par de tiros, mesmo que fosse só isso. Caiu como um poste podre. É vergonhoso. Uma coisa que custou tanto sacrifício, que significou tanta entrega de massas, de milhares e milhares de militantes, e de milhões de pessoas que se sacrificaram na segunda Guerra Mundial, que foi capaz de destroçar o eixo do nazismo, cair como um poste podre é uma coisa vergonhosa.

SÃO ESSAS COISAS INCOMPREENSÍVEIS.
Mas são essas coisas que a esquerda deveria incorporar. Por que aconteceu isso conosco? Porque eu, 40 anos atrás, teria feito o discurso de Lênin e aprovado a ditadura do proletariado, teria aderido a tudo isso. E se tivesse triunfado, teria dado certo, viu? Agora, com os resultados à vista, temos de ter uma visão crítica: não, por aqui não vai. E veja que isso não equivale a que me bandeie para o capitalismo, não, não, já conheço os desastres do capitalismo, não me torre a paciência! Não tem nada a ver uma coisa com a outra. Por aqui não vai, não sei onde poderá dar certo, mas por aqui não vai.

É MUITO DIFÍCIL ROMPER COM CERTOS ESQUEMAS. SE AQUI TIVESSE GANHADO A ESQUERDA EM 1971, INSTAURARÍAMOS UMA DITADURA DO PROLETARIADO.
Sim, senhor, mas deve-se ter honestidade intelectual para dizer que esse filme não deu resultado. E isso não é equivalente a dizer que o capitalismo tem razão, essa historinha não me desce.

DEVE-SE PROCURAR OUTRAS ALTERNATIVAS.
Por aí se deve ir. Não sei qual é, mas não tire a esperança de que é possível fazer uma humanidade melhor.

O MODELO DA IUGOSLÁVIA COM [O MARECHAL] TITO E A AUTOGESTÃO PARECIA INTERESSANTE E DEPOIS VIROU PURÊ.

A Iugoslávia virou purê. Eu estava conversando com um velho sérvio do Cerro, que me disse: "Sim, mas Tito tinha um milico por trás de cada árvore, era desconfiado como cavalo de caolho. Muita autogestão, mas...".

DEVE-SE CONTINUAR PROCURANDO?

Vou para o País Basco e vou me encontrar com todo esse núcleo de cooperativas que aguentaram o franquismo e estão aí. Continuam progredindo e fundaram sua universidade, estão formando sua inteligência. Na Toscana há várias, a fábrica Bugatti e coisas desse tipo. Quer dizer que dentro do capitalismo e da repressão há experiências de trabalhadores que inventaram novidades e as levaram adiante, então não é tão bem assim. E nos países mais desenvolvidos há núcleos juvenis que não são arrebatados pela sociedade de consumo ou por qualquer coisa desse tipo, existem germes de sociedades diferentes que querem outra coisa. Na Frente, temos honrados companheiros, dos quais precisamos, que pensam que a única coisa que se deve fazer é continuar melhorando isso que temos com uma leizinha por aqui. Muito bem, eu os apoio e luto com eles, mas acho que há um problema de raiz, e devem ser feitas outras coisas. Qual é o caminho? Não tenho isso claro, mas deixe-me tentar, deixe-me experimentar, mudar a raiz do Estado. Isso é parte da luta da esquerda, esse é o dilema da esquerda. Não quero separar entre social-democratas e revolucionários, senão caímos na confusão e trabalhamos para a direita. Não, vamos social-democratas e revolucionários e os mais ou menos, e os loucos de merda, e tudo o que você quiser, todos entrelaçados, certo? Porque não há um quadro maior, uma sensibilidade da esquerda, isso que podemos chamar de mundo progressista, contra as diferenças sociais. Mesmo tentando repartir a carga fiscal com um sentido mais popular, tendo presente os fracos, as pessoas já vivem melhor. Isso muda o sistema? Não, isso não muda o sistema, mas a vida é curta e enquanto isso melhoramos a vida das pessoas. Já disse: o sacrifício de uma ou duas gerações para beneficiar os outros que virão, essa não engulo. Nos dias de hoje, quero que as pessoas vivam o melhor possível e se lembrem dos mais negligenciados.

A SENSIBILIDADE DA ESQUERDA PELOS MAIS FRACOS.

Essa é a grande diferença. Mas dentro da esquerda temos essas diferenças, ensaiamos caminhos diferentes e pensamos diferente, e temos problemas, mas você não pode tirar da esquerda essa essência de experimentação social para encontrar caminhos diferentes. A análise leninista nos deslumbrou em seu tempo, agora tem a corresponsabilidade pelo que aconteceu. Erigiram um monumento, foi uma coisa extraordinária, construiu-se uma humanidade diferente e foi para o inferno. Você pode dizer que a China não foi para o inferno e vai ser uma grande potência. Sim, mas pare um pouco [para pensar], não me ponha a China com essa definição. Não importa qual a cor do gato, o ponto é que você cace os ratos.

É INTERESSANTE, MAS DIFÍCIL. QUEM ESTÁ PENSANDO EM TUDO ISSO?

Isso me atormenta.

A DINÂMICA DO GOVERNO FAZ O SENHOR ADIAR ESSAS PESQUISAS, E OUTRA COISA QUE ATRAPALHA É O ESQUEMATISMO EM TODO O ESPECTRO.

O esquematismo é a perda de tolerância interna, a tolerância com o que é diferente do que a gente pensa. O esquematismo é a expressão da fraqueza, é quando a fraqueza quer se apresentar como forte, e como não pode convencer, trata de impor, isso é esquematismo. Vale mais a tolerância para que floresçam coisas diferentes e depois veremos, porque a vida vai resolvendo tudo. Com os tombos pelo caminho, as cargas se desarrumam, mas é lei que pisadas firmes as acomodam. E não há volta, é exatamente assim. A realidade é espinhosa, diversa e desafiadora. Mas veremos, irmão.

NÃO ACHA QUE COMO PRESIDENTE O SENHOR DEVERIA FALAR MENOS?

Por que o presidente tem que falar pouco? Por que tem que ser diferente dos outros? É uma pessoa comum que tem os mesmos direitos que os outros. É uma pessoa de carne e osso que tem necessidades fisiológicas como todos, não encha a paciência! Uma coisa que vou deixar é a presidência bem republicana, que marque a fogo a categorização da sociedade, o enfrentamento da nobreza, dos figurões, de tudo isso.

Eu acredito em um mundo essencialmente de igualdade do diferente, mas nos impõe, por vários fatores, um conjunto de instituições feudais: o tapete vermelho, os caras que tocam trombeta porque o Senhor está vindo para o castelo e os vassalos que têm de estar presentes. Todas as liturgias, as parafernálias aceitas no livre jogo democrático. E você chega e desce a rampa e tocam uma coisa, e você sente vontade de ir ao banheiro, mas tem de aguentar. Para que fazer as pessoas perderem duas horas de trabalho, só para prestar honras a um velho que vem do outro lado? Que coisa! Ou somos iguais ou não somos iguais, para que tudo isso? Impossível. E vem a velha do protocolo e me diz: "Fique aqui". Tudo está cheio de besteiras, e então o presidente tem que ficar numa pose de estátua. Velho cínico, depois põe chifres na mulher como qualquer filho de vizinho, alça a mão, diz um disparate. Defendo a humanidade, a humanidade é como é, e temos de aceitá-la assim. E o presidente é um igual a quem demos uma responsabilidade, e fim de papo! E de repente é um velho esquentado que diz um disparate, mas pelo menos é de sangue e osso como todos nós. Ou até mesmo o povo não pode ser esquentado?

É VERDADE.

Construímos um estereótipo e depois temos de nos subordinar a esse estereótipo. Acho que o presidente é um cara a mais que existe no país, e as instituições têm o valor das instituições, mas aos homens não se deve prestar homenagens nem se deve apostrofá-los. Nem tocam o céu com as mãos nem são deuses e, além disso, são circunstanciais, passam. Vou passar à historieta do país por ter sido um transgressor da imagem, e não podem me perdoar por isso.

MAS É MUITO SAUDÁVEL, PORQUE O SENHOR PROVOU QUE O HOMEM COMUM PODE CHEGAR [LÁ].

Claro, é o que se deve semear, mas também a função, porque tampouco você cria Deus, pare com isso! Veja que você não é Deus, você foi eleito para uma coisa circunstancial, por isso que não deixe a fama subir à sua cabeça. Porque, senão, fazemos categorias humanas, alguns são os escolhidos, começamos a ter uma nobreza. Agora começaram com a categoria de ex-presidentes, que organismo formam? Passaram, tchau. Começamos com esse culto, como a primeira-dama, que coisa! Tudo isso para os graúdos que há na sociedade, que não aceitam a naturalidade das coisas.

ISSO É VISTO EM TODOS OS LUGARES, AS PESSOAS QUE ACREDITAM QUE SÃO...

O pior é que acreditam. Chego nos aeroportos e há 200 milicos plantados como estacas, 35 graus de calor, acho que devem ter uma bronca terrível de mim porque... tudo isso para me esperar. Faz a conta de quanto dinheiro está enfiado ali, quanto custou isso, na ponta do lápis. Você está tirando dinheiro do povo. É inútil e não acrescenta absolutamente nada.

O SENHOR NÃO PÔDE ALTERÁ-LOS, QUERIA ELIMINAR OS ATOS E ACABOU SEGUINDO-OS.

Se não os seguir, relaxam, porque estão incorporados como atos culturais.

A MUDANÇA CULTURAL É MUITO LENTA.

É mais fácil haver na sociedade uma mudança estrutural do que uma mudança cultural. A cultura é mais lenta para mudar e, além disso, fica defasada. Muda a realidade material, mas você tem a preeminência de uma cultura que vem de trás, que já não se encaixa com a realidade material, e vê isso todos os dias [acontecer]. A mudança cultural leva muito mais tempo, e quando começa há cada desajuste bárbaro!

LISTA DE ORGANIZAÇÕES E SIGLAS MENCIONADAS

- **AEBU**: *Asociación de Empleados Bancarios del Uruguay* (Associação dos Empregados Bancários do Uruguai).
- **ADEOM**: *Asociación de Obreros y Empleados Municipales* (Associação dos Operários e Empregados Municipais).
- **AFAP**: *Administradora de Fondos de Ahorro Previsional* (Administradora de Fundos de Poupança Previdenciária).
- **AMBEV**: Companhia de Bebidas das Américas. Fabrica, entre outros itens, cerveja de origem brasileira.
- **ANCAP**: *Administración Nacional de Combustibles Alcohol y Pórtland* (Administração Nacional de Combustíveis, Álcool e Cimento Portland).
- **ANTEL**: *Empresa telefónica nacional* (Empresa telefônica nacional).
- **ANV**: *Agencia Nacional de Vivienda* (Agência Nacional de Habitação).
- **ARU**: *Asociación Rural del Uruguay* (Associação Rural do Uruguai).
- **BROU**: *Banco de la República Oriental del Uruguay* (Banco da República Oriental do Uruguai).
- **BSE**: *Banco de Seguros del Estado* (Banco de Seguros do Estado).
- **CALNU**: *Empresa azucarera de Bella Unión* (Empresa açucareira de Bella Unión).
- **CAP-L**: *Corriente de Acción y Pensamiento-Libertad* (Corrente de Ação e Pensamento-Liberdade).
- **CASMU**: *Centro de Asistencia del Sindicato Medico del Uruguay* (Centro de Assistência do Sindicato Médico do Uruguai).
- **CGT**: *Confederación General del Trabajo* (Confederação Geral do Trabalho).
- **CLEARING**: *Empresa privada que brinda informes de deudores* (Empresa privada que oferece informações de devedores).
- **CO-CO**: *Supuesto pacto de paz sindical entre el Partido Comunista y el Partido Colorado* (Suposto pacto de paz sindical entre o Partido Comunista e o Partido Colorado).
- **COFE**: *Confederación de Organizaciones de Funcionarios del Estado* (Confederação das Organizações de Funcionários do Estado).
- **COPRAGRAN**: *Cooperativa Agraria Nacional* (Cooperativa Agrária Nacional).
- **COUSA**: *Compañía Oleaginosa Uruguaya Sociedad Anónima* (Companhia Oleaginosa Uruguaia Sociedade Anônima).
- **CRANDON**: *Instituto de enseñanza privado* (Instituto particular de ensino).

- **ENVIDRIO**: *Cooperativa de fabricación de vidrio* (Cooperativa de fabricação de vidro).
- **FONASA**: *Fondo Nacional de Salud* (Fundo Nacional de Saúde).
- **IMM**: *Intendencia Municipal de Montevideo* (Prefeitura Municipal de Montevidéu).
- **INAC**: *Instituto Nacional de Carnes* (Instituto Nacional de Carnes).
- **INAU**: *Instituto del Niño y el Adolescente del Uruguay* (Instituto da Criança e do Adolescente do Uruguai).
- **JUNAE**: *Junta Nacional de Empleo* (Junta Nacional de Emprego).
- **MGAP**: *Ministerio de Ganadería, Agricultura y Pesca* (Ministério da Pecuária, Agricultura e Pesca).
- **MIDES**: *Ministerio de Desarrollo Social* (Ministério do Desenvolvimento Social).
- **OPP**: *Organización de Planeamiento y Presupuesto* (Organização de Planejamento e Orçamento).
- **ORT**: *Universidad privada* (Universidade particular).
- **PORTAL AMARILLO**: *Centro nacional de atención a los consumidores de drogas* (Centro nacional de atendimento aos consumidores de drogas).
- **PORTUCEL**: *Empresa papelera de Portugal* (Empresa de papel de Portugal).
- **PVP**: *Partido por la Victoria del Pueblo* (Partido pela Vitória do Povo).
- **SAFI**: *Sociedades Anónimas Financieras de Inversión* (Sociedades Anônimas Financeiras de Investimento).
- **SALUD PUBLICA**: *Dependencias hospitalarias del Estado* (Dependências hospitalares do Estado).
- **SOYP**: *Servicio Oceanográfico y de Pesca* (Serviço Oceanográfico e de Pesca).
- **SUNCA**: *Sindicato Único Nacional de la Construcción y Anexos* (Sindicato Único Nacional da Construção e Anexos).
- **TOCAF**: *Texto Ordenado de Contabilidad y Administración Financiera* (Texto Ordenado de Contabilidade e Administração Financeira).
- **UDELAR**: *Universidad de la Republica* (Universidade da República).
- **UTE**: *Empresa estatal de energía eléctrica* (Empresa estatal de energia elétrica).
- **UTU**: *Universidad del Trabajo del Uruguay* (Universidade do Trabalho do Uruguai).

ÍNDICE

Impressão e acabamento:
Gráfica Oceano